KB214948

교회를 꿈꾼다

교회를 꿈꾼다

김형국 지음

2017년 3월 9일 초판 1쇄 발행
2024년 12월 20일 초판 8쇄 발행

펴낸이 김도완   **펴낸곳** 비아토르
등록번호 제2021-000048호   **주소** 서울시 종로구 삼일대로 428, 500-26호
    (2017년 2월 1일)   (우편번호 03140)
전화 02-929-1732   **팩스** 02-928-4229
전자우편 viator@homoviator.co.kr

편집 김명희   **디자인** 지은혜
제작 제이오   **인쇄** 민언프린텍   **제본** 다온바인텍

ISBN 979-11-960265-0-9 03230   **저작권자** ⓒ 김형국, 2017

이 도서의 국립중앙도서관 출판예정도서목록(CIP)은 서지정보유통지원시스템 홈페이지(http://seoji.nl.go.kr)와
국가자료공동목록시스템(http://www.nl.go.kr/kolisnet)에서 이용하실 수 있습니다.(CIP제어번호: CIP2017005198)

교회를
꿈꾼다

김형국 지음

비아
토르
viator

사람과 세상과 역사를 살리는 나들목교회

이런 질문이 나를 항상 곤혹스럽게 합니다. 만일 예수님이 2012년 한국에 오신다면 주일에 어디로 가실까? 교회에 가실까? 세계에서 가장 크다는 어느 메가 처치에 가실까? 그럴 것 같지는 않습니다. 그래서 곤혹스럽습니다. 예수님께서 유월절을 맞아 예루살렘에 올라가셨는데, 마침 안식일이었습니다. 마땅히 주님은 그 웅장한 예루살렘 성전으로 가셔야 하는데, 엉뚱하게도 베데스다 연못으로 가셨습니다. 거기서 세상에서 버림받은 비참한 사람들, 중병으로 절망에 빠져 몸부림치는 꼴찌 인생들에게 구원(나음)의 기쁨을 주셨습니다.

나들목교회 김형국 목사님은 예수께서 십자가에서 운명하시기 전 "다 이루었다"라고 하신 말씀을 주님이 그에게 남겨준 유언으로 받아들였습니다. 그래서 '크리스천'으로 처음 불린 안디옥 교회를 세우기로 결심했습니다. 예루살렘 교회가 유대인 중심의 순혈주의에서 벗어나지 못했다면, 안디옥 교회는 이방인들을 넉넉하게 끌어안으면서, 문화와 계급, 성性과 지역을 아우르는 조화의 교회라 하겠습니다. 마치 오케스트라처럼 화음을 내는 다양성의 공동체였지요. 여기 지휘자는 예수님이고, 악보는 하나님의 뜻이며, 각기 다른 악기로 연주하는 단원은 다양한 교인들입니다. 안디옥 교회를 벤치마킹하여 하나님의 뜻과 예수님의 꿈을 살려내는 교회를 김 목사님은 세우려 했습니다. 그래서 사람도 살고, 세상도 살고, 역사도 살리는 교회로 11년 전에 나들목교회가 세워졌습니다.

김 목사님은 기복신앙과 이원론적 영성에 깊이 잠든 한국 교회를 흔들어 깨워서, '아빠' 하나님의 사랑이 지배하기에 평화와 정의가 서로 입맞춤하는(시 85:10) 아름다운 공동체로 키워가고 있습니다. 세상 사람들, 특히 사회적 약자들이 기쁘게 찾아오는 따뜻한 열린 공동체를 지금도 만들어가고 있습니다. 베데스다 연못 같은 우리 현실 속에서 그는 "일어나 자리를 들고 걸어가라"고 하신 예수님의 자유선언이 시시각각 이뤄지는, 성령으로 살아 움직이는 교회를 키워가고 있습니다. 그의 고백과 비전, 증언과 헌신이 이 책에 녹아 있습니다.

한국 교회가 《교회를 꿈꾼다》를 읽고 예수님의 꿈을 가슴에 새겨서 예수님의 유언을 실천해가는 교회로 거듭날 수 있기를 간원합니다.

한완상_전 대한적십자사 총재

다시, 개척을 꿈꾸게 하는 교회

우리가 무엇인가를 카피할 때 최선은 원본을 베끼는 것입니다. 이 당연한 상식이 한국 교회의 장에서는 통하지 않았습니다. 우리 시대 우리 땅에서 목회하는 이들의 선망은 성공적인 교회들이었습니다. 앞을 다투어 우리는 그런 교회들을 카피하고자 했습니다. 그런데 이상하게도 우리는 사도행전의 원본을 크게 주목하지 못했습니다. 주목하더라도 대부분 예루살렘 교회만을 초대교회의 원형으로 생각했습니다.

이 책은 김형국 목사님께서 나들목교회를 개척하며 주목했던 사도행전의 안디옥 교회를 주제로 한 일종의 케이스 스터디 설교입니다. 이 설교의 열매가 오늘의 나들목교회를 만들어낸 것입니다. 김형국 목사님은 단순한 교회관의 피력으로 교회 개척을 시작한 것이 아니라, 치열하고 철저한 사도행전의 본문 석의에서 교회의 꿈을 그리기 시작합니다. 그리고 실천 가능한 적용의 관점에서 담대한 실험을 제안해 가기 시작합니다.

텍스트를 기초로 한 교회의 터를 닦아가면서 동시에 그가 처한 역사적 삶의 콘텍스트를 고민하는 그 치열성이 많이 부러웠습니다. 나도 교회를 다시 개척한다면 그렇게 하고 싶다는 열망마저 솟을 정도였습니다. 그래서 저는 우리 시대에 교회 개척을 꿈꾸는 모든 사역자들에게 이 책을 한 번은 읽고 모험적인 도전의 길에 나서라고 권면하고 싶습니다. 그리고 이 설교는 교회론적 설교의 전형이 될 만하다는 것을 부연하고 싶습니다.

　오늘의 설교 비평자들에게는 문제의식은 있어도 대안이 전혀 부재합니다. 반면 성공주의를 추구하는 설교자들에게는 텍스트의 실종을 봅니다. 그런데 김형국 목사님의 메시지에는 텍스트와 적용의 예술이 존재합니다. 그런 성경적인 미학의 치열성으로 현실 속의 안디옥 교회를 추적합니다. 그래서 이 설교집은 설교 지평과 목회 지평의 절묘한 접합점을 제공합니다. 그리고 좋은 설교자가 좋은 목회자가 될 수 있다는 희망을 보게 합니다.

　건강한 설교자와 건강한 목회자를 함께 꿈꾸는 이 시대의 동역자들에게 마음을 다하여 이 책을 또 하나의 전가보도로 천거하는 바입니다.

　　　　　이동원 목사_지구촌교회 원로목사, 성서한국 공동대표

한국의 수많은 '안디옥 교회'를 위한 가이드북

"아직도 교회를 꿈꾸는 사람이 있어?"

악화가 양화를 구축하는 법칙 그대로, 한국사회에서 교회를 부정하는 분위기가 점점 강해지기 때문에 이런 생각이 듭니다. 호감의 대상이었던 한국 교회가 어느 사이에 비호감이 되더니, 이젠 적대감마저 일으키는 상황에 처했습니다. 인터넷과 SNS를 통해 교회의 왜곡이 확대, 증폭, 재생산되어 순식간에 안티 분위기가 팽배해졌기 때문입니다. 그러나 교회가 교회답지 못하다는 데 가장 큰 문제의식을 갖는 것이 하나님 앞에서 바른 태도입니다. 이런 상황에서 제가 사랑하고 존경하는 김형국 목사가 '시대착오적'으로 교회를 꿈꾸며, 인생 전부를 걸고 꿈의 교회를 좇고 있습니다.

저는 김 목사가 대학 3학년일 때부터 알아왔습니다. 같은 단체와 교회에서 동역하였고, 나들목교회의 개척멤버로 3년간 함께 일했습니다. 그는 현실감이 넘치는 자이나 동시에 이상주의자이고 원칙주의자입니다. 이른바 비저니어VISIONEER(visionary와 engineer의 합성어)입니다. 그의 이상과 원칙은 바로, 안디옥 교회입니다.

그가 성경공부를 통해 안디옥 교회를 알기 시작한 이래부터,

미국 트리니티 복음주의 신학교Trinity Evangelical Divinity School에서 신약학자가 되기까지 늘 교회를 꿈꾸어왔습니다. 때가 되어 나들목교회를 개척하고, 십여 년 동안 섬겨오면서 교회 설계도는 어디까지나 안디옥 교회를 닮아 있습니다.

부친이신 고 김정철 장로님께서 우리나라의 아주 유명한 설계가요 건축가로 사셨던 것처럼, 김 목사도 혼신을 다해 안디옥형 나들목교회를 지어가고 있습니다. 그의 선친이 정림건축이란 회사에서 돌과 목재로 한국교회100주년기념관, 인천국제공항, 국립중앙박물관과 같은 역사적인 건축물을 설계하고 남긴 것처럼, 그는 사람들로 이루어진 나들목교회를 지어가고 있습니다.

어둠을 탓하기 전에 어둠 속에서 촛불을 하나 밝히는 것이 더 중요합니다. 저는 김 목사가 많은 동역자 및 성도와 함께 교회를 꿈꾸는 일이, 한국사회가 교회에 대한 비호감과 적대감을 버리고 다시 호감을 느끼도록, 밑바닥을 치고 반환점을 만드는 일에 귀하게 쓰일 것을 믿습니다. 나들목교회처럼, 한국의 많은 교회를 안디옥 교회답게 만드는 성령의 복원력을 믿기 때문입니다. 저는 이 책이 삼위일체 하나님의 주도로 수많은 안디옥 교회들이 나타나게 하는 데 아주 강력한 가이드북이 될 것을 확신합니다.

고직한 선교사_YOUNG2080(청년목회자연합) 상임대표

오늘의 교회가 걸어가야 할 이정표

　이 책은 교회가 걸어가야 할 길에 대한 이론과 실천 편을 한데 묶고 있습니다. 원론적인 설명에 그치지 않고 구체적인 사례와 짝을 지어준다는 점에서 수많은 교회론 관련 서적과 다른 궤적을 보입니다. 딱딱할 법한 이야기를 따라가면서도 시선이 흔들리지 않는 이유가 거기에 있습니다. 이론의 중심에 안디옥 교회가 있고, 실천의 복판에 나들목교회가 있습니다. 전자는 저자가 꿈꾸는 가장 이상적인 교회이고, 후자는 저자가 발로 뛰는 현장의 교회입니다.

　저자는 "한국 교회가 많이 아프다"고 말합니다. 원형에서 벗어났다는 진단인 동시에 치유가 필요하다는 주문이기도 합니다. 오늘의 교회는 훼손되었고 망가졌고 왜곡되었지만, 회복의 길은 또렷합니다. 원형을 찾아 그대로 복원하면 됩니다. 안디옥 교회는 복원을 위한 기본 도면이고, 나들목교회는 정확한 복원을 추구하는 무대라 할 수 있습니다. 일종의 리허설인 셈입니다. 두 교회를 대조해가노라면 오늘의 교회가 걸어가야 할, 오늘의 그리스도인이 따라가야 할 이정표를 자연스럽게 재확인하며 느슨해진 신발 끈을 다시 조이게 됩니다.

저자는 육성에 강합니다. 수많은 이들이 그 육성의 파워와 진실함에 감동을 받습니다. 육성에 담긴 폭발력이 지면에 100퍼센트 반영됐다면 종이책은 다 타버렸을지 모릅니다. 이 책은 열도를 조금 낮추는 대신 논리의 치밀함을 크게 높였습니다. 덕분에 정리된 목소리를 따라 안디옥 교회의 발자국을 더듬어가며 한국 교회의 미래를 찬찬히 그려볼 수 있습니다. 저자의 건강한 호흡을 더 가까이서 느낄 수 있다는 점은 육성을 직접 듣지 못하는 아쉬움을 상쇄하고도 남습니다.

이나경_프리랜서 에디터

1983년, 그리고 2001년 이야기

우리가 벤치마킹한 교회는 안디옥 교회였다.
사도행전 2장의 예루살렘 교회가 아니었다.
안디옥 교회는 유대성의 벽을 벗어난 첫 번째 교회였고
어쩌면 그 이후 이천 년 동안 지금까지
교회의 존재 양식을 규정할 수 있는
원형적 교회가 되었다.
나들목교회는 꿈을 꿨다.
안디옥 교회와 같은 교회가 되기를.

세상에는 이해하지 못할 일이 참 많다. 예수께서 하신 말씀 중에도 이해하기 어려운 것들이 더러 있는데, 그중 하나가 예수께서 돌아가실 때 "내가 다 이루었다"고 하신 말씀이다. 로마제국 밑에서 많은 사람들, 특별히 유대인들은 여전히 신음하고 있었고 세상엔 가난한 사람들이 넘쳐났으며, 부는 여전히 편중되어 있었고 세상의 정의는 실현되지 않고 있었다. 그런데 예수께서 "다 이루었다"고 하셨다. 무엇을 뜻하는가?

분명 예수께서는 사람들이 하나님 앞에 설 수 있는 길을 여셨기에, 그 구원의 길을 완성하셨기에 다 이루었다고 말씀하신 것 같다. 그러나 예수에 대한 소식은 여전히 국지적으로 남아 있었다. 유대 지역에 머물러 있었을 뿐이었다. 그것도 일부 제자들이 주장하는 것일 뿐이었다. 그런데 어떻게 다 이루었다고 말씀하실 수 있었는가?

유일한 해답은 예수께서 그가 남기신 교회를 통해서 이 놀라운 소식이 세상 끝까지 전파될 것을 기대하셨고 또 믿으셨다는 것이다. 그렇기에 세상 구원의 여명이 시작되려는 그 찰나에 그는 감히 그것이 이루어졌다고 선언할 수 있었던 것이다. 예수에게 이 교회는 분명 세상을 향한 유일한 대안이었다. 그에게 그리스도인 공동체는 하나님을 잃어버린 사람들, 하나님으로부터 소외된 사람들을 하나님 앞에 세울 수 있는, 그 놀라운 소식인 복음을 세상 사람들에게 알리는 통로였다.

그러나 오늘날 교회는 과연 그러한가? 불행히도 예수께서 십자가에서 고통을 받으면서 다 이루었다고 말씀하신 그 선언을 이 땅의 교회는 더 이상 의미 있게, 현실적으로 사람들에게 전하지 못하고 있다. 아니, 교회에 속해 있는 사람들조차 복음이 가져오는 놀라운 꿈을 잃어버렸다. 예수님께는 교회가 꿈이었다. 세상을 회복하고 세상을 살리는 꿈이었다. 그러나 오늘날 이 땅의 교회는 더 이상 꿈이 아니다. 예수 그리스도를 드러내는 도구가 아니라, 오히려 예수 그리스도를 가리는 안타까운 존재가 되었다. 사람들은 이런저런 말로 그럴 수밖에 없다고 합리화하며 변명한다. 그러나 그 모진 고통 가운데 예수께서 마지막 남기신, "내가 다 이루었다"는 말씀이 교회 속에서 이루어지지 않는다면 그의 죽음은, 그리고 그의 십자가에서의 마지막 선언은 도대체 무엇을 의미하는 것일까?

1983년 이야기

나에게 교회는 고등학교 1학년 때 회심하기 전까지 특별한 존재가 아니었다. 그러다 고등학교 시절 주님께서 나를 찾아오셨고, 나는 새로운 세계에 발을 들여놓았다. 그런데 얼마 되지 않아 이상하다는 생각이 들기 시작했다.

왜 나를 변화시키고 계시는 예수님의 놀라운 능력이 교회 속에서 드러나지 않는 것일까? 왜 오랫동안 신앙생활을 했다는 분들의 모습이 예수를 닮지 않았을까? 선배들에게, 교회 어른들에게 당돌한 질문을 여러 번 했다. 왜 성경에 나타나는 그리스도인과 교회의 모습이 우리 속에 잘 나타나지 않느냐고. 그때마다 내가 들은 답변은 "우리는 여전히 죄인이다", "지상의 교회는 완전할 수 없다"는 식이었다. 어쩔 수 없는 것이므로 받아들여야 한다는 대답이었다. 그러나 나는 받아들이기 어려웠다. 우리가 믿고 따르는 것이 진정한 진리인데 그것이 우리 속에 드러나지 않는다고 말하는 것이 진실해 보이지 않았다. 우리가 믿는 진리가 진리인지에 대한 의심마저 일어났다. 그런 의심을 잠재우며 진리를 고수하려는 것은 비겁해 보이기까지 했다.

이런 고민들을 품고 대학 시절 동안 성경을 읽고 묵상하고 공부했다. 성경만이 당시 내가 의지할 수 있었던 영적 성장의 원천이었다. 아울러 서구 복음주의자들의 글을 접하면서 예수님과 그분이 가르치신 진리가 더욱 확실해져만 갔다. 내가 만난 예수님과 그의 복음을 대학 캠퍼스에서 친구들과 나누었고, 그러면서 작은 공동체가 만들어지기도 했다.

대학을 졸업하기 직전 사도행전을 혼자 공부하는 시간을 가졌다. 공부해 갈수록 마음이 뜨거워졌다. 그러다가 당시만 해도 내게는 생소하였던 안디옥 교회에 대해 공부하면서 가슴이 뜨겁게 타올랐다. 처음에는 손에 땀이 나기 시작하더니, 안디옥 교회를 공부할수록 "이런 교회가 있었구나. 이런 교회를 우리 주님이 꿈꾸셨구나. 그래서 오늘날 나도 이 놀라운 복음에 참여하는 자가 되었구나" 하는 깨달음과 감격의 눈물이 이어졌다. 졸업하던 해 겨울, 안디옥 교회에 나타난 이 그리스도인 공동체의 비밀을 대학 후배들에게 나누었다. 어느 기도원 작은 방에서 나누었던 말씀을 지금도 잊을 수 없다. 1983년 겨울, 교회에 대한 꿈이 잉태되었다.

그리고 2001년 이야기

나는 젊고 어렸다. 안디옥 교회가 보여준 교회가 당시 한국 사회 속에서 가능할 것인지에 대해 길이 보이지 않았다. 여전히 내가 경험하는 교회는 실망을 안겨주었다. 학생 선교단체에서 학원 선교사로 사역하면서 이런 성경적 공동체에 대한 실험을 지속했다. 사역의 열매가 있었지만 4년간의 대학 생활을 통해 젊은이를 준비시키는 사역에는 한계가 있었다. 이십 대를 그렇게 보내고 나는 신학을 공부하기 위해 미국으로 건너갔다. 교회에 대한 절망과 학생 운동의 한계, 그리고 나 자신의 여러 문제로 길을 잃은 채로….

나는 신학을 공부하면서 교회가 여전히 예수님의 꿈이었음을 다시금 발견했다. 성경을 자세히 볼수록 예수님이 가르치셨던 공동체, 바울이 꿈꾸었던 교회의 모습을 구체적이며 실제적으로 발견할 수 있었다. 미국에 있는 여러 건강한 교회들이 성경에서 가르치는 교회의 모습에 근접해 있는 것을 보면서 내 맘속에서는 시기 어린 열심이 일어났다. 미국에 있는 동안 청년 몇 명과 함께, 이민 1.5세와 2세들을 위한 교회인 시카고 뉴 커뮤니티 교회 New Community Church of Chicago를 개척할 기회가 있었다. 나의 첫 개척 경험이었던 이 교회에서 안디옥 교회를 한국 문화가 아닌 다른 문화권에 다른 언어로 전달했다. 역시 젊은이들이 환상을 보았다. 그리고 꿈을 꾸었다.

한국으로 돌아온 후, 하나님께서 교회를 개척할 수 있는 기회를 허락하셨다. 나이 사십이 되었을 때 그동안 교회에 대해 공부했던 것들과 교회에 대한 성경의 가르침, 여러 건강하고 바람직한 교회의 사례들을 종합하여 오늘날 세워야 할 교회의 모습을 떠올리며 준비할 때 마음속에 떠나지 않은 교회가 있었는데, 다름 아닌 안디옥 교회였다.

그렇다. 2001년 나들목교회가 시작될 때, 우리가 벤치마킹한 교회는 안디옥 교회였다. 사도행전 2장의 예루살렘 교회가 아니었다. 예루살렘 교회는 역사상 짧은 기간 동안 존재했고, 유대인들만으로 구성된 특수한 교회였다. 그러나 안디옥 교회는 그 유대성의 벽을 벗어난 첫 번째 교회였고, 어쩌면 그 이후 이천 년 동안 지금까지 교회의 존재 양식을 규정할 수 있는 원형적 교회가 되었다. 이 교회는 세워지는 모습부터 성장하는 것, 하나의 공동체로 살아가는 것, 세상에 영향을 끼치는 것, 그리고 역사에 의미를 남기는 것에 이르기까지 특별했다.

나들목교회는 꿈을 꿨다. 안디옥 교회와 같은 교회가 되자. 그래서 2001년 교회가 세워지고 난 직후, 나들목교회 가족들에게 안디옥 교회를 소개했다. 당시는 안디옥 교회 자체보다는 안디옥 교회를 세울 수 있었던 사람들에게 집중했다. 예수께서 말씀하셨던 그 교회를 이루기 위해 먼저 꿈꾸는 사람들이 필요했다. 그 꿈을 가지고 살아가는 실제적인 사람들이 있어야 했다. 그 꿈을 가진 사람들이 모여야만 꿈이 이루어질 수 있기 때문이었다.

그때 설교 시리즈 제목은 '값비싼 인생, 위대한 공동체'였다. 우리 인생 하나하나가 별 볼 일 없는 인생이 아니라, 실인즉 매우 값비싼 인생이며 그 인생이 제대로 사용될 때 하나님이 일하시는 위대한 공동체를 형성할 수 있다. 하나님은 스스로 가치 있다 여기지 않는 우리와 같이 평범한 사람들을 부르셔서, 이 역사History 속에서 당신의 역사Ministry에 참여시키신다는 사실을 안디옥 교회를 통해서 확인했다.

서울이라는 도심 한복판에서 안디옥 교회와 같은 교회가 되려면 무엇보다 우리 자신이 꿈꾸는 사람이 되어야 했다. 평범하지만 결코 평범에 머무를 수 없는 사람들, 꾸준히 성장하며 다른 사람을 세우는 사람들, 그리고 무엇보다 공동체를 세우는 사람들이 되고자 하는 꿈이 필요했다. 안디옥 교회는 우리 한 사람 한 사람이 하나님의 역사 속에 참여하는 자로 자리 잡기 위한 위대한 꿈과 구체적인 방법을 알려주기에 부족함이 없었다. 2001년 우리는 모두 교회를 꿈꾸는 사람들이었다.

제1부

꿈꾸는
사람들

역사의 기획자와 연출자를 아는 사람들

1

"몇 사람이 안디옥에 이르러 헬라인에게도 말하여"_사도행전 11:20

길을 잃어본 적이 있는가? 그것도 외딴 곳에서 의지할 사람도 없을 때 길을 잃은 경험이 있는가? 나는 산행을 하다가 남들이 가지 않는 길을 가고 싶은 모험심 때문에 곤욕을 치른 적이 몇 번 있다. 고즈넉이 산행을 하고 싶어 산을 찾았다가 사람들을 자꾸 마주치게 되면 사람들이 잘 가지 않는 길로 가고 싶어진다. 숲 속으로 한참을 들어가서 대략 이 방향이면 다시 길로 나오겠거니 하고 걷다가 길을 잃어버리면 재빨리 돌아나와야 한다. 그런데 가끔 돌아나오다 다시 길을 잃는다. 이럴 때는 정말 낭패다. 이렇게 길을 잃은 데다 해까지 뉘엿뉘엿 지면, 정말이지 식은땀이 삐질삐질 나오지 않을 수 없다. 그렇게 헤매다가 사람이라도 만나면, 또는 표지판이라도 만나면 얼마나 반갑고 안심이 되는지….

　길을 잃는다는 것은 당황스럽고 초조한 일이다. 그런데 이렇게 길을 찾아 헤매는 모습은 오늘날 많은 사람들의 자화상일지도 모른다. 인생을 살면서 방향을 잃고 헤맨다는 느낌을 갖고, 이 사람 저 사람에게서 조언을 듣기도 하지만 그 조언으로 오히려 잘못된 방향으로 가기도 하고…. 그렇게 혼란에 빠져서 다른 사람이나 나의 직감을 믿고 가보지만, 삶은 여전히 혼란스럽고 방향을 찾을 수가 없다.

사람들은 모두 의미 있는 삶, 값있는 인생을 살기 원한다. 그러나 방향을 잃고 살아가면서 값지게 살 가능성은 없다. 또 개인이 올바른 방향을 잡고 인생길을 걸어가고 있다는 확신이 없다면 자신의 개인적인 삶은 물론이고 자신이 속한 공동체 역시 별로 의미 있다고 느껴지지 않는다.

사람들은 나이가 들어가면 이런 생각이 점점 많아진다. 젊을 때는 '그냥 열심히 살면 되지. 어느 분야에서건 내가 앞서면 되겠지' 하고 살았지만 나이가 들어갈수록 그게 전부가 아닌 것 같고, '계속 이렇게 나이만 들어가는 것일까?' 하는 질문을 던지곤 한다.

당신은 어떤가? 당신의 인생은 바른 방향으로 가고 있는가? 우리가 살펴보고자 하는 안디옥 교회 사람들은 어땠을까? 사도행전 11장에는 안디옥 교회가 세워지는 과정이 담담하게 기록되어 있어 그 시작이 매우 미미해 보일 수 있지만 이 교회는 하나님의 역사에 큰 흔적을 남긴 교회이다. 이 안디옥 교회가 세워지는 과정 속에서 값있는 인생을 살았던 사람들이 어떤 방향을 향해 움직였는지를 살펴보면, 오늘날에도 동일하게 일하고 계시

는 하나님을 발견할 수 있다. 그리고 우리 인생의 방향도 조금
더 선명해질 수 있다.

안디옥 교회가 시작되다

▨▨▨▨ [18] 그들이 이 말을 듣고 잠잠하여 하나님께 영광을 돌려 이르되 그러면 하나님
께서 이방인에게도 생명 얻는 회개를 주셨도다 하니라. [19] 그때에 스데반의 일로 일어
난 환난으로 말미암아 흩어진 자들이 베니게와 구브로와 안디옥까지 이르러 유대인
에게만 말씀을 전하는데 [20] 그중에 구브로와 구레네 몇 사람이 안디옥에 이르러 헬라
인에게도 말하여 주 예수를 전파하니 [21] 주의 손이 그들과 함께하시매 수많은 사람들
이 믿고 주께 돌아오더라. [22] 예루살렘 교회가 이 사람들의 소문을 듣고 바나바를 안
디옥까지 보내니 [23] 그가 이르러 하나님의 은혜를 보고 기뻐하여 모든 사람에게 굳건
한 마음으로 주와 함께 머물러 있으라 권하니 [24] 바나바는 착한 사람이요 성령과 믿음
이 충만한 사람이라. 이에 큰 무리가 주께 더하여지더라. [25] 바나바가 사울을 찾으러
다소에 가서 [26] 만나매 안디옥에 데리고 와서 둘이 교회에 일 년간 모여 있어 큰 무리
를 가르쳤고 제자들이 안디옥에서 비로소 그리스도인이라 일컬음을 받게 되었더라
(사도행전 11:18-26).

이것이 안디옥 교회가 시작되는 모습이다. 이 이야기를 읽으
며 '뭔가 대단한 일이 벌어졌구나' 하는 생각이 드는가? 별로 그
렇지 않을 것이다. 뭐 그리 대단한 일이 일어난 것 같지도 않고
흥분할 만한 내용이 기록되어 있는 것 같지도 않다.

그러나 이 땅의 교회와 개인의 역사를 기록하는 천군천사들이

있다면 이 장면을 바라보면서 가슴이 마구 뛰었을 것이다. 모두들 숨을 죽이고 이 역사적 순간이 어떻게 전개되는지 주목했을 것이다. 아마도 잔뜩 긴장하여 일어난 모든 일을 상세하게 기록했을 것이다. 그러고는 모두 함께 환호성을 지를지도 모른다. "드디어 주님에 대한 소식이 유대인의 벽을 넘었다!" 이 사건은 아주 담담하고 평범하게 기록되어 있지만 실로 하나님의 계획 안에서 너무도 중요하고 대단한 장면이었다.

도대체 왜 그런 걸까? 무엇 때문에 천군천사들이 흥분할 수밖에 없는 걸까? 이제 그 이유를 알아보자. 하나님이 무슨 일을 하시다가 여기까지 오셨는지를 알면 우리도 같은 흥분을 느낄 수 있을 것이다.

하나님은 역사의 기획자이시다

하나님과 배타적인 사랑을 나누도록 창조된 인간이 하나님을 떠나고 하나님을 알지 못하게 되었을 때, 하나님은 그것을 그냥 보고만 있을 수 없으셨다. 인간을 너무도 사랑하신 하나님은 이렇게 망가져가고 있는 세상을 회복하시고 인류 전체를 구원하려는 계획을 세우신다. 그것이 바로 하나님이 기획하신 역사이며 이는 창세기 12장에서 시작된다. 하나님은 한 사람 아브라함을 부르셔서 그를 통해 한 민족을 이루게 하시고, 그 민족을 통해 메시아가 나오게 하셔서 그 메시아를 통해 전 세계를 구원하고자 하신 것이다.

창세기 12장 3절에서 하나님은 아브라함을 축복하시면서 이렇게 말씀하신다. "땅의 모든 족속이 너로 말미암아 복을 얻을 것이라." 하나님은 아직 민족은커녕 후손도 없는 아브라함을 바라보면서 전 세계 모든 족속을 생각하고 계셨다.

그로부터 오랜 역사 후에 예수님이 오신다. 이 땅에 오신 예수님은 세상 끝까지 모든 민족에게 자신의 사랑을 전하고자 하시는 하나님의 마음을 그대로 품고 계셨다. 세상이 언제 끝나느냐는 제자들의 질문에 예수님은 이렇게 대답하신다. "이 천국 복음이 모든 민족에게 증언되기 위하여 온 세상에 전파되리니 그제야 끝이 오리라"(마 24:14). 이 땅을 떠나실 때 마지막으로 하신 말씀에도 하나님의 관심사가 그대로 담겨 있다. "너희는 가서 모든 민족을 제자로 삼아 … 모든 것을 가르쳐 지키게 하라"(마 28:18-20). 사도행전 1장 8절에서도 하늘로 올라가시는 예수님이 제자들에게 동일한 명령을 하신다. "오직 성령이 너희에게 임하시면 너희가 권능을 받고 예루살렘과 온 유대와 사마리아와 땅 끝까지 이르러 내 증인이 되리라."

이것이 하나님의 관심사이다. 이것이 바로 역사를 이끄시는 하나님이 이 땅을 바라보면서 계획하신 것이다. 땅 끝에 이르기까지 모든 사람이 하나님을 만나 하나님을 알게 되는 것이 그것이다. 그들이 하나님의 사랑을 경험하고 다른 종류의 삶을 살게 되는 것, 또 그로 인해 주변에 있는 사람들을 변화시킬 뿐 아니라 그들이 속한 사회와 문화를 변화시키는 것이 그것이다.

하나님은 이렇게 역사를 기획하셨다. 그러나 그 하나님은 역사를 기획하시기만 하는 분이 아니라 직접 개입해 역사를 경영하시는 분이기도 하다.

하나님은 역사의 연출자이시다

    사도행전을 보면 역사의 기획자이실 뿐 아니라 역사의 연출자이신 하나님이 나타나셔서 일하는 모습이 곳곳에 있다. 모든 사람이 하나님을 만나게 되는 하나님의 계획을 위해 그분은 구체적으로 어떻게 역사 속에 개입하셔서 일하고 계실까? 이제 사도행전 초반부터 앞서 읽었던 11장에 이르기까지 하나님이 어떻게 일하셨는지 아래의 지도를 참조하면서 살펴보자.

    지도에서 오른쪽 아래 예루살렘이 보이는 쪽이 이스라엘이다.

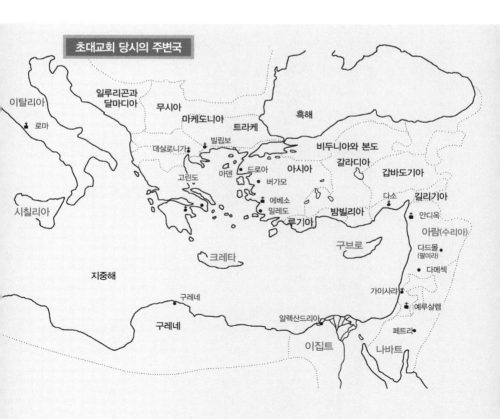

초대교회 당시의 주변국

남쪽은 아프리카, 북쪽은 유럽, 동쪽으로 한참을 이동하면 우리 나라가 나올 것이다.

주후 29-30년 즈음에 이곳 예루살렘에서 성령이 임하시는 역사가 일어난다. 그로 인해 수많은 사람이 예수를 믿게 되고 교회가 생겨났다. 사도행전 2장부터 6장까지는 이 교회가 어떻게 성장해 나갔는지를 다룬 이야기가 기록되어 있다. 하지만 예루살렘 교회는 여전히 예루살렘과 유대 지역에서만 열심히 활동하고 있었다.

그러다 7장에 이르러 과격한 설교를 했던 스데반이 돌에 맞아 순교하기에 이른다. 이 스데반의 일로 교회에 본격적으로 큰 핍박이 일어났고, 그로 인해 사도들만 남겨놓고 교회는 전부 사방으로 흩어지게 된다. 드디어 복음이 사마리아에도 전파되는 일이 일어나기 시작한 것이다. 빌립은 사마리아에서 복음을 전하고, 에디오피아 내시에게도 복음을 전한다(8장).

그러다 9장에 이르면, 스데반이 죽을 때 증인이었던 사울이라는 청년이 예루살렘 북동쪽 방향에 있는 도시인 다메섹으로 가다가 예수님을 만나게 되는 이야기가 나온다. 그는 즉시 다메섹 회당에서 복음을 전하기 시작한다. 사도행전 후반부로 가면 알겠지만, 사울은 복음이 이방인에게 전해지는 데 중요한 역할을 한 사람이다.

그리고 난 다음 갑자기 9장 32절부터는 다시 사도인 베드로에 대한 이야기로 돌아온다. 사울이 예수님을 만났을 때쯤, 베드로는 룻다와 욥바(예루살렘 서쪽 해안가 부근)에서 사역을 하고 있었

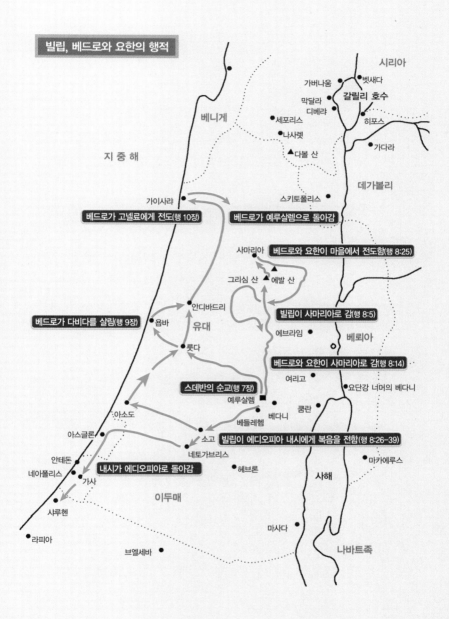

빌립, 베드로와 요한의 행적

다. 룻다에서는 애니아라는 중풍병자를 고쳤고 욥바에서는 다비다라는 여인을 살려냈다. 그리고 그곳에서 잠시 머무르고 있었던 것 같다.

이 즈음 가이사랴에 거하는 백부장(백 명 정도의 군인을 거느린) 고넬료라는 로마 군인이 등장한다(10장). 그는 헬라인이었지만 아주 경건한 사람이었다. 어느 날 이 사람은 욥바에 있는 베드로를 청하라는 환상을 보고 하인들을 욥바로 보낸다.

그렇게 하인들이 욥바로 가까이 오고 있을 무렵, 베드로는 기도를 하다 환상을 보게 된다. 하늘에서 보자기가 내려왔는데, 보자기 속에 아주 더러운 짐승들이 많았다. 그리고 그것을 잡아 먹으라는 음성이 들렸다. 베드로는 못 먹겠다고 세 번 거부하다 환상에서 깨어난다. 그때 고넬료가 보낸 하인이 베드로를 찾아온다. 그들과 함께 가라는 성령의 음성을 들은 베드로는 하인들을 따라 고넬료의 집으로 향하고 그곳에서 복음을 전한다. 그랬더니 예루살렘에서 그랬듯이 그들에게도 성령이 임하신다. 베드로는 놀라며 예루살렘으로 돌아온다.

예루살렘은 혼란에 빠진다. 사도 베드로가 이방인의 집에 들어가 복음을 전하고 그들에게 세례까지 주었다니…. 베드로는 지금까지 있었던 이야기를 차근차근 설명한다. 베드로의 이야기는 10장에 나오는 것과 거의 똑같이 반복되는 내용으로, 성경에 이렇게 똑같은 이야기가 반복되어 나올 때는 이것이 반복할 만큼 중요한 사건이라는 뜻이다.

이 이야기에 이어 우리가 앞에서 읽었던 11장 18절이 나온다.

"그들이 이 말을 듣고 잠잠하여 하나님께 영광을 돌려 이르되 그러면 하나님께서 **이방인에게도** 생명 얻는 회개를 주셨도다 하니라."

하나님은 처음부터 사도행전 1장 8절에서 "땅 끝까지 이르러 내 증인이 되라"고 하셨지만, 예루살렘에 있던 이 사람들은 이제야 "이방인에게도 복음을 전해야 하는구나" 하고 말하고 있다. 땅 끝은커녕 유대 지역에만 머물고 있던 이들이, 이방인에게도 복음을 전해야 한다는 사실을 깨닫기 시작하는 지점이다.

"**그때에**"(19절) 스데반의 일로 흩어졌던 사람들이 안디옥에 이르러 있다. "그때에"라는 것은 참으로 감격적인 표현으로, 이 모든 일이 동시에 일어나고 있음을 보여준다. 베드로가 여전히 유대 지역 여기저기를 돌아다니고 있을 무렵, 어떤 사람들은 가이사랴로부터 한참 북쪽에 있는 안디옥까지 와서 말씀을 전하고 있다는 것이다. 여전히 '유대인'에게만 말씀을 전하기는 하지만 말이다.

아! 그런데 20절에 이르면 놀라운 표현이 나온다. 구브로와 구레네 지역 몇 사람이 안디옥에 이르러 **헬라인에게도** 주 예수를 전파한 것이다. 구브로는 유대 서쪽 지역의 섬이고, 구레네는 더 멀리 북아프리카 지역이다. 이런 지역 출신의 사람들이 유대인이 아닌 헬라인에게 복음을 전한 것이다. 처음으로 이방인에게 복음이 전파되는 순간이다.

그러자 어떤 일이 일어났는가? 하나님의 손이 함께하셔서 수많은 사람이 예수를 믿기 시작했다. 이어지는 장들에서 살펴보겠지만, 이렇게 시작된 안디옥 교회를 기점으로 이방인들을 향한 전도가 시작된다. 땅 끝까지 복음이 전파되는 일이 바로 이곳에서 시작되었다는 말이다.

사도행전 1장 8절의 말씀을 들었지만 베드로 사도가 헬라인 고넬료에게 복음을 전한 소식을 듣고서 겨우 '이방인에게도 복음을 전해야 해' 하면서 예루살렘 성도들이 고개를 끄덕거리고 있을 무렵, 구브로와 구레네 지역 출신의 사람들은 안디옥에서 이미 이방인에게 복음을 전파하고 있었다. 세계 교회 역사 첫 장의 주제가 예루살렘 교회라면, 두 번째 장의 주제는 바로 이 안디옥 교회일 것이다.

대학생 때 이 본문을 처음 공부하다가 가슴이 뛰고 손에 땀이 나던 그 순간을 지금도 잊지 못한다. 하나님이 이렇게 역사를 이끌어가고 계셨구나!

사람들은 잘 몰랐다. 베드로도 잘 몰랐다. 자기가 왜 욥바에 가게 되었는지, 왜 고넬료의 집에 갔다 와야 했는지, 그리고 9장에서 사울은 왜 다메섹으로 가게 되었는지…. 하지만 **하나님이 이 모든 일을 연출하고 계셨다.** 하나님이 이 모든 일을 경영하고 계셨다.

하나님은 계획만 세우시고 '너희들이 알아서 잘해 봐' 하고 내버려두시는 분이 아니다. 계획을 세우실 뿐 아니라 그 계획을 이루어가는 분이다. 우리는 그 전체 그림을 모를 수도 있다. 그러나 하나님은 그 모든 일을 경영하시고 조율하시고 그것을 완성시켜나가신다. 사도행전의 역사가 그러하고 지난 수천 년 인간 역사가 그러하다.

하나님의 전체 그림과 우리 인생

이렇듯 하나님이 이 세상을 다스리고 계시고 우주 역사와 인간 역사를 기획하고 이끌어가는 분이라면, 그 하나님을 떠나서 인생의 의미를 찾으려고 하는 것은 실로 어리석은 일일 것이다. 이 전체 흐름 속에서 나 자신의 인생 모습과 의미를 발견할 때에야 값진 인생, 값있는 인생을 살 첫걸음을 찾게 될 것이다.

퍼즐 맞추기를 해 본 적이 있는가? 주로 어릴 때 많이 하지만 요즈음에는 어른들을 위한 천 조각, 이천 조각, 오천 조각 퍼즐도 나와 있다. 얼마 전 5박 6일에 걸쳐 이천 조각 퍼즐을 맞추어 보면서 이런 생각이 들었다.

퍼즐 조각 하나가 따로 떨어져 있을 때는 볼품도 없고 의미도 없어 보인다. 자기가 있어야 할 자리에 있지 않은 조각은 아무 쓸모도 없다. 그걸 어디다 쓰겠는가? 금칠을 해 놓아도 의미가 없다. 또 자기 자리를 지키지 못하는 조각 때문에 그림이 완성되지도 못한다. 그러나 그 조각이 자기 자리에 들어가 있으면, 전체 그림을 완성시키는 귀중한 역할을 한다.

우리 인생도 하나님의 전체적인 그림을 염두에 두어야 한다. 역사 전체를 이끌어가고 계시는 하나님의 시각에서 내가 있어야 할 자리, 그 자리에 있을 때 나의 인생이 의미가 있을 뿐 아니라 전체 그림을 완성시킬 수 있다. 우리 인생은 결코 값어치 없는 인생이 아니다. 우리가 하나님의 역사 기획의 방향을 몰라 있어야 할 자리에 있지 않음으로 하나님의 전체 그림이 이가 빠진 것처럼 될 수도 있기 때문이다.

그러니 값진 인생을 소망하는 사람들, 위대한 공동체를 꿈꾸는 사람들은 인간의 역사, 나를 포함한 이 모든 사람의 역사를 기획하고 경영하시는 하나님을 의뢰할 수밖에 없다. 그것이 우리 인생의 바른 방향이다. 그렇다면 역사의 기획자이시며 연출자이신 하나님의 손에 자신의 인생을 맡기는 사람들은 구체적으로 어떻게 사는 사람들일까?

하나님을 알아가는 사람들

이들은 먼저, **하나님을 알아간다.** 역사와 공동체를 이끌어가시는 하나님을 알고 배우기 전에는 나의 삶을 이끄시는 하나님을 제대로 알 수가 없다.

그 하나님을 가장 잘 알 수 있는 방법이 성경을 읽는 것이다. 구약을 읽으면 역사와 민족을 이끌어가시는 하나님을 만난다. 우리는 구약을 통해 약하고 부족한 민족을 일으키셔서 자신의 거룩한 이름을 드러내시고 세계를 구원하기를 원하시는 하나님을 발견한다. 이스라엘이 하나님의 뜻을 따르지 않았을 때 하나님은 블레셋과 주변 국가들 그리고 아시리아와 이집트와 바빌론이라는 나라들을 일으켜 이스라엘이라는 조그만 나라를 다스려 나가셨다. 이를 통해 우리는 당시 근동 아시아 전 역사를 하나님이 어떻게 경영하셨는지를 들여다볼 수 있다. 하나님은 그렇게 세계사를 이끌어가는 분이시다.

반면 신약에서 만나는 하나님은 우리와 좀 더 직접적으로 관계를 맺으신다. 하나님은 우리가 서로 마주하고 대화를 나누듯, 사마리아 여인과 말씀을 나누시고 삭개오를 쳐다보며 이야기하셨다. 신약의 하나님 역시 역사를 이끌어가시는 하나님이지만 신약에서는 하나님이 사람들을 섬세하게 만나주시는 내용이 강조되어 있다. 이러한 만남을 통해 사람들은 놀라운 변화를 경험했고 그 변화된 사람들이 공동체를 이룬 것이 바로 교회이다.

하나님을 의뢰하는 사람들은 이렇게 성경에 드러난 하나님을 알아가는 사람들이다. 하나님을 알 수 있는 유일한 통로인 성경을 참으로 사랑하는 사람들이다.

뉴욕에서 아주 잘나가는 변호사 친구가 하나 있었다. 유능한 변호사로 승승장구하고 있었는데, 그의 경력의 마지막 단계에서 회사의 파트너가 되지 못했다. 이유는 변호사 생활을 하다 중간에 3년 동안 신학교에서 성경을 공부했기 때문이다. 회사에서 볼 때는 법조인으로서 헌신도가 떨어진다는 것이다.

파트너가 되지 못한 이 친구는 어려움을 많이 겪었다. 너무 좋은 자격 요건 때문에 일반적인 직장에도 쉽게 들어갈 수 없었다. 경제적으로 힘들어 잠시 페인트칠 아르바이트를 하기도 했다. 그러다 지금은 감사하게도 좋은 직장에 들어가게 되었고, 주말에는 가끔씩 교회에서 설교를 하기도 한다.

그 친구에게 이렇게 물어본 적이 있다.

"3년 동안 신학교에서 공부한 것을 후회한 적은 없니? 그렇지 않았다면 지금쯤 최소한 백만 달러를 버는 변호사가 되어 있을

텐데. 신학교에서 3년 동안 성경공부 한 것 때문에 그걸 날려버리고 지난 5-6년 동안 얼마나 고생했니? 솔직히 말해 봐. 정말 후회한 적 없니?"

그 친구는 자기 말이 아니라 어떤 선생님에게서 들은 말로 답을 대신했다. 그 선생님이 이런 말씀을 하셨다는 것이다.

"하나님의 말씀을 배우는 데 낭비되는 시간은 없다."

백만 달러를 버는 변호사가 되지는 못했지만 3년 동안 하나님의 말씀을 제대로 배웠기 때문에, 그래서 하나님을 더 깊이 알게 되었기 때문에 절대로 낭비라고 생각하지 않는다는 것이다.

우리는 하나님을 알기 위해 얼마나 시간을 쓰고 있는가? 직장에서 실력을 갖추기 위해 새벽에 학원에 나가 영어도 배우고, 또 체력도 관리해야 세상에서 살아남을 수 있기 때문에 아침마다 헬스클럽에 가서 운동은 하면서도, 영혼의 미래를 붙들고 계시는 하나님을 아는 일을 위해서는 하루에 30분을 내기도 힘들지 않은가?

하나님을 알아가는 데 시간을 쓰지 않으면서 그분이 우리 인생을 주도하시리라고 기대하는 것은 어불성설이다. 성경을 읽고 있지 않다면 우리는 우리가 믿고 있는 하나님에 대해 "사실 나는 안 믿고 있어"라고 말하는 것과 다름없다.

우리 인생을 위해 하루에 10분, 20분이라도 하나님 앞에 나아가 하나님이 어떤 분이신지, 세상을 어떻게 경영하고 계신지 알고 배우고 그분을 실제적으로 체험해야 한다. 그것보다 더 중요한 일이 이 세상 어디에 있겠는가? 하나님의 손에 인생을 맡기

는 사람들은 하나님을 알아간다. 그것이 값진 인생을 살 수 있는
첫 번째 길이다.

두 번째로, 하나님의 손에 인생을 맡긴 사람들은 **자신을 향한
하나님의 특별하신 뜻이 무엇인지 끊임없이 물어본다.** 하나님은 각
자를 향한 특별한 뜻을 갖고 계신다. 그리고 대부분의 경우 앞
에서 이야기했던 하나님을 알아가는 일을 충실히 해 나가면 자
신을 향한 하나님의 특별한 뜻을 자연스럽게 알아가게 된다.

성경을 읽다 보면 역사를 이끌어가시는 하나님의 목적은 사람
들이 하나님을 만나고 그렇게 하나님을 만난 사람들이 변화되어
세상을 변화시키는 것임을 알게 된다. 따라서 그 하나님을 만나
는 사람이 자연스럽게 묻게 되는 것은 "그럼, 전 제 인생을 통해
서 무엇을 하지요? 하나님이 이끄시는 역사의 이 도도한 흐름
속에서 제가 차지해야 할 조각은 뭐죠?"라는 것이다. 그때 하나
님이 우리에게 뭔가를 가르쳐주실 것이다.

바른 방향으로 의미 있는 인생을 살고자 한다면 끊임없이 하
나님께 물어보라. 자기가 제일 잘하는 것이 무엇인지 생각해 보
라. 무슨 일을 할 때 즐거운지 생각해 보라. 하나님은 우리가 정
말 즐겁기를 원하시고 우리가 잘하는 것을 더 잘하게 되기를 원
하신다.

그런데 어떤 사람은 이렇게 말할지 모르겠다. "난 그런 거 없
어. 내가 무슨 값어치 있는 인생을 살 수 있겠어?" 이런 말은 나

를 만나주고 사랑하시는 하나님을 잘 모르기 때문에 나오는 표현일 가능성이 크다. 자신을 다른 사람과 비교해서 학력이나 경력, 외모나 배경 등에서 자신의 가치를 찾으니 자신이 잘하는 것도, 하고 싶은 것도 없다고 생각한다. 그러나 성경을 읽어나가노라면 세상에서 가장 무가치해 보이는 사람들을 사랑하시고 그를 통해서 일하시는 하나님을 알아가게 된다. 하나님께 물으라! 무엇 때문에 '나'라는 존재를 이 세상에 두셨는지. 끊임없이 당신을 사랑하시는 하나님께 물으라!

하지만 그것을 전혀 알지 못할 수도 있다. 우리 인생이 끝날 때까지 알 수 없을 수도 있다. 퍼즐을 맞추다 보면 어디에 들어갈지 몰라서 맨 마지막에 가서야 자기 자리를 찾게 되는 조각이 있는 것처럼 말이다. 우리에게는 전체 그림이 없다. 우리는 인간 역사를 끌고 가시는 하나님의 놀라운 그림을 다 모르기 때문에 죽고 난 다음에야 '아, 내가 했던 일이 이것이었구나' 하고 알게 되는 경우도 있을 것이다.

자신에게 맡겨진 작은 일에 충성하는 사람들

이렇게 전체 그림을 모른다면 우리는 가치 있는 삶을 살 수 없을까? 아니다. 하나님의 손에 자신의 인생을 맡긴 사람들은 **자신에게 맡겨진 작은 일에 충성한다.**

앞서 읽었던 성경 구절에 등장하는 구브로와 구레네 사람들은 안디옥에 가서 복음을 전할 때 그렇게 대단한 일을 하고 있다고 생각하지 않았을 것이다. 하지만 하늘의 천군천사들은 '드디어… 드디어… 복음이 땅 끝으로 가는구나' 하면서 뛰는 가슴을 안고 그 장면을 바라보고 있었다. 우리가 하는 많은 일들이 그렇다. 죽을 때까지 내 인생의 의미가 무엇인지 확실하게 모를 수 있다. 그러나 이들은 하나님의 큰 그림을 알고 나서야 움직이겠다고 하는 교만을 버린다. 그것을 다 모를지라도 자신에게 맡겨진 일에 최선을 다할 뿐이다.

개인적으로 존경하고 좋아하는 에디스 쉐퍼의 말 중에 평생 좌우명처럼 여기는 말이 하나 있다. "현실 생활에서 중요한 일은 북 치고 꽹과리 치며 다가오지 않는다. 당신이 지금 만나고 있는 사람, 당신이 지금 하고 있는 일, 당신이 지금 읽고 있는 책이 당신 생애에 가장 중요한 일이다."

우리 인생에서 중요한 일은 정말 요란하게 다가오지 않는다. 오히려 조용하게 다가온다. 내가 지금 만나고 있는 사람, 지금 하고 있는 일, 지금 읽고 있는 책이 내 인생에 중요할 수 있다. 친구 사귀는 것도 그렇다. 하나님이 주신 좋은 친구들이 있으면 열심히 최선을 다해서 지금 그 관계를 발전시켜나가라. 좀 틀어진다고 해서 헤어져버리면 주변에 남아 있는 친구가 하나도 없다. 우리에게 주어진 그 작은 일에 최선을 다하라. 맡겨진 작은 일에 충성하라.

사소한 것처럼 보이는 작은 섬김, 내게 주어진 짧은 시간을 소중한 일에 잘 활용하는 것, 이런 일들이 모여서 하나님의 전체적인 역사가 만들어진다. 사람들마다 다 역할은 다르겠지만 그 작은 일들에 최선을 다하는 것, 그것을 하나님께서 기뻐하신다.

이런 마음을 담은 〈소원〉이라는 찬양의 가사를 보라. 작은 일에 충성하는 것이 무엇인지를 보여주는 아름다운 노래다.

삶의 작은 일에도 그 맘을 알기 원하네
그 길, 그 좁은 길로 가기 원해
나의 작음을 알고 그분의 크심을 알며
소망, 그 깊은 길로 가기 원하네
저 높이 솟은 산이 되기보다
여기 오름직한 동산이 되길
내 가는 길만 비추기보다는
누군가의 길을 비춰준다면
내가 노래하듯이 또 내가 얘기하듯이 살길
난 그렇게 죽기 원하네
삶의 한 절이라도 그분을 닮기 원하네
사랑, 그 높은 길로 가기 원하네
_〈소원〉, 꿈이 있는 자유

역사의 기획자와 연출자를 아는 사람은 맡겨진 작은 일에 충성한다. 특별히 하나님의 마음이 있는 곳, 세상 모든 사람이 하나님을 알게 되고 그의 사랑을 누리고, 그래서 인생이 바뀌는 일에는 그것이 아무리 작아 보여도 충성한다. 나의 작은 섬김과 사랑이 하나님의 복음이 흘러가는 통로가 될 수 있을 것이라는 가능성을 잊지 않는다. 구브로와 구레네 출신의 몇몇 사람들처럼….

　우리는 직장에서, 가정에서, 친구 관계에서, 또 지나가는 행인과 나누는 한마디 말을 통해 역사를 만들 수 있다. 하나님이 그렇게 계획하셨고 이끌어가시기 때문이다.

하나님의 손이 함께하는지 점검하는 사람들

　하나님의 손에 자신의 인생을 맡긴 사람들에게 가장 중요한 평가 지표는 무엇일까? 그들은 하나님의 손에 자신의 인생을 맡겼기에 **하나님의 손이 함께하시는지를 점검 기준으로 삼는다.**

　우리 인생이 정말 값진 인생이 되어가고 있는지는 '하나님의 손'이 함께하는지 점검해 보면 된다. 구브로와 구레네 사람들이 복음을 전했을 때 마치 기다렸다는 듯이 수많은 이방인들이 하나님을 믿게 되었다는 것을 기억하는가? 그 구절에는 '주의 손'이 그들과 함께했다는 표현이 나온다. 하나님이 그것을 기다리고 계셨기 때문에 그렇게 역사하신 것이다.

　그렇다면 하나님의 손이 함께한다는 것은 어떻게 알 수 있을까? 주관적으로는, 마음속에 평강이 있고 하나님이 함께하신다는 임재 의식이 있다. 그것이 주의 손이 함께하는 사람들이 늘 갖는 느낌이다. 실제로 대단한 일이 일어나지 않아도 작은 일에 꾸준히 충성할 때 이러한 내면적 확신은 중요한 지표가 된다.

　객관적으로는, 주의 손이 함께하면 생명의 역사가 일어난다. 하나님을 알지 못했던 사람이 하나님을 알게 되고, 영혼이 찌그러져 망가져가던 사람들이 다시 생명력을 가지고 일어난다. 썩어서 냄새가 나던 사회가 하나님의 손이 함께하시면 변화되어 사람 살 만한 곳으로 바뀌기 시작한다. 물론 이런 일에는 시간과 인내가 필요한 경우가 대부분이지만, 한 영혼으로 시작한 작은 조직과 공동체 그리고 사회와 문화는 이렇게 하나님의 생명으로 변화되어간다. 하나님의 손이 함께하실 때!

하나님의 손이 함께하는 일이 꼭 거대하고 대단한 일일 필요는 없다. 나와 대화를 나눈 사람이 위로를 받고 힘을 얻는다면, 나의 작은 일이 내가 속한 공동체를 더욱 사랑할 수 있는 곳이 될 수 있게 한다면, 그 작은 일이 하나님의 손이 함께하시는 일이리라. 그러니 점검해 보라. 내가 하고 있는 일을 통해서 아무리 작고 희미해도 주의 손이 함께하고 있는가 아니면 주의 손이 아예 떠나버렸는가? 이를 통해 우리는 역사의 기획자이자 연출자이신 하나님이 의뢰하는 값진 인생을 살고 있는지 점검해 볼 수 있을 것이다.

방향을 제대로 잡고 가는 사람

사회생활을 하다 보면 집안 환경도 좋고 아주 똑똑한 친구인데 사회적으로는 폐인이 되다시피 한 사람을 만난다. 그들은 대부분 어느 회사에 들어가든 그 회사에서 한 달, 혹은 길어야 석 달을 버티지 못한다. 직장 상사와 동료들과 자주 부딪히기 때문이다. 이들은 자신이 하고 싶은 일과 일하는 방식에 매여서 그 회사의 경영 방침과 방향에 관심이 없다.

이렇듯 직장에서도 우리의 상사라 할 수 있는 사람들과 마음을 맞추지 않으면 제대로 살 수가 없다. 하물며 인간 역사를 이끌어오신 하나님의 뜻을 모르고 하나님이 어떻게 세상을 움직여 나가시고 이 땅을 경영해 가는지 모르면서 값있는 인생, 하나님이 원하시는 공동체를 꿈꿀 수 있을까?

뿐만 아니라 역사의 주인이시고 우리 인생의 주인이신 하나님은 우리를 이용하는 분이 아니다. 우리로 하여금 최선의 삶을 살기를 원하시는, 우리의 가장 크신 후원자이다. 우리가 그렇게 살 수 있도록 도우시는 리더이며 코치다. 그렇다면 우리가 망설일 것이 무엇인가?

값진 인생, 진정한 공동체를 꿈꾼다면 역사의 기획자이시고 연출자이신 하나님의 손에 우리 인생을 의탁하라. 이를 위해 하나님을 알아가고 우리를 향하신 하나님의 특별하신 뜻이 무엇인지 끊임없이 질문하라. 그리고 하나님께서 마음을 두시고 우리에게 맡기신 작은 일들에 충성을 다하자. 인생의 놀라운 일들은 북 치고 꽹과리 치며 다가오지 않는다. 구브로와 구레네 몇 사람은 천군천사들의 환호성을 받는지도 모르며 자신들이 마땅히 살아야 할 삶을 살았다. 우리도 그렇게 값있는 인생을 살아낼 수 있다.

2

무명의,
그러나 잊혀질 수 없는 사람들

"그때에 스데반의 일로 일어난 환난으로 말미암아 흩어진 자들이…
그중에 구브로와 구레네 몇 사람이" 사도행전 11:19-20

몇 년 전의 일이다. 가까운 친척 한 분이 돌아가셔서 사흘 동안 빈소를 지킨 적이 있다. 그분은 평범한 공무원이셨다. 가족들도 그분을 그저 성실하고 정의감이 있는 공무원 정도로 생각하고 있었다. 그런데 빈소를 찾아오는 사람들과 그들이 보인 애도의 모습에 가족들은 적지 않게 놀라고 또 위로를 받았다.

처음에는 친구들이 달려와서 애도하였고 그중 몇은 목 놓아 울었다. '참 좋은 친구들이 많이 있었구나' 하는 생각이 들었다. 얼마 후 부하 직원들이 와서 조의를 표하는데 그들 중에서 몇이 눈물을 흘리고 있었다. 더 놀라웠던 것은 그분의 상사까지도 너무 귀한 분을 보내게 되었다며 눈물을 흘리는 것이었다. 일반적으로 상가에서 눈물을 흘리며 곡하는 사람들은 대부분 가족이며 아주 가까운 친지들이다. 그런데 그분의 경우에는 적지 않은 조문객들이 눈물을 흘렸다.

　자신의 장례식장에서 가족이 아닌 사람 중에서 울어줄 수 있는 세 사람만 가졌어도 성공한 삶을 산 것이라고 말할 만한데, 이렇게 많은 사람이 눈물 어린 조문을 하는 것을 보면서 많은 생각을 했다. 가족들도 놀랐다. 이분이 성실한 것은 알고 있었지만 이렇게까지 사람들에게 많은 영향을 끼쳤단 말인가? 그의 급작스런 죽음은 가족들에게 큰 슬픔이 되었지만 사흘 동안 다녀간 수많은 사람들의 진심 어린 조문은 큰 위로가 됐다. 이렇게 한 사람 인생의 가치가 숨겨질 수 없이 드러나는 때가 있는 것 같다.

　한 인생의 가치는 어떻게 평가할 수 있을까? 나라는 사람의 가치를 좀 재어볼 수 있으면 얼마나 좋을까? 체중계에 올라가 몸무게를 재듯, 나 자신의 가치도 그렇게 재어볼 수는 없을까? 불행하게도 살아 있는 동안에는 그 가치를 분명하게 잴 수 없다는 생각이 든다. 한 사람을 잃고 나서야 그 사람이 얼마나 귀한 사람인지 깨닫게 되는 것처럼 우리가 죽고 난 다음에야 그 가치도 확연하게 드러날 것 같다.

　한걸음 더 나아가서 사람의 걸음걸이를 아시고 한걸음 한걸음 떼어놓는 것을 보아오셨던 하나님에 의해서라야 그 사람의 가치는 완전하게 평가될 것이다. 아무리 세상 사람들에게 좋은 평가를 받았다 할지라도 우주를 다스리고 전 역사를 이끌어가시는 하나님으로부터 좋은 평가를 받지 못한다면 그것이 과연 가치 있는 삶이 될 수 있겠는가?

우리는 앞 장에서 역사의 기획자이시며 연출자이신 하나님을 아는 사람이야말로 인생길의 방향을 제대로 잡고 가는 사람임을 배웠다. 하나님의 큰 그림 속에서 자신의 퍼즐 조각이 제자리를 잡을 때에야 그 인생이 의미 있다는 이야기를 했다. 이번 장에서는 그런 퍼즐 조각이 되었던, 위대한 역사를 이루었던 초기 안디옥 교회 사람들에게 집중해서 어떻게 가치 있는 인생을 살 수 있을지를 배워보려 한다.

이름 없는 사람들을 통해 이루어진 놀라운 일

▨▨▨▨▨▨ [19]그때에 스데반의 일로 일어난 환난으로 말미암아 흩어진 자들이 베니게와 구브로와 안디옥까지 이르러 유대인에게만 말씀을 전하는데 [20]그중에 구브로와 구레네 몇 사람이 안디옥에 이르러 헬라인에게도 말하여 주 예수를 전파하니 [20]주의 손이 그들과 함께하시매 수많은 사람들이 믿고 주께 돌아오더라(사도행전 11:19-21).

이 일이 일어난 때에 대해 학자들은 대략 주후 45년으로 추정한다. 예루살렘 교회가 시작된 때를 주후 30년쯤으로, 스데반이 돌에 맞아 죽음으로 교회가 흩어진 때를 주후 32년경으로, 사울이 다메섹으로 가다 회심한 사건을 주후 33년경으로 보고 있으므로 예루살렘 교회가 세워지고 15년쯤이 지난 이후에야 안디옥에 이르러 복음을 전하는 사람들이 나타난 것이다.

놀라운 것은 이때에도 사람들은 유대인들에게만 복음을 전했다는 것이다. 그러다 구레네와 구브로 출신의 사람들이 처음으로 이방인들에게 복음을 전하게 된다. 비로소 이방인 교회가 처음으로 세워지는 일이 일어난 것이다.

성경을 읽으면서 놀라운 것은 이 일이 이름도 밝혀지지 않은 사람들을 통해 일어났다는 것이다. 초대교회 하면 어떤 사람이 생각나는가? 베드로나 야고보 같은 제자들이 떠오르지 않는가? 나라면, 이렇게 놀라운 역사를 이루어나가는 중요한 일은 베드로나 바울 같은 사람에게 맡겼을 것 같다.

그런데 성경을 보면 베드로와 바울 같은 사람이 주역으로 등장하는 것이 아니라 이름도 알 수 없는 몇 사람만 언급되어 있다. 그것도 구브로와 구레네 몇 사람이라고 출신만 기록돼 있을 뿐이다. 이들이 처음으로 헬라인에게 복음을 전하여 교회가 세워진다. 참으로 이상한 일이다.

이 사람들이 누구인지 알아내기 위해 학자들도 연구를 해 보았지만 자료가 없어서 도무지 찾을 수가 없었다. 사도행전 13장 1절에 구레네 사람 루기오가 등장하는 것을 보고 혹시 이 사람이 아닐까 하는 의견도 내 보지만 아닐 가능성이 많다. 만약 이 사람이라면 이 부분에서도 이름을 밝혔을 것이다. 이들에 대해 구브로와 구레네 사람이라는 것 외에 우리가 알 수 있는 것은 없다.

다만 이것을 통해서 우리가 알 수 있는 것은 하나님은 인간들에게 알려지지 않고 잊혀진 사람들을 쓰신다는 것이다. 보통 우리는 사람들에게 알려지고 유명한 사람들, 세상에서 인정받는 사람들을 하나님이 쓰실 것이라고 생각한다. 물론 하나님은 그런 사람들도 쓰신다. 그러나 하나님은 실제로 역사 속에 잊혀진, 알려지지 않은 무명의 사람들을 사용하셨고 또 오늘날도 그런 사람을 사용하고 계신다.

안디옥 교회를 시작한 이들이 바로 그런 사람들이었다. 이들은 사람의 인정을 바라며 자기 이름이 알려지는 데 관심이 있었던 사람이 아니었다. 사람을 의식하는 것이 아니라 역사의 기획자이자 연출자이신 분을 의식하는 사람들이었다. 이름은 알 수 없지만 진정 가치 있는 삶을 살았던 이들이다. 이제 그들 삶의 특징을 자세히 살펴보자.

하나님이 알아주시는 것을 추구하는 사람들

이들은 먼저 **하나님이 알아주시는 것을 추구하는 사람들**이었다. 이들은 하나님의 인정을 받는 데서 자신의 가치를 발견했다.

진정 하나님이 일하시는 방식을 아는 사람이라면 사람에게 인정을 받는 데서 자신의 가치를 찾지는 않을 것이다. 다른 사람이 알아주는 것은 중요하지 않다. 사실 세상 사람들이 다 그렇게 하듯이 다른 사람의 인정에서 가치를 찾으려 한다면 그것은 지는 게임을 시작하는 것이나 마찬가지다. 이미 이 세상은 심각한 경쟁 속에서 100명 중 서너 명, 많이 잡아 20퍼센트만 성공하고, 나머지 80퍼센트는 세상적인 잣대에서 볼 때 실패할 수밖에 없는 구조로 되어 있다. 아무리 노력해도 언제나 80퍼센트는 남을 것이다. 20퍼센트에 가치를 두는 것, 그것이 과연 지혜로운 일이겠는가?

우리를 가장 잘 아시는 하나님이 우리를 알아주는 것을 주목해야 한다. 그런데 이 말은 그저 '내가 성실하게 살면 하나님이 알아주시겠지, 인정해 주시겠지' 하며 사는 것을 의미하지 않는다. 이것은 하나님이 나를 인정하는 것, 나의 삶을 인정하는 것, 나를 기뻐하는 것을 깨닫는 것이다. 이는 하나님과의 관계에서 우리가 갖고 있는 의식이며 깨달음이다.

그러므로 이런 깨달음을 가진 사람은 자신의 역할이, 자신의 위치가 세상 사람들이 보기에 이름이 없는 것이라 할지라도, 자신이 하는 일이 큰 일같이 보이지 않는다 할지라도, 그것이 하나님이 맡기신 일이라면 의연하고 꿋꿋하게 자신의 몫을 감당하며 세상을 살 수 있다. 그것이 자신에게 가장 가치 있는 삶이라는 것을 알기 때문이다.

대학교 4학년 졸업여행을 가면서 귀한 깨달음을 얻었던 기억이 난다. 요즘은 학생들이 여유가 있어서 제주도 여행이라면 보통 비행기를 타지만, 우리의 여행은 기차를 타고 목포까지 가서 거기서 배를 타고 제주도로 들어가는 일정이었다. 저녁에 모여 밤 기차를 타고 내려가면서 졸기도 하고 서로 이런저런 이야기도 나누며 좋은 시간을 보냈다.

그러다 문득 덜커덩거리는 기차의 창문 밖을 내다보았는데 아직도 머릿속에 남아 있는 잊지 못할 광경을 보았다. 그것은 무수한 작은 기차역들의 모습이었다. 기차역이란 대전, 대구, 광주, 부산, 서울 같은 큰 역들만 있는 줄 알았다. 그런데 기차를 타고 가다 보니 작은 역들이 그렇게 많을 수가 없었다. 그 작은 역들

중 일부에만 기차가 정차했다. 어떤 역은 그냥 지나가기 때문에 뿌연 형광등 불빛 아래 있는 작은 역들, 그 역의 이름조차 확인하지 못하고 지나갔다.

그렇게 밖을 보고 있다가 이런 생각이 들기 시작했다. '내가 대전이나 광주나 서울같이 꼭 큰 역이 되려고 애쓸 필요는 없겠구나. 큰 역들도 필요하지만 내 몫이 이름 없는 작은 역이라면 그 역이 되어서 철도가 이어지도록 해주는 역할을 해야겠구나. 그것도 굉장히 귀한 것이구나. 사람들에게 인기를 얻고 그들에게 알려지는 것을 추구할 것이 아니라, 전체 그림을 위해 내가 있어야 할 곳에 있어야겠구나. 무명의 역이 된다 할지라도 내가 있어야 할 곳에 있는 그런 사람이 되어야겠구나.'

값진 인생을 살려면 **하나님 앞에서** 우리의 가치를 발견해야 한다. 다른 사람들과 우리 자신을 비교하는, 질 수밖에 없는 게임에 들어가지 말라. 그러면 결코 성공할 수 없을뿐더러 행복을 누릴 수도 없다.

그렇게 하기 위해 우리에게 필요한 것이 '기도'이다. 기도의 본질은 '하나님 앞에서 나 자신을 발견하는 것'이다. 기도란 우리가 그분 앞에 가서 서는 것이다. 무슨 문제가 있을 때 단순히 그 문제를 해결하기 위해 나아가 무릎 꿇고 얘기하는 것이 아니다. 그것도 기도이긴 하지만 기도의 본질은 절대자이시고 나를 사랑하시는 아버지 앞에 가서 앉아 있는 것이다. 그리고 하나님의 시각으로 나를 보고 내 가치를 발견하고 내 삶을 재조명하는 것이다.

어떤 경우는 기도할 때 많은 이야기를 하지 않는 것이 필요하다. 그저 조용히 하나님 앞에 나아가 "하나님, 하나님이 저를 이렇게 사랑하시는군요. 하나님, 제가 어떠한 삶을 살아야 할까요? 제가 지금 하고 있는 일들이 무슨 의미가 있나요?" 하고 여쭈어보라.

그럴 때 사람들은 자기 인생의 좌표를 재조정한다. 그리스도인들이 기도하는 시간을 갖지 않으면 그리스도인다울 수가 없다. 기도는 하나님 앞에서 필요한 것을 얻어내는 도구가 아니라, 하나님 앞에 나가 자신을 바라보는 것이다. 하나님의 그 아름답고 높으신 사랑 밑에서 나 자신을 다시 발견하는 것이다. 그때 하나님과 대화가 이루어진다. 이렇게 기도를 통해 하나님이 알아주시는 것을 추구하는 것이 가치 있는 삶을 살 수 있는 길이다.

준비된 사람들

두 번째로, 이들은 **준비된 자**들이었다. 19절을 보면 안디옥에 이르러 복음을 전한 이들은 "스데반의 일로 일어난 환난으로 말미암아 흩어진 자들"이라고 나와 있다. 앞에서도 말했지만 스데반의 일로 일어난 환난은 예루살렘 교회가 세워지고 나서 2-3년 정도 후에 일어난 일이다. 그렇다면 이들은 이 기간 동안 아무것도 하고 있지 않다가 어느 날 박해가 시작되어 그냥 흩어진 자들이었을까? 그렇지 않았을 것이다.

이들은 2-3년 동안 예루살렘 교회라고 하는 공동체를 통해서 준비된 사람들이었다. 이들이 어떤 준비를 했는지에 대해서는 그들이 속해 있던 예루살렘 교회가 어떤 모습이었는지를 보면 알 수 있다. 그것은 사도행전 2장 42-47절에 나와 있다.

▨▨▨▨▨ ⁴²그들이 사도의 가르침을 받아 서로 교제하고 떡을 떼며 오로지 기도하기를 힘쓰니라. ⁴³사람마다 두려워하는데 사도들로 말미암아 기사와 표적이 많이 나타나 니 ⁴⁴믿는 사람이 다 함께 있어 모든 물건을 서로 통용하고 ⁴⁵또 재산과 소유를 팔아 각 사람의 필요를 따라 나눠주며 ⁴⁶날마다 마음을 같이하여 성전에 모이기를 힘쓰고 집에서 떡을 떼며 기쁨과 순전한 마음으로 음식을 먹고 ⁴⁷하나님을 찬미하며 또 온 백 성에게 칭송을 받으니 주께서 구원 받는 사람을 날마다 더하게 하시니라.

먼저 이들은 사도의 가르침을 받았다. 말씀을 배웠다는 것이다. 우리가 말씀을 배우는 이유가 무엇인가? 우리가 가지고 있는 하나님에 대한 단편적이고 주관적인 생각에서 벗어나서 더 온전하게 하나님을 알아가기 위해서다. 말씀을 들으면서 인생에 대해 가지고 있었던 잘못된 지도, 부정확한 지도를 확인하고 고쳐야 할 부분을 배우고 깨닫는 것이다. 성경 말씀을 통해 하나님이 어떻게 일하시는지, 하나님이 인생을 어떻게 경영하시는지를 배워가는 것이다. 구브로와 구레네 사람들은 예루살렘 교회에 있는 동안 이런 것들을 배웠다. 그러면서 세계관, 인생관이 바뀌고 세상을 보는 눈이 바뀌었다.

또한, 이들은 기도하고 하나님을 찬미했다. 하나님께 기도하는 것이 무엇인지를 배웠고, 하나님을 찬양하는 것을 통해서 어떻게 내적인 치유와 회복, 새로운 힘을 얻게 되는지를 배웠다.

그리고 무엇보다도 중요한 것은 이들의 공동체 생활이다. 사도행전 2장 42-47절 다섯 절 중에서 세 절이 공동체 생활과 관련되어 있다. 이들은 서로 나눠주고, 서로 필요한 것을 채워주고, 함께 모여서 떡을 떼고, 교제하고, 공동체 생활을 하면서 함께 사는 법, 함께 사랑하는 법이 무엇인지를 배웠다.

또한 이들은 전도하는 것을 배웠다. 이들은 사도들이 온갖 핍박을 받으면서도 굴하지 않고 복음을 전하는 것을 보았고 또 배웠다.

우리가 준비된 자가 되어야 한다고 할 때 오해하지 말라. 이는 교회에서 어떤 제자 훈련 프로그램을 이수한다든가, 필수 도서목록에 따라 책을 읽고 공부하는 것을 의미하지 않는다. 물론 그런 것도 필요하지만 중요한 것은 실제로 우리 주변의 그리스도인들을 **보고 배우는** 것이다. 또 말씀을 듣고 그것을 **行하면서** 배우는 것이다. 듣고 배우고, 보고 배우고, 행하면서 배우는 것이다. 다시 말해서 준비된다고 하는 것은 우리의 삶을 사는 것이다. 함께 살아가 보는 것이다. 그러면서 우리 자신이 훈련되고 준비된다.

설교 듣는 것만을 가지고 한번 생각해 보자. 일주일에 한 번 설교를 듣는다고 할 때 1년이면 약 50회, 10년이면 500여 회를 듣는다. 대단하지 않은가? 일주일에 한 번 예배를 드린다 해도 우리는 하나님과 인생에 대한 적지 않은 정보를 듣는다. 문제는 한쪽 귀로 듣고 다른 쪽 귀로 나간다는 것이다.

매주 좋은 말씀을 들었다는 생각은 한다. 그런데 그 다음 주가 되면 온데간데없이 사라져버린다. 귀로 말씀을 들었다면 그 다음에는 가슴으로 왔다가 손발로 나가야 한다. 살아내야 한다는 이야기다. 많은 이야기를 듣는 것이 중요한 것이 아니라 그대로 사는 것이 중요하다. 그럴 때 우리가 준비된다. 많이 알아야 실인 즉, 소용이 없다. 얼마나 살아내느냐가 중요하다. 구브로와 구레네 사람들은 그렇게 예루살렘 교회에서 2-3년 동안 훈련되었고 10여 년 동안 나그네 인생을 살아가면서 준비되었던 사람들이다.

고정관념을 넘어선 사람들

세 번째, 이들은 무엇보다도 **고정관념을 넘어선 사람들**이었다. 19절 끝부분을 보면 흩어진 자들이 여전히 유대인에게만 말씀을 전했다고 한다. 그러나 20절에서는 구브로와 구레네 사람 몇이 헬라인에게도 주 예수를 전파했다고 말한다. '헬라인에게도 말하여.'

당시 유대인들이 가지고 있었던 문제는 선민의식이었다. 이스라엘 백성은 독특한 사람들이기 때문에 하나님이 특별하게 사랑하신다고 생각한 것이다. 그래서 예수님이 그렇게 땅 끝까지 가서 복음을 전하라고 얘기하셨는데도 그들은 움직이지 않았다. 주후 30년에 교회가 세워지고 주후 45년이 되기까지 15년 정도의 기간 동안 이들은 이 일을 하지 않았다. 스데반의 일로 인하여 사람들이 사방으로 흩어졌는데도 유대인들에게만 복음을 전했다. 정말 놀라운 일 아닌가!

그러다 이 사람들이 헬라인들에게도 처음으로 복음을 전하게 된다. 이들에게서 배울 수 있는 것은 바로 고정관념을 뛰어넘는 것이다. 스데반 사건이 일어나서 다 흩어졌음에도 불구하고 사람들은 10년이 넘도록 유대인 의식에 갇혀 있었다. 그런데 이들이 이제 그 선민의식을 넘어선 것이다.

고정관념이란 우리 주변의 사물 혹은 관계 등에 대해 자기 속에 굳어져 있는 어떤 생각이다. 우리는 '인간관계는 이렇게 맺는 거야', '아이들은 이렇게 키우는 거야', '성공이라는 것은 이런 거야', '세상살이는 이렇게 할 수밖에 없어' 등의 생각을 가지고 있다. 그것이 맞으면 괜찮지만 만일 그것이 우리의 실제 세계와 맞지 않는다면 그것은 우리의 고정관념이다. 이런 고정관념을 넘어설 때에야 우리의 가치가 커지기 시작한다.

고정관념은 어떻게 극복할 수 있을까? 그것은 나 외의 다른 잣대로 끊임없이 나를 새롭게 보고 배울 때 가능하다. 또 그 잣대가 나보다 훨씬 월등한 권위를 가진 잣대일 때 가능하다. 즉, 하나님을 아는 사람들은 고정관념에서 벗어날 수 있다. 하나님의 시각으로 역사를 보고 자신을 보고 여러 가지 이슈들을 보기 때문이다. 그런데 반대로 하나님을 알기 때문에 고정관념에 더 빠져 있는 사람도 있다. 자신이 아는 하나님이 전부라고 생각하고 거기에 빠져 있는 경우가 그렇다.

그렇기 때문에 고정관념에서 벗어나기 위해 우리가 가져야 할 중요한 덕목이 있다면, 그것은 한마디로 '겸손'이다. 자신을 낮추고 다른 사람의 이야기를 귀 기울여 들을 수 있는 것, 다른 집단의 이야기를 들을 줄 아는 것, 더 나아가서는 사람이 아니라 하나님의 음성을 들을 수 있는 것, 하나님이 그렇게 살면 안 된다고 말씀하실 때 심각하게 자신의 삶을 돌아볼 수 있는 자세가 바로 겸손이다. 그럴 때 사람들은 고정관념에서 벗어나기 시작한다. 그럴 때 사람은 성장하기 시작한다.

또 한 가지 중요한 것은 세상의 고정관념으로 자신을 평가하지 않는 것이다. 당신은 스스로를 어떤 기준으로 평가하는가? 세상의 관점은 사람의 가치를 연봉으로 계산하는 것이다. 전업주부들의 노동량을 돈으로 환산하여 계산하는 것을 들어본 적이 있는가? 이는 물론 전업주부들이 하는 일이 결코 밖에 나가서 일하는 사람보다 적지 않음을 나타내려는 것이지만, 노동량을 돈으로 계산해서 전업주부의 가치를 이야기하려는 것을 보면서 슬픔을 금할 수 없었다.

연봉 2억을 받는 사람은 2천만 원 받는 사람보다 열 배의 가치가 있는 것인가? 그렇지 않기를 바라지만 사실은 많은 사람들이 자신도 모르는 사이에 그런 생각을 한다. 이것이 무서운 고정관념이다. 사람의 가치가 그가 버는 돈으로 환산될 수 있다는 고정관념으로 나 자신을 판단하고 있는 한, 우리는 가치 있는 삶을 살고 있다는 생각을 할 수가 없다. 나는 끊임없이 무가치한 것이다.

우리는 여기서 벗어나야 한다. 인생의 가치가 어디 있는가? 나의 가치가 어디 있는가? 내가 살아야 하는 이유가 어디에 있는가? 그것은 고정관념에서 벗어나서 하나님의 시각으로 새로운 관점을 갖기 시작할 때 찾을 수 있다. 그래야 값있는 인생을 살 수 있다. 우리 뼛속까지 스며들어 있는 고정관념으로부터 벗어나는 일이 필요하다. 그러기 위해서 겸손이 필요하고 성경으로 돌아가는 것이 필요하다. 성경을 통해 역사를 움직이시는 하나님, 인생을 다루시는 하나님을 만나보라. 그러면 우리의 고정관념이 여지없이 깨지게 될 것이다.

맡겨진 작은 일에 충성하는 사람들

네 번째, 이들은 **맡겨진 작은 일에 충성하는** 사람들이었다. 앞 장에서도 언급했지만 구브로와 구레네 사람들은 자신들이 그렇게 큰 일을 하고 있다고 생각하지 않았다. 자신들이 하는 일을 통해 교회 역사의 두 번째 장, 곧 이방인 교회가 세워지는 두 번째 장이 쓰여지고 있다는 생각은 해 보지도 못했다. 앞에서도 말했지만 이들은 죽을 때까지도 자기들이 그런 귀한 일을 했다는 것을 몰랐을 가능성이 많다.

이들이 천국에 올라갔을 때 모습을 상상해 보자. 천국문을 들어갈 때 갑자기 팡파르가 울리고 수많은 사람이 박수를 치고 환호성을 외친다. 이들은 놀라서 "대단한 누군가가 우리와 함께 왔습니까?" 하고 묻는다. 그러자 천사가 내려와서 "지금 바로 당신을 환영하고 있는 겁니다" 하고 말한다. "아니, 그럴 리가…난 별로 한 일이 없는데요." 천사가 말한다. "당신은 몰랐겠지만 당신이 한 일은 교회 역사의 두 번째 장을 시작하게 했습니다."

사실 이 사람들은 스데반 사건이 일어난 다음 10-11년의 기간이 지나는 동안 예루살렘으로부터 이곳저곳으로 전전해 다녔다.

이 사람들의 직업이 무엇인지는 잘 모른다. 그러나 이들이 어느한군데 정착해서 살지 않은 것만은 분명하다. 10여 년 동안 떠돌이 생활을 하다 안디옥에 다다른 것이다.

이들은 자신들이 그렇게 큰 일을 하는지 몰랐지만, 10여 년 동안 충성되게 그 길을 걸어갔다. 그러다 어느 시점에 이르러서 고정관념을 뛰어넘어 이방인에게 복음을 전한 것이다. 작은 일이지만, 사실 그 작은 일이 세계 역사와 연결되어 있었다.

어느 교수님에게서 들은 이야기 중 잊지 못하는 일화가 있다. 교수님이 영국 유학 시절 하숙을 하고 있었는데, 그 하숙집에 놀러오는 주인 할머니의 남자 친구가 있었다고 한다. 그 할아버지는 오기만 하면 "내가 세계 역사의 흐름을 바꿔놓은 사람이야"라는 말씀을 자주 하시곤 했다. 어느 날 이 교수님은 도대체 어떤 사연이 있는지 할아버지께 여쭈어보았다. 그러자 할아버지는 제1차 세계대전에 참전했던 무용담을 풀어놓기 시작했다.

당시 할아버지는 독일군 장교 하나를 잡았는데, 할아버지의 임무는 또 다른 군인과 함께 그 포로를 후방으로 이송하는 것이었다고 한다. 이송 도중 한 오두막에 들어가서 밤을 보내게 되어, 포로는 묶어 놓고 할아버지와 또 다른 군인이 교대로 보초를 서게 되었다. 할아버지는 보초를 서다 잠깐 졸았는데 졸다 눈을 떠 보니 독일군 장교가 줄을 풀고 둑을 넘어 도망가는 것이 어스름한 달빛 아래로 보였다.

할아버지는 바로 총을 들고 조준했다. 충분히 총을 쏠 수 있는 거리였다. 그러다 '에이, 우리끼리 모른 척하면 되는 건데… 그냥 살려주자' 하는 생각이 들어 총을 쏘지 않았다고 한다. 그러고 나서 나중에 '내가 한 사람 인생 살렸다'고 생각하며 이 사람에 관련된 서류를 확인했다. 그런데 그 서류에 기록된 이름이 무엇이었는지 아는가? 바로 아돌프 히틀러였다.

이 할아버지 말씀이 사실인지 아닌지 잘 모르겠다. 그 교수님도 잘 모르겠다고 하셨다. 하지만 이런 일이 일어날 가능성은 있지 않겠는가? 그 할아버지가 만약 히틀러를 조준해서 사살했다면 제2차 세계대전은 일어나지 않았을지도 모른다. 물론 국제역학이 그렇게 단순한 것은 아니지만, 이 작은 사건이 세계사와 연결되어 있지 않은가? 인생이 다 그렇다. 우리가 하는 일들은 작은 일들이지만 세계 역사와 연결고리를 갖고 있다.

10여 년 전 대학입시를 준비하는 한 기숙학원에 불이 났다. 15분 동안의 화재로 공부하던 학생 10명이 사망하고 22명이 부상을 입었다. 짧은 시간치고 인명 피해는 엄청났다. 사람들은 이를 인재人災라고 말했다. 화재 이후 속속들이 밝혀진 여러 문제 때문이었다.

화재가 일어난 옥탑 건물은 허가도 받지 않고 지은 가건물이었다. 또 교실에서 가건물로 통하는 문이 유일한 문이자 비상구였으며, 창문은 쇠창살로 막혀 있었다. 이런 상황이었는데도 소방 당국은 이 학원의 소방 시설 점검 후 적합 판정을 내렸었다고 한다. 이 일이 어쩔 수 없이 일어난 사고였는가?

학원 원장이 옥탑 건물을 증축할 때 제대로 허가를 받았더라면, 공무원의 관리 감독이 좀 더 철저했더라면, 이 학원을 점검

했던 소방서 직원이 문제가 있다고 바로 지적을 했더라면, 학원 선생님들 중 하나가 아이들을 이런 데서 공부시키면 안 된다고 문제를 제기했더라면, 아이들을 이 학원에 보낸 부모들이 문제를 제기했더라면, 이 중 한 사람이라도 문제를 제기했더라면 귀한 아이들이 죽지는 않았을 것이다.

우리가 하고 있는 일들이 작은 일이라고 생각하는가? 가치 없는 일이라고 생각하는가? 우리가 하고 있는 일 하나하나가 어쩌면 수십 명의 생명이 달린 일일 수도 있다. 우리가 의식하지 못할 뿐이다.

나중에 하나님 앞에 가서 "하나님, 전 별로 한 게 없어요"라고 말할 때 하나님이 이렇게 말씀하실지도 모른다. "네가 그때 허가 내 주지 않은 것, 외로이 싸우면서 고통스럽게 상급자들한테 눈총 받으면서 허가 내 주지 않은 것, 그것 때문에 죽을 뻔 했던 30명이 죽지 않았어. 넌 귀한 일을 한 거야."

나는 지금 개인적으로 우리가 무슨 일이든 열심히 하면 문제가 다 해결되고 행복해질 것이라는 단순한 이야기를 하는 것이 아니다. 사회 구조를 위해서 고민하고 제도도 바꾸어야 하지만 제도를 아무리 바꿔도 그 속에 있는 사람들이 자기 역할을 다하지 않으면 세상은 그대로 있을 것이라는 말이다.

우리가 교회 안에서 하는 작은 일들, 우리가 매일 만나는 사람들, 주변에 어려운 일을 겪고 있는 사람들을 다독여주는 것, 우리에게 찾아온 아이들을 가르치는 작은 일들, 회사에서 이렇게 해야 하나, 저렇게 해야 하나 고민하는 것들, 이런 작은 일들에

바른 기준을 가지고 충성해야 한다. 그 사람들이 역사를 바꾸는 사람들이다.

빌리 그레이엄만큼 유명했던 전도자로 1900년대 초에 무디라는 사람이 있었다. 무디는 원래 구두 수선공이었다. 구두를 닦고 고쳐주는 아이였다. 그런데 어느 날 주일학교 선생님이 이 무디에게 복음을 전했고 이를 통해 훗날 그는 귀한 전도자가 되었다.

사람들은 무디만 기억한다. 무디에게 복음을 전했던 이름 없는 주일학교 선생님이 있었음을 나중에 역사가들이 밝혀냈지만 그는 지금도 유명하지 않다. 생각해 보라. 하나님은 무디와 무디에게 복음을 전했던 그 이름 없는 주일학교 선생님 중 누가 더 가치가 있다고 말씀하실까? 우리는 언뜻 무디라고 생각할지 모르지만 하나님은 그 두 사람의 가치가 각각 독특하고 귀하다고 여기실 것이다. 아무도 쳐다보지 않았던 구두 수선공 무디에게, 그 더러운 아이에게 복음을 전했던 주일학교 선생님이 없었다면 1900년대 초에 유명한 전도자 무디가 나오지 않았을 것이기 때문이다.

무명의 그러나 의미 있는 인생

우리는 모두 값진 인생을 살고 싶어 한다. 죽고 난 다음, 우리 인생을 달아보았을 때 무게가 나가는 인생이기를 바란다. 어떻게 그렇게 값진 인생을 살 수 있을까? 세상 사람들이 가는 길을 따라가면서 가치를 발견하려고 하면 100전 99패일 것이다. 세상에서 성공하는 사람은 몇 없다. 그 방법으로 우리의 가치를 평가절하지 말자. 그렇게 지는 게임 속에 들어가서 이기려고 애쓰지 말자.

하나님은 인생을, 세상을 그렇게 운영하지 않으신다. 하나님은 사람마다 하나님의 기준으로 객관적으로 다르게 평가하신다. 하나님 앞에서 하나님의 인정을 받는 것을 추구하라. 그러기 위해서 준비하라. 또한 나도 모르게 갖고 있는 고정관념들을 하나하나 깨 나가라. 그러면서 자신에게 맡겨진 작은 일들, 그것을 사명감을 가지고 충성되게 하라.

이런 것들이 단지 이론으로서가 아니라 매일 우리 삶의 현장 속에서 조금씩 더 깊어지고 그 의미가 우리 속에 확연하게 드러나게 되기를 바란다. 그렇게 되면 우리들은 혹시 인생이 끝났을 때 이름이 알려지지 않은 무명으로 남을지 모르겠다. 사실 무명의 인생을 살 가능성이 많다. 그러나 우리의 인생은 절대로 잊혀지지 않을 것이다. 사람들에게는 잊혀질지 모르지만 하나님께는 잊혀지지 않을 것이다.

만약 내게 인생을 사는 두 가지 방법 중 하나를 택하라고 한다치자. 사람들에게는 인정을 받지만 하나님에게는 잊혀지는 인생을 살 것인가, 아니면 사람들에게는 인정받고 알려지지 못한다 할지라도 하나님으로부터 인정받는 삶을 살 것인가? 둘 중 하나를 택하라고 한다면, 나는 단연코 사람들로부터 인정받지 못한다 할지라도 하나님에게 인정받고 하나님에게 잊혀지지 않는 삶을 살기를 원한다. 당신은 어떤 선택을 하겠는가?

성장의 비밀을 아는 사람들

3

"주께 돌아오더라.… 주와 함께 머물러 있으라.… 주께 더하여지더라.… 비로소 그리스도인이라 일컬음을 받게 되었더라."_사도행전 11:21, 23-24, 26

1924년 6월 8일, 조지 맬러리George Mallory는 어빈과 함께 에베레스트 정상으로 이어지는 동북능선을 오르고 있었다. 하지만 이내 구름이 몰려와 두 사내를 덮어버렸고 결국 이 둘은 실종되었다.

30년이 흐른 1953년이 되어서야 산소기구의 도움으로 텐진과 힐러리가 처음으로 에베레스트를 등정한다. 그 후 1980년까지 여러 사람이 같은 방법으로 에베레스트를 오른다. 그러나 어느 누구도 무산소 등정을 하지는 못했다. 그것은 불가능하다고 여겨졌기 때문이다.

그런데 1980년 8월 20일 라인홀트 메스너라는 유명한 등산가가 처음으로 산소 없이 에베레스트 산을 오른다. 그렇게 그는 8,000미터 이상의 봉우리 열네 개를 완등했다. 산소 없이 8,000미터 이상의 봉우리를 오른다는 것은 참으로 대단한 일이었다. 당시에는 가히 기적같은 것이었다. 어떻게 그럴 수 있었을까?

그의 방법은 보통의 등산가들과는 달랐다. 대부분의 등산가들은 8,500미터 지점에 캠프를 설치하는 고전적인 방법을 택한다. 그러나 메스너는 산 밑에서부터 일정한 리듬으로 서서히 오르면서 자신의 몸을 그 높은 산에 순응시켰고 8,000미터 이상에서 머무르는 시간을 단축시켜 마침내 무산소로 에베레스트에 올랐다.

무엇이 그로 하여금 이렇게 놀라운 일을 이루어낼 수 있게 했을까? 메스너가 무산소로 에베레스트를 오르며 생명을 크게 위협받는 상황에서도 올바른 판단과 철저한 행동을 할 수 있었던 이유가 있다. 그것은 8,000미터 이상의 높은 산을 등반하는 데 가장 중심이 되는 '고소순응'(높은 산에 적응할 수 있는 능력을 키우는 것)을 분명히 붙들면서, 지속적인 자기 훈련을 했기 때문이다.

사실 이 두 가지는 높은 산을 오를 때만 필요한 것이 아니다. 값진 인생을 꿈꾸는 이들에게는 중심을 붙잡고 그것에 따라 끊임없이 자기 훈련을 해 나가는 것이 매우 중요한 일이 아닐 수 없다. 우리는 안디옥 교회 사람들의 모습에서도 이 두 가지를 발견할 수 있다. 안디옥 교회 사람들도 중심을 붙잡고 배우고 훈련하는 일을 했다. 그래서 이 교회는 역사에 흔적을 남기는 교회가 될 수 있었다.

중심 잡기

에베레스트 같은 높은 산에 올라가는 데 가장 중심적인 요소가 고소순응이듯, 인생을 살아갈 때도 중심적인 요소가 있다. 값있는 인생, 또 역사에 흔적을 남기는 의미 있는 공동체를 위해서는 중심 철학 또는 인생관 같은 것이 있기 마련이다. 안디옥 교회 사람들에게 그 중심은 무엇이었을까?

▓▓▓▓ 21주의 손이 그들과 함께하시매 수많은 사람들이 믿고 주께 돌아오더라. 22예루살렘 교회가 이 사람들의 소문을 듣고 바나바를 안디옥까지 보내니 23그가 이르러 하나님의 은혜를 보고 기뻐하여 모든 사람에게 굳건한 마음으로 주와 함께 머물러 있으라 권하니 24바나바는 착한 사람이요 성령과 믿음이 충만한 사람이라. 이에 큰 무리가 주께 더하여지더라. 25바나바가 사울을 찾으러 다소에 가서 26만나매 안디옥에 데리고 와서 둘이 교회에 일 년간 모여 있어 큰 무리를 가르쳤고 제자들이 안디옥에서 비로소 그리스도인이라 일컬음을 받게 되었더라(사도행전 11:21-26).

위의 구절을 보면 반복되는 중요한 개념이 한 가지 있다. 21절에서는 수많은 사람들이 믿고 주께 돌아왔다고 말한다. 그 모습을 본 바나바는 이 사람들에게 "굳건한 마음으로 주와 함께 머물러 있으라"고 권한다(23절). 이 바나바의 가르침으로 또 큰 무리가 주께 더해진다(24절). 다소에서 사울을 데리고 온 바나바가 그와 함께 일 년 동안 그 무리를 가르쳤더니 주변 사람들이 그 사람들을 '그리스도인'(곧, 주님께 속한 사람)이라고 부른다(26절).
　자, 이 정도 되면 이 말씀을 통해서 값있는 인생, 위대한 공동체의 비결이 될 수 있는 중요하고 본질적인 핵심 단어 하나를 발견할 수 있을 것이다. 바로 '주'라는 단어다. 값있는 인생과 위대한 공동체의 비결에 대해 이렇게 이야기하고 싶다. 첫 번째는 '중심 잡기'이다. 그리고 그 중심 잡기의 출발점은 바로 '주께 돌아오는 것'이다. 즉, 예수 그리스도로 중심을 잡는 것이다.

출발점: 주께 돌아오는 것

우리는 먼저 많은 사람들이 주께 돌아왔다는 표현을 주의해서 볼 필요가 있다. 수많은 사람들이 **주께 돌아왔다.**

아마 안디옥에 살았던 사람들은 나름대로의 인생관과 세계관을 가지고 있었을 것이다. 그러다 어느 날, 예수 그리스도가 주님Lord이며 구세주Savior라는 소식을 듣고(참고. 행 2:36) 자기가 추구하고 있었던 인생관이 불완전하다는 사실을 알게 되었다. 그때 그들이 한 것은 자신들이 지금까지 추구하던 가치 체계를 버리고 주께 돌아오는 것이었다. 이것이 인생을 값있게 살 수 있는, 또 의미 있는 공동체를 세울 수 있는 출발점이다.

때때로 이렇게 질문하는 비그리스도인들을 만나곤 한다. "신앙생활을 하면 평범하지 않게, 좀 특이하게 살아가야 하는 것 아닙니까? 난 지금 이대로 사는 게 좋은데…." 그러면 그분들에게 이렇게 말한다. "당신이 인생을 지금 그렇게 살아가고 있는 이유가 무엇입니까? 어떤 가치관이나 원칙을 의식적으로든 무의식적으로든 믿고 그렇게 사는 것 아닙니까? 신앙이라는 것은 누구나 가지고 있는 것입니다. 그냥 막 살아가는 것도 그런 가치관을 가지고 있기 때문입니다." 그러고 나서 그들의 인생관에 대해 물어본다. 그러면 대부분의 사람이 혼란스러워한다. 그때 그들에게 아주 솔직하게 말한다.

"만약 당신이 가지고 있는 인생관, 당신이 가지고 있는 가치 체계로 평생을 살아가도 후회하지 않겠다는 생각이 든다면, 우리 인생에 의미와 목적을 주시는 분이 하나님이라 주장하는 예수에 대해서 고민하지 않아도 됩니다. 그러나 만약 당신이 가지고 있는 인생관과 당신이 가지고 있는 가치 체계가 당신이 의존하고 평생 살아가기에는 뭔가 부족하다고 생각하신다면 교회에 오셔서 생각을 다시 해 보십시오. 당신의 인생을 위해 고민해 보십시오."

주께 돌아오는 것이란 지금까지 추구하던 삶의 방식이 불완전하다는 것을 발견하여 이제 그것을 폐기하고 온전한 가치관과 인생관을 줄 수 있는 예수님께로, 하나님께로 돌아오는 것을 의미한다. 이것은 일종의 방향 전환이다. 지금까지는 나의 방식, 나의 가치관, 나의 습관대로 살았지만 그것이 문제가 있음을 깨닫고 방향을 바꾸는 것이다. 예수님께로, 하나님께로, 그 중심으로 생각을 다시 바꾸어보는 것이다.

이것은 코페르니쿠스의 혁명과도 같다고 할 수 있다. 천동설적 세계관에서 지동설적 세계관으로 세계관이 바뀐 것이다. 천동설적인 세계관에서는 우주가 지구를 중심으로 움직인다고 생각한다. 내가 세상의 중심이고 나를 중심으로 세상이 움직여야 한다고 생각하는 것이다. 그런데 어느 날 '그렇지 않구나. 우주에 다른 중심이 있구나. 인간을 포함한 삼라만상이 그것을 중심으로 돌아가고 있구나. 내가 중심이 아니구나!' 하고 지동설로 생각이 바뀌는 것, 이것은 일종의 혁명이다. 이것이 주께 돌아오는 순간이다. 이것이 중심 잡기의 출발점이다.

흔들리지 않는 마음으로 중심 잡기

그런데 그 이후의 삶이 많은 문제가 되곤 한다. 많은 사람이 주께 돌아올 때 어떤 체험을 한다. 결단을 하고 감정적 변화를 겪기도 한다. 그러나 이렇게 돌아온 것으로 끝나는 것이 아니다. 바나바는 이렇게 주께 돌아온 사람들에게 "굳건한 마음으로 주와 함께 머물러 있으라"고 말한다. 예전의 번역은 "굳은 마음으로 주께 붙어 있으라"(개역한글)였다.

하나님을 믿는다는 사람들이 지속적으로 성장하지 못하는 이유가 한 가지 있다. 나름대로 변화의 순간을 경험하거나 결단하고 주께로 돌아왔지만 그렇게 돌아오고 난 다음 굳건한 마음으로 주께 붙어 있지 않는 것이다.

여기 "굳건한 마음"이란, 견고한 마음, 흔들리지 않는 마음을 말한다. 하나님과 나 사이의 '의리' 또는 '정절' 같은 것이라 표현할 수 있을까? "이제 하나님께 돌아왔으니, 하나님을 믿고 하나님의 방식대로 살아가겠습니다"라고 고백하며 흔들리지 않는 의리를 갖는 것, "당신 이외에 다른 것에 마음 두지 않겠습니다" 하는 정절을 갖는 것, 그것이 굳은 마음으로 주께 붙어 있는 것이다.

이 표현의 의미를 좀 더 자세히 알아보기 위해 사도행전의 또 다른 구절을 살펴보자. 후에 바나바와 바울은 안디옥에서 출발하여 1차 전도 여행을 가게 되는데, 그 여행 중 비시디아 안디옥이라는 곳에서 설교를 하고 난 다음 그곳 사람들에게 한 말이 있다. 사도행전 13장 43절에서 바나바와 바울은 그들에게 이렇게 권했다. "회당의 모임이 끝난 후에 유대인과 유대교에 입교한 경건한 사람들이 많이 바울과 바나바를 따르니 두 사도가 더불어 말하고 **항상 하나님의 은혜 가운데 있으라** 권하니라."

이 마지막 부분의 표현은 바나바가 11장 23절에서 안디옥에 있는 사람들에게 한 말과 거의 똑같다. '권했다'는 말도 동일하다.

> **11:23** 굳건한 마음으로 주와 함께 머물러 있으라.
> **13:43** 항상 하나님의 은혜 가운데 있으라.

먼저 이 두 구절에서 뒷부분에 나오는 어구, "함께 머물러 있으라"(11:23)와 "있으라"(13:43)는 원래 같은 단어다. '프로스메노'라는 똑같은 헬라어 단어로, '어디에 거하다, 유하다'라는 뜻이다. 사도행전 18장 18절에서는 같은 단어로, 바울 선교 팀이 여러 날 고린도에 '머물렀다'고 표현하기도 한다. 그러므로 이 말은 '예수님 옆에 딱 붙어 있으라, 그 근처에서 살라, 그 근처를 맴돌고 있으라'라는 뜻이다.

또 '굳건한 마음으로'와 '항상'이라는 표현이 나란히 나오는 것을 볼 수 있다. 이는 잘 생각해 보면 사실 같은 뜻을 갖고 있는 단어다. 우리가 굳건한 마음으로 무언가를 하는 모습을 시간적으로 표현한 것이 '항상'이기 때문이다. 어떤 사람이 정말 굳건한 마음으로 고시 공부를 하고 있다고 해 보자. 그것을 시간적으로 이야기하면 그 사람은 항상 고시 공부를 하고 있는 것이다.

그 다음, 집중하고 빠져나가지 않고 머물러야 할 대상이 나오는데, 그것이 '주와', '하나님의 은혜 가운데'이다. 여기 '주'와 '하나님의 은혜'는 우리가 주께 돌아올 때 중심이 되는 요소다. 우리는 하나님의 사랑을 깨달을 때 주께 돌아올 수 있다. 신앙의 본질은 바로 하나님의 사랑에 대한 반응이다. 이렇게 조건 없이 사랑해 주신 것이 하나님 은혜의 정수이며, 이런 사랑을 받은 사람은 예수를 주라 부르며 그분께 돌아오게 된다.

적지 않은 그리스도인들이 이런 하나님의 사랑을 깨닫고 난 다음에도 성장하지 못한다. 그 이유를 여기서 발견할 수 있다. 어떤 사람들은 자꾸 경험을 추구하지만 처음 경험했던 느낌 같은 것은 곧 사라지고 만다. 중요한 것은 그런 경험이 있고 난 다음 우리 쪽에서의 굳은 마음, 주께 항상 붙어 있는 우리의 결단이다. 그것은 조금 전에 이야기한 의리 또는 정절과 비슷하다.

신앙생활을 시작했을 때 나는 이런 기도를 자주 드리곤 했다. "하나님, 당신이 저를 버리지 않으실 것임을 제가 알지만 당신이 버리신다 해도 전 당신을 버리지 않겠습니다. 전 하여간 무조건 좇아다니겠습니다. 짝사랑이 되더라도 주님을 사랑하겠습니다."

이런 기도를 드리게 된 것은 처음 신앙생활을 시작했을 때 하나님이 잘 느껴지지 않았기 때문이다. 하나님이 곁에 계신 것 같지 않았고, 하나님의 사랑이 자꾸 의심이 되었다. 그 기쁨이 지속되지 않고 자꾸 마음이 왔다 갔다 했다.

그때 필요한 것이 이른바 의리였다. 이미 받은 사랑에 대한 정절이었다. 그것은 "하나님, 당신이 나를 그토록 사랑해 주셨기에 제가 당신에게 충성하기로 했습니다. 제가 붙어 있겠습니다. 이 중심, 놓치지 않겠습니다"라는 결단이었다.

실로 많은 개인과 공동체들이 의미 있는 흔적들을 남기지 못하고 실패하는 이유는 이 중요한 중심을 놓치기 때문이다. 만약 우리가 하나님의 사랑을 받았음을 깨닫고 예수 그리스도를 통해 삶의 의미를 붙잡고 살겠다고 마음먹었다면 주님을, 하나님의 은혜를 꼭 붙잡고 있는 것이 필요하다. 이것이 '중심 잡기'다.

살다 보면 흔들릴 때가 있다. 그러나 마음이 흔들릴 때 그 흔들리는 느낌이나 상황으로 인해 우리 속에 가지고 있는 믿음을 버리지 말자. 그럴 때일수록 하나님이 어떠한 사랑을 보이셨는지 기억하고 그 받았던 은혜를 되새기자. 그리고 주께 붙어 있자. 중심이 흔들리면 안 된다. 우리가 정말 주께 돌아온 사람들이라면 말이다.

배우기

값있는 인생, 위대한 공동체를 위해 이렇게 중심 잡기를 했다면 그 다음 비결이 있다. 그것은 배우고 연습하는 것이다.

앞에서 언급했던 맬러리가 에베레스트 등정에 실패했던 것은 산에 대해서 무지했기 때문이다. 열정만 가지고 될 수 있다고 생각했기 때문이다. 이는 물론 등산에만 적용되는 것은 아니다. 사실 많은 사람들이 인생을 사는 방법에 대해서 전반적으로 무지하지 않은가? 예를 들어, 정직하게 말하면 우리는 사랑하는 법에 대해서도 잘 모른다.

교회에서 결혼을 준비하는 커플을 만나면 가끔 물어본다. "결혼 준비 잘돼 가요?" 그러면 보통 "아, 정말 정신없이 바빠요"라고 답을 한다. 그럼 그때 농담 반, 진담 반으로 꼭 한마디를 덧붙인다. "결혼식을 준비하느라 그런 것 아닌가요?"

결혼을 준비할 때 많은 사람들이 결혼식만 준비하지, 결혼 이후에 어떻게 살 것인가를 준비하지 않는 것 같다. 웨딩드레스, 턱시도, 신부 화장, 예식장, 주례자, 청첩장, 신혼여행 계획, 신혼여행 때 입고 갈 옷 등은 준비한다. 그런데 놀랍게도 결혼한 다음 어떻게 살 것인가에 대해서는 별로 이야기하지 않는 것이 사실이다.

실인즉 결혼식 때 드레스가 좀 짧으면 어떤가? 턱시도 색깔이 좀 촌스러우면 어떤가? 그건 그 순간에 끝나고 마는 것이다. 사실, 물 한 대접 떠놓고 촛불 하나 켜놓고 두 사람이 약속한다면 결혼식이 될 수 있다. 결혼식 자체는 순간적인 것이고 어떤 면에서는 덜 중요하다. 그 이후 평생 살아가는 것이 훨씬 더 중요한 것이 아닌가?

그리스도인의 삶도 이와 같다. 주께 돌아오는 것은 어떤 면에서 결혼식을 하는 것과 비슷하다. 그렇다면 결혼식을 하고 난 다음 어떻게 살 것인가에 대해서 배우고 연습해야 하듯, 그리스도인으로 어떻게 살아야 할지에 대해서도 배우고 연습해야 한다.

안디옥에 온 바나바는 주께 돌아온 사람들을 위해 "굳건한 마음으로 주와 함께 머물러 있으라"고 한 다음, 서둘러 다소에 가서 사울이라는 훌륭한 선생님을 데리고 왔다. 그러고 나서 두 사람이 안디옥에서 일 년간 가르쳤다고 성경은 말한다.

중심을 잡은 다음, 우리가 해야 할 일은 배우는 것이다. 실제로 주께 충성되게 붙어 있으면 당연하게 일어나는 일이, 그 주님을 배우기 시작하는 것이다. 늘 같이 다니는 친구들은 서로를 닮아간다. 근처에 있다 보면 서로 닮게 되어 있다. 그러니 만약 우리가 주께 붙어 있다면 주님을 배우기 시작할 것이다. 이것은 피할 수 없는 결과다.

물론 처음에는 이런 것들을 배운다. 그리스도가 누구인가, 이분이 나를 위해서 무엇을 하셨나, 왜 그렇게 하셨어야만 했는가, 왜 죽으시고 부활하셨는가, 그것을 통해서 내가 하나님의 사랑을 어떻게 깨닫게 되었는가, 그 사랑이 얼마나 깊은가, 또 예수 그리스도를 통해서 하나님과 어떻게 인격적이고 살아 있는 관계를 맺을 수 있는가, 어떻게 깊이 있게 그 관계를 가져갈 수 있는가 등등.

그것은 한마디로 그리스도를 배우는 것이다. 그래서 안디옥 교회 사람들의 별명이 '그리스도인(크리스티아노스)', 그리스도의 것, 그리스도에게 속한 사람, 그리스도를 따라가는 사람이 되었다. 오늘날의 말로 이야기하면 '예수쟁이', 좋은 의미의 예수쟁이다. 그 사람을 보니 예수의 것, 예수께 속한 사람, 예수를 따라가는 사람이라는 것이다. 이것이 배우기 시작하면 일어나는 일이다.

내가 존경하는 존 스토트 목사님은 기독교의 본질에 대해서 다음과 같이 아주 명료하게 이야기하신 적이 있다. "기독교의 본질이 신조도, 행동 규범도, 의식도 아니라면, 도대체 무엇이란 말인가?" 이런 질문에 그분은 세 단어로 대답하셨다. "바로 그리스도다It is Christ." 그리고 곧 이어서 이렇게 말씀하셨다. "기독교는 근본적으로 어떤 외적 제도가 아니다. 그것은 한 인격이며, 그 인격과의 인격적인 관계다"(존 스토트, 《존 스토트의 신앙생활 가이드》, 한국 IVP).

기독교란 그리스도를 아는 것이다. 그분을 사랑하게 되는 것이다. 그분을 통해서 세상을 다르게 보기 시작하는 것이다. 그분을 통해서 세상을 다르게 살기 시작하는 것이다. 그것은 단순히 그리스도에 대해서 이야기하는 것이 아니다. 예수에 대해서 토론하는 것이 아니다. 그분을 아는 것이다.

앞 장에서 우리가 살펴보았던 무명의 사람들, 다음 장에서 배우게 될 바나바 등 이들이 세상 사람들과는 다른 삶을 살았던 이유는, 그리스도를 알고 그리스도를 배웠기 때문이다.

그리스도를 배워가는 것, 이것이야말로 값진 인생과 위대한 공동체를 이루는 비결이다.

연습하기

그렇게 배운 다음에 해야 할 것이 있다. 그것은 연습이다. 높은 산을 오르기 위해서는 산이 어떤 곳인지를 배우고 난 다음

산에 올라가는 것을 끊임없이 연습하면서 자기 훈련을 해 나가야 한다.

인생도 마찬가지다. 그리스도인으로 사는 것, 그리스도의 공동체를 꾸려가는 것도 마찬가지다. 배운 것을 연습해야 한다. 설교를 들으며 배운 것, 개인적으로 혼자 말씀을 읽으면서 배운 것을 가지고 실제로 연습해야 한다.

그리스도를 배우고 그것을 통해 그리스도의 삶의 방식, 그리스도의 시각을 점점 연습하기 시작하면 우리는 점점 예수 그리스도처럼 변화될 수밖에 없다. 이는 다른 사람이 밖에서 관찰 가능한 것이다. 사람들이 "아, 저 사람은 왜 저렇게 다르게 사는데?" 또는 "저 사람 요즘 변하고 있어. 저 사람은 안 변할 줄 알았는데, 저 사람도 변하네"와 같은 말을 하는, 이런 관찰 가능한 일이 그 사람에게 일어나기 시작한다는 것이다. 바로 배우고 연습할 때 말이다.

그런데 사람들은 연습하는 것을 싫어한다. 왜 그럴까? 왜 그리스도인으로 사는 것을 연습하기를 싫어할까? 힘들어서 그렇다. '그냥 이대로 살게 내버려둬'라는 마음이 우리에게 있기 때문이다.

운동을 하면 좋은데, 하기 싫은 것이 이와 비슷하다. 나는 여러 가지 운동을 좋아하지만 꾸준히 수영을 하면 몸에 좋다는 사실을 어려서부터 알고 있었다. 한번 수영을 하면 1킬로미터 정도를 하는데, 20분 정도 이렇게 운동을 하고 나면 몸도 가벼워지고 마음도 상쾌해진다.

운동을 하면 몸과 마음에 좋다는 사실은 모든 사람이 안다. 문제는 운동을 하러 가기가 싫다는 것이다. 하면 좋다는 것을 알지만 연습하기가 힘들기 때문에 하기 싫은 것이다. 모든 영역에서 그렇다. 육체를 든든하게 관리하는 것뿐만 아니라 사람들을 사랑하는 방법, 사람들을 격려하는 방법, 더 본질적으로 하나님을 깊이 알아가는 면에서도 연습하지 않으면 더 깊이 있게 들어갈 수가 없다. 항상 무엇인가에 대해서 이야기는 할 수 있다. 그러나 자기가 이야기하고 있는 내용이 무엇인지는 모른다. 경험이 없기 때문에, 연습하지 않았기 때문이다.

일 년의 도전

우리는 값있는 인생을 살기를 원한다. 그렇다면 그것은 어떤 인생인가? 세상에서 돈 많이 벌고 유명해지고 권력을 갖게 되는 것일까? 그렇지 않다. 어떻게 하면 그리스도처럼 살 것인가, 어떻게 하면 그분의 아름다운 모습이 내 속에 나타날 것인가 하는 것이 우리 인생의 목표다. 위대한 공동체의 목적은 무엇인가? 그것은 그리스도가 중심이 되는 공동체, 그래서 자기들끼리만 모이는 것이 아니라 주변 세상을 변화시키고 세상에 필요한 사람들을 불러모으는 바로 그런 공동체가 되는 것 아닌가?

우리에게는 이런 높은 비전이 있다. 그렇다면 목표를 어떻게 이루겠는가? 연습이 필요하다. 연습하되 하루하루 해야 한다.

미국에 있을 때 방문한 한 교회 건물에 아주 인상적인 것이 있었다. 들어가는 쪽에 엄청난 양의 벽돌로 5층 정도 높이의 외벽을 쌓고, 그 벽돌들로 목자이신 예수님의 모습을 형상화해 놓은 것이다. 너무 멋있어서 쳐다보다가 '저 엄청난 벽돌을 어떻게 쌓았을까?' 하는 생각이 들었다. 그리고 수천 장의 벽돌로 이루어진 이 웅대하고 아름다운 벽은 벽돌을 한 장씩 쌓아서 만들어진 것이라는 깨달음에 이르렀다. 한 장씩 쌓아서 그 거대한 벽을 이루게 되었을 것이다. 한 번에 한 장씩!

매일매일 연습하는 사람과 연습하지 않는 사람의 차이는 실로 엄청나다. 매일 벽돌을 쌓아가듯 꾸준히 하나님을 만나는 사람과 그렇지 않은 사람의 차이는 엄청나다.

매일 아침 15분 내지 20분 동안 기도하며 '내가 오늘 어떻게 살 것인가, 내가 오늘 어떻게 예수 그리스도 주변에서 예수 그리스도의 관점으로 세상을 살 수 있을까, 어떻게 배울까'를 고민하고 하루를 시작하는 사람은 그 벽돌을 바른 자리에 똑바로 쌓아가고 있는 것이다. 반면, 아침에 일어나자마자 씻고 화장하고 가방 들고 출근해서 하루가 어떻게 지나는지도 모르게 보낸다면 그날은 벽돌을 쌓지 못하고 하루를 지낼 수도 있다. 사실 벽돌 한 장은 아무것도 아니다. 하루 15분, 20분은 아무것도 아니다. 그러나 15분, 20분씩 매일 꾸준하게 벽돌을 쌓으면서 연습하는 사람이 일 년이 지나면 어떻게 될까?

주일 날 교회에 오는 것으로 벽돌을 쌓는 사람들도 있다. 그러면 일주일에 벽돌을 하나씩 쌓는 것이다. 주일 예배를 빠지지 않으면 일 년에 50개쯤 쌓을 수 있다. 그러나 매일 그런 훈련을 하는 사람은 360개쯤의 벽돌을 쌓게 된다. 일 년이 지나고 나서

360개의 벽돌과 50개의 벽돌을 비교해 보라. 얼마나 큰 차이인가? 5년이 지나면, 또 10년이 지나면 어떻게 될까? 엄청난 차이가 날 것이다.

정말 값있는 인생을 살기 원하고 위대한 공동체를 꿈꾼다면 한번에 어떻게 되는 방법을 취하지 말라. 절대로 그렇게 되지 않는다. 안디옥에서 바나바와 바울은 일 년간 꾸준히 가르쳤다. 안디옥에 있는 사람들은 그것을 배우고 연습했다. 그러자 그것은 겉으로 드러나기 시작해서 사람들이 이를 관찰하기 시작했다. 그리고 그들의 별명을 지어주었는데 그것이 '크리스티아노스', 즉 그리스도인이라는 이름이었다.

만약 우리의 신앙이 그렇게 성장하고 있지 못하다고 느끼거나 오랫동안 고착상태에 있다거나, 값있는 인생을 사는 데 방향을 잡지 못하고 있다면 나는 이렇게 제안하고 싶다. 일 년만 열심히 해 보라. 나는 바나바와 바울이 안디옥에서 일 년 동안 가르쳤다고 하는 사실에 매우 중요한 상징적인 의미가 있다고 생각한다.

일 년만, 365일 동안 열심히 벽돌을 쌓아보는 것은 어떨까? 그러면 당신은 기초가 든든해지는 것을 발견할 것이다. 그리고 그 이후에는 우리가 느낄 수 있을 정도의 빠른 속도로 성장해 가는 것을 깨닫게 될 것이다. 그렇게 하지 않으면 아마도 오늘과 내년 이맘때 우리의 모습이 별로 다르지 않을 것이다. 그리고 불행하게도 10년 후에도 그냥 그 모습 그대로일 가능성이 높다. 그러나 오늘 하루의 벽돌을 귀하게 쌓아올린다면 일 년이 지나지 않아서 우리 속에서 변화를 경험하게 될 것이다. 그럴 때 우리는 값있는 인생, 위대한 공동체의 기초를 놓을 수 있을 것이다.

사람을 세우는
사람들

4

"예루살렘 교회가 이 사람들의 소문을 듣고 바나바를
안디옥까지 보내니"_사도행전11:22

우리는 정치판을 바라보면서 안타까움을 느끼기도 하고 때로는
분노를 느끼기도 한다. 사실 정치 '판'이라는 말 자체에 그런 안타
까움과 비하의 뜻이 담겨 있지 않은가? '판'이라는 말은 '놀음판'
이나 '이거 개판이구나'라고 할 때나 사용하는 단어이니 말이다.

이는 우리나라 정치 지도자들의 말과 행동을 볼 때 국민을 생
각하기보다는 자신들의 유익과 자기 당의 이익을 위해서 움직인
다는 생각을 떨쳐버릴 수 없기 때문일 것이다. 그들이 툭하면 내
뱉는 "국민을 위해서", "조국이 원하니까"라는 말을 들을 때마다
우리는 팔짱을 끼고 "흥" 하고 코웃음을 치게 된다. 그러니 정치
판을 보면 우리 마음이 훈훈해지는 것 같지 않고 반대로 냉소적
이 되는 게 아닐까?

존경할 만한 정치 지도자를 바라듯 우리는 어느 집단에서든

훌륭한 리더를 기대한다. 하지만 모든 리더가 그런 모습을 보이는 것은 아니다. 사람을 귀중히 여기며 사람을 세우는 리더가 있는가 하면, 자기 목적을 위해 사람을 딛고 가는 리더도 있다.

이번 장에서는 사람을 세우는 리더였던 한 사람에 대해 살펴볼 것이다. 하지만 그 전에 먼저 사람을 딛고 가는, 사람을 이용하는 리더의 특징에 대해 간단히 언급하는 것이 필요하다.

사람을 딛고 가는 사람들은 첫째로 자신의 일에 집중하며 그것으로 조바심을 갖는다. 둘째, 그러다 보니 성급해서 기다리지 못하고 잘못된 점을 잘 지적한다. 셋째, 대부분 이런 사람들은 어떤 한 부분에서 탁월하기 때문에 리더가 되었지만 성품은 '글쎄…'라는 반응을 하게 한다. 넷째, 사람들을 사용할 때 자기의 현재 필요에 따라서 사용한다. 마지막으로, 대부분의 경우 당연히 그 사람의 야심 때문이겠지만, 성공했을 경우 그 성공을 독점한다.

하지만 사람을 세우는 리더는 그렇지 않다. 나는 여기서 성경에 나타나는 여러 리더 중에서 내가 참 좋아하는 한 사람을 소개하려고 한다. 이 사람은 구브로와 구레네 몇 사람에 의해 안디옥 교회가 세워진 다음 그 교회가 두 번째 국면으로 들어가는 즈음에 등장한다. 교회가 세워졌다는 소식을 듣고 예루살렘 교회에서는 한 사람을 파송하는데, 그 사람이 바로 바나바이다.

오래 전 성경 본문을 통해 바나바에 대해서 공부할 때 받은 인상이 아직도 마음속 깊이 새겨져 있다. 바나바와 같은 사람을 성경에서 만나지 않았다면 나는 아마 사람을 딛고 가는 쪽에 가까운 사람이 되었을 것이다. 그러나 아직 완벽하지는 않지만 사람을 세우는 사람이 되고자 노력하게 된 것은 바로 이 바나바를 만났기 때문이다. 안디옥 교회에 꼭 필요했던, 아니 오늘 우리 공동체에도 꼭 필요한 '사람을 세우는 리더'였던 바나바를 통해 우리도 사람을 세우는 그리스도인이 되는 꿈을 꾸기를 바란다.

사도행전 11장 22-26절에 안디옥에 도착한 바나바에 대한 이야기가 나온다.

> ²²예루살렘 교회가 이 사람들의 소문을 듣고 바나바를 안디옥까지 보내니 ²³그가 이르러 하나님의 은혜를 보고 기뻐하여 모든 사람에게 굳건한 마음으로 주와 함께 머물러 있으라 권하니 ²⁴바나바는 착한 사람이요 성령과 믿음이 충만한 사람이라. 이에 큰 무리가 주께 더하여지더라. ²⁵바나바가 사울을 찾으러 다소에 가서 ²⁶만나매 안디옥에 데리고 와서 둘이 교회에 일 년간 모여 있어 큰 무리를 가르쳤고 제자들이 안디옥에서 비로소 그리스도인이라 일컬음을 받게 되었더라.

하나님의 일하심을 볼 줄 아는 사람

바나바는 무엇보다도 먼저 **하나님의 일하심을 볼 줄 아는 사람**이었다. 앞에서 이야기한 것처럼 사람을 딛고 가는 사람은 자신의 일에 집중해서 그것으로 조바심을 내지만, 이와 반대로 사람을 세우는 사람은 하나님의 일하심을 볼 줄 안다.

22절을 보면 예루살렘 교회가 이 사람들의 소문을 들었다는 이야기가 나온다. 앞 장에서 살펴본 것처럼 당시 예루살렘 교회는 고넬료의 집을 방문하고 돌아온 베드로의 이야기를 듣고 이제 '이방인들에게도 복음을 전해야겠구나' 하는 생각을 하고 있을 무렵이었다. 그때 안디옥이라는 도시에서 전갈이 왔다. "지금 이방인의 교회가 세워졌습니다"라는….

예루살렘 교회는 상당히 당황했을 것 같다. 그래도 스스로 최초의 교회로 자부심을 가지고 자신들의 교회를 일종의 '원조'라고 생각하고 있었는데, 그리고 '이방인들에게도 복음을 전해야겠다'는 생각도 이제 막 하고 있었는데 갑자기 "안디옥에서 이방인의 교회가 세워졌습니다. 사람 좀 보내 주십시오"라는 전갈을 받은 것이다.

예루살렘 교회가 그동안 이방인들에게 복음을 전하는 데 적극적이지 않았지만 이때 아주 잘한 것이 하나 있었는데, 그것은 사람을 세우는 사람인 바나바를 파송한 것이다.

바나바가 안디옥 교회에 와서 한 일은 23절에 간단하게 요약되어 있다. "그가 이르러 하나님의 은혜를 보고 기뻐하여." 이는 아주 짧지만 범상치 않은 표현이다.

이때는 예루살렘 교회가 세워지고 15년이라는 기간이 지났을 때다. 그 기간 동안 예루살렘 교회 사람들은 한 번도 이방인들에게 복음을 전하지 않았다. 유대인들은 뼛속 깊숙한 데서부터 이방인을 짐승처럼 생각하고 있었다. 이런 유대인 중 한 사람이 이곳에 온 것이다. 뭐가 보였을까? 유대인들이 인간 취급도 하지 않는 이방인들이 득실득실 모여 있다. 그리고 그 사람들이 하나님을 주님으로 고백한다고 한다. 일단 마음부터 아주 꺼림칙하다. 우리나라에도 지역 감정이란 것이 있어서 서로 이야기를 나누다가 "어, 그쪽 출신이세요?"라고 하면 얼굴색이 바뀌는 경우가 있지 않은가? 이스라엘 사람들의 감정은 이런 지역 감정보다 훨씬 심했다. 이방인들이 모인 곳에 간다는 것 자체가 끔찍한 일이었다.

또 예수를 믿은 지 얼마 안 된 사람들이니 믿음이 균형 있게 성장하고 있지 않았을 가능성이 높다. 그들의 신앙에 대한 이야기를 듣다 보면, '아이고, 아직도 멀었구면. 아직도 믿음의 기초, 믿음의 초보에 머물러 있구면' 하는 생각이 들었을 것이다.

그뿐 아니라 당시 이방인들은 세상 사람들이 언제나 그랬던 것처럼 대부분 도덕적으로 뛰어난 사람들이 아니었을 것이다. 예루살렘 교회에서 도덕적으로 충실하게 무장되었던 바나바의 눈에 그들이 어떻게 보였겠는가? '역시 이방인은 어쩔 수 없어. 저러니까 하나님이 사랑하지 않으시지' 하는 생각이 들지 않았을까?

하지만 바나바가 안디옥 교회에 갔을 때 그는 부정적으로 보지 않았다. 23절은 그가 거기에서 "하나님의 은혜"를 보았다고 말한다.

하나님의 은혜가 무엇인가? 그것은 하나님께서 일하고 계신 부분이다. 자신의 일과 자신의 야심에 집중되어 있는 사람들은 하나님의 일하심을 잘 보지 못한다. 모든 것이 자기 방식대로 풀려야 하기 때문이다. 그러나 하나님의 은혜를 볼 줄 아는 사람들은 자기 방식대로 일이 진행되지 않더라도 '아, 하나님이 이런 일을 하고 계시는구나' 하는 깨달음을 얻는다. 사람들이 변한 모습, 부족하지만 조금씩이라도 변하는 모습, 사람들이 주님께 돌아오는 것 등을 볼 줄 아는 것이다.

이런 능력을 가진 사람의 특징이 이어지는 문구에 나와 있다. 바나바는 하나님의 은혜를 보고 그 다음 **기뻐한다**. 자기 일에 매여 조바심을 갖는 사람들은 일이 안 되는 것만 보인다. 그렇기 때문에 그 사람들 속에 나타나는 공통된 특징은 조바심과 염려와 걱정이다.

반면 하나님이 일하시는 것을 보는 사람들은 그것이 아무리 작은 것이라 할지라도 하나님이 일하시는 것을 보고 기뻐한다. 작은 일을 보면서도 '아, 무슨 일이 벌어지려고 하는구나' 하고 생각한다. 이것은 철저하게 자기 중심적인 시각을 버리고 하나님의 마음으로 보고 하나님의 시각으로 보는 모습이다. 그럴 때 사람들은 기뻐한다.

이런 사람들은 차이점보다는 공통점을 보고, 문제점보다는 가능성을 보고, 위험 요소보다는 하나님이 일하실 가능성을 본다. 어떤 모임에 가보면 주로 부정적인 것에 집중하고 부정적인 것을 계속 끄집어내는 사람들이 있다. 물론 부정적인 부분들을 냉철하게 봐야 한다. 그러나 하나님이 일하고 계신 부분들을 보고 그것을 기뻐하고 감사하는 자세를 갖는 것은 매우 중요하다.

하나님의 일하심을 볼 줄 아는 사람들의 공통된 특징은 기도 가운데 감사가 많다는 것이다. "하나님, 이런 일을 이루신 것 감사합니다. 작은 것이지만 참 감사합니다. 앞으로 어떻게 될지 기대가 됩니다." 그들의 기도 속에 기대감과 감사함이 풍성하다.

그리고 사람들을 만나면 칭찬을 잘한다. "이번에 너, 그 일 참 잘했어. 고마워." 하나님이 일하시는 것을 보고 있기 때문이다.

사람을 세우는 사람은 하나님이 일하시는 것을 볼 줄 아는 사람이다. 그렇기 때문에 조바심에 매여 있지 않고 기뻐하면서 긍정적으로 세상을, 조직을, 가정을 이끌어갈 수 있는 사람이다.

기다리며 격려하는 사람

이렇게 하나님의 일하심을 보게 되면 그 다음 따라 나오는 자질은 바로 **격려**다. 사람을 세우는 사람은 하나님이 일하시는 것을 보기 때문에 기다릴 줄도 알고 격려할 줄도 안다. 반면 사람을 딛고 가는 사람은 성급해 기다리지 못하고 잘못된 점을 자꾸 지적한다.

23절 끝부분을 보면 "그가…주와 함께 머물러 있으라 **권하니**"라고 되어 있는데, 여기 이 '권하니'라는 단어가 바로 격려하다 encourage라는 뜻이다. 바나바는 "주와 함께 머물러 있으라"는 아주 기본적이고 본질적인 내용을 권했다. 예루살렘 교회가 베드로나 야고보 같은 사람을 보내지 않은 것을 참 잘했다고 생각한다. 베드로나 야고보 같은 사람을 보냈으면 그들의 성격으로 볼 때 분명히 "주께 붙어 있으라 **명하니**"라는 표현이 나왔을 것 같다. 나 같은 사람을 안디옥 교회에 보내지 않은 것도 얼마나 다행인지 모른다. 내가 갔다면 아마 "흠, QT 안 하고 있구먼. QT부터 배워야 해. 어, 십일조 안 하네. 십일조도 해야 해"라고 하며 계속 그들이 잘못하는 것을 지적했을 것 같다. 그러나 바나바는 그들을 격려했다.

격려란 작은 싹이 났을 때 그 싹이 잘 자랄 수 있도록 도와주는 것이다. 성경에서 말하는 격려는 잘못하고 있는데도 '잘하고 있는 거야'라고 이야기하는 것이 아니다. 성경적 격려는 바른 방향으로 가고 있는 작은 움직임을 북돋아주는 것이다.

집에 공터가 있어서 얼마 전 작은 채소밭을 만들고 거기에 오이 모종을 심었다. 오이는 덩굴식물이라 대를 만들어줘야 타고 올라가면서 자라는데, 시간을 내지 못해서 대를 만들어주지 못했다. 그런데 어느 새벽에 나가 보니 근사한 대가 서 있었다. 장인어른이 오셔서 만들어놓으신 것이다. 내가 심어놓았을 때는 오이가 바닥으로 기어가더니 이제 대를 타고 올라오기 시작했다. 이것이 바로 격려다. 생명이 자라고 있고 바른 방향으로 가고 있을 때 그것이 똑바로 올라갈 수 있도록 도와주는 것, 그것이 격려다. 강압적인 방법으로가 아니라 상대방의 입장에서 그 생명이 자라갈 수 있도록 도와주는 것, 그것이 격려다.

사람들은 틀린 것을 지적해 줄 때가 아니라 격려를 받을 때 변한다. 최근에 내게 도전을 주었던 한 사람이 있다. 야쿠자의 아내에서 변호사가 된 것으로 유명한 오히라 미쓰요라는 사람이다. 오히라 미쓰요는 중학교 1학년 때 왕따를 당했는데 그게 너무 화가 나서 할복 자살을 기도했다고 한다. 그러다 가출하게 되고 마약과 혼숙을 거듭하다 결국 18세쯤 되어 야쿠자 보스와 결혼한다. 그러고 난 다음에는 호스티스로 전전하다 결국 좋은 양아버지를 만나 사법고시 공부를 시작하여 변호사가 되었다. 변호사가 되어 지금은 일본 사회 어두운 곳에 살고 있는 어린아이들을 위해서 일하고 있다. 정말 파란만장하지 않은가? 이분의 자전적인 이야기는 《그러니까 당신도 살아》(북하우스)라는 책에 담겨 있다.

이분이 우리나라에 와서 소년원을 방문해 강의를 한 적이 있다. 우연히 텔레비전에서 강연하는 모습을 보았는데 놀랍게도 한국말로 강연을 하고 있었다. 한국말을 할 줄 알았던 것이 아니다. 원고를 한국말로 만들고 그것을 일어 발음으로 표시해서 읽고 있는 것이었다. 그렇게 띄엄띄엄 읽는데 발음도 아주 정확했다. 정말 놀라웠다. 그 사람이 통역을 사용하지 않고 그렇게 말할 때 그 아이들이 얼마나 격려를 받았을까? 그 소년원에 있는 아이들을 얼마나 사랑하면 그렇게 했겠는가?

그런데 그것보다도 더 격려가 되었던 것이 있다. 나중에 신문 기사에서 본 것인데 그 소년원에서 이런 일이 있었다고 한다. 이분이 아이들 손을 하나하나 잡고 이야기를 하는데 어떤 한 아이의 손등에 문신이 있는 것을 보았다고 한다. 사실 오히라 미쓰요는 야쿠자 보스의 아내가 된 이후로 등 전체에 문신을 했다. 문신을 너무 많이 해서 피부가 산소를 받아들이지 못해 오래 살지 못할 거라는 이야기를 들었을 정도였다. 그런 이분이 그 아이의 손 문신을 만지면서 이렇게 말했다고 한다. "나는 등에 너보다 100배나 큰 문신이 있단다. 그래도 열심히 살잖아. 그러니까 너도 열심히 살아." 이것이 격려다.

사람 속에 있는 생명력과 가능성을 보고 선한 방향으로 힘을 북돋워주는 것이 격려, 그것이다. 이런 격려는 당연히 마음으로 품고 있다고 되는 것이 아니다. 사람들에게 표현해 주어야 한다. 요즘은 정말 표현할 수 있는 길이 많은 것 같다. 이메일도 있고 문자 메시지도 보낼 수 있고, 전화도 할 수 있고 카드도 보낼 수 있다. 구체적으로 격려를 표현하라.

하나님의 은혜는 움직인다. 하나님이 일하시는 것을 볼 줄 아는 사람들은 기다리며 격려한다. 이것이 두 번째 특징이다.

균형 있게 성숙한 사람

사람을 세우는 사람의 세 번째 특징은 **균형 있는 성숙**이다. 사람을 딛고 가는 사람은 어느 한 부분은 탁월하지만 그 사람의 성품에 대해서는 의문이 생길 때가 많다. 그러나 사람을 세우는 사람은 대부분의 경우 균형 있게 성숙한 사람이다. 바나바가 그런 사람이었다는 것은 24절을 보면 알 수 있다.

"바나바는 착한 사람이요 성령과 믿음이 충만한 사람이라. 이에 큰 무리가 주께 더하여지더라." 이 구절은 바나바에 대해 세 가지를 알려준다. 바나바를 표현하면서 그는 '착한 사람'이고, '성령이 충만한 사람'이고, '믿음이 충만한 사람'이라고 말한다.

먼저 그는 착한 사람이었다. '착한good'이라는 단어는 쉽게 오해되는 말이다. 보통 '착하다'고 할 때는, 누가 옆에서 건드려도 독하게 반응을 하지 않는, '원래 천성적으로 성품이 좋은' 정도의 의미다. 그러나 성경에서 착하다, 혹은 선하다고 할 때는 이런 뜻보다는 성품이 균형 있게 성장한 사람을 가리킨다.

그리고 나서 영적인 표현으로 그를 '성령이 충만하고 믿음이 충만한 사람'이라고 말한다. 그런데 많은 그리스도인들이 성령 충만해지고 싶어 하지 않는 것 같다. 성령이 충만해지면 이상한 사람이 된다고, 보통 사람들에게는 보이지 않는 무언가가 보이고, 다른 사람의 장래를 말해 주는 일 등을 하게 된다고 생각한다. 하지만 이것은 오해다.

성령이 충만해지는 것은 내 속에 계신 성령님에 대해서 인격적으로 민감해져서 그 성령님의 뜻과 나의 뜻이 거의 일치되는 상태에 이르는 것을 말한다. 성령 충만한 사람이란 하나님의 생각과 내 생각이 많이 일치된 사람이다. 성경에 나타난 하나님은 모든 일에 사랑과 공의가 균형을 이룬, 매우 멋있는 분이다. 성령이 충만해진다고 하는 것은 이상하게 되는 것이 아니라 한 인간이 될 수 있는 가장 아름답고 가장 매력적이고 가장 성숙한 사람이 되는 것을 말한다. 그러므로 착한 사람이라고 하는 것이 세상적인 표현이라면 영적인 표현은 성령 충만하다는 것이다.

그러면 믿음이 충만하다는 것은 뭘까? 암에 걸렸는데 "나을 줄로 믿습니다"라며 40일 금식기도를 하고, "우리 아들 대학 갈 줄로 믿습니다" 하고 기도하는 사람들이 믿음이 강한 것인가? 그렇지 않다. 이것은 믿음이 아니라 자기 확신이다. 성경에서 말하는 믿음은 내가 믿고 싶은 것을 믿는 것이 아니다.

믿음은 하나님에 대한 전적인 신뢰다. 내 상황이 아무리 망가져도, 되는 일이 없어도 흔들리지 않고 하나님을 신뢰하는 것, 그분을 믿고 지속적으로 꿋꿋이 걸어가는 것, 이것이 믿음이다.

성경에서 이야기하는 믿음은 결코 내가 원하는 것을 하나님으로부터 *끄*집어내는 것이 아니다. 기독교에서 이야기하는, 교회에서 이야기하는 믿음은, 살아 계시고 내가 맘대로 할 수 없는 그 엄위하시고도 사랑이 풍성하신 하나님을 전적으로 믿고 신뢰하는 것이다. 이런 믿음이 충만한 사람은 꿋꿋하다. 그리고 의연하다.

성령이 충만하고 믿음이 충만한 모습이 바로 바나바의 특징이다. 간혹 교회에서 "그분은 믿음은 좋은데 성질이 좀 고약해"라는 말이 들리곤 하는데, 사실 이 말은 "그 사람 얼굴이 너무 잘 생겼는데 되게 못 생겼다"라고 이야기하는 것과 거의 똑같은, 말이 안 되는 이야기이다. 믿음이 좋은 것과 인격적으로 성숙한 것은 같이 가는 것이다.

이를 위해 우리에게 필요한 것은 끊임없이 기도하고 말씀을 읽는 것이다. 성경에는 성숙한 사람, 아주 균형 있게 성장해 간 사람들의 이야기가 곳곳에 나와 있다. 나 역시 바나바를 만나지 않았다면 인생 상당 부분이 다르게 형성되었을 것 같다. 성경을 보라. 성경에서 베드로를 만나고 바울을 만나고 아브라함을 만나고 다윗을 만나보라. 그들도 실수를 하지만 우리는 성경을 통해서 그들이 성장해 나가는 모습을 본다. 그러면서 그림을 그리기 시작한다. '아, 나는 이런 사람이 되어야겠다. 균형 있게 성장하는 그런 사람이 되어야겠다'는 소망을 갖게 된다.

기도는 왜 하는 걸까? 앞 장에서도 언급했듯, 기도는 하나님 앞에 앉아서 자기 자신을 돌아보고 자기의 좌표를 찾는 것이다.

그리고 하나님과 대화를 나누는 것이다. 이런 생각을 가진 사람은 기도할 때 자기가 어디에 와 있는지를 끊임없이 고민한다. "하나님, 제가 다른 사람을 격려해 주고 세워주는 사람이 되고 싶은데 왜 아직도 친구들 사이에서 그런 사람이 못 될까요?"

균형 있게 성숙한 사람이 되도록 말씀과 기도를 통해서 끊임없이 좌표를 설정하라. 여기서 나는 단호하게 할 수 있는 말이 있다. 기도와 말씀 없이는 하나님이 원하시는 성숙한 사람이 되는 것이 불가능하다는 것이다. 조금 고상한 사람이 될 수 있을지는 모르겠다. 좀 더 세련된 사람이 될 수 있을지는 모르겠다. 그러나 깊이 있고 균형 있게 성장하는 사람은 될 수 없다. 기도하고 말씀 보는 것이 종교인이 되기 위해 걸치는 액세서리인가? 절대 그렇지 않다. 그것은 우리의 본질이다. 성숙한 사람이 되는 데는 지름길이 없다. 바르게 기도하고 바르게 말씀을 읽는 것 외에 다른 길은 없다.

사람들의 잠재력을 볼 줄 아는 사람

네 번째로, 사람을 딛고 가는 사람은 다른 사람들을 필요에 따라 이용하는 사람이지만, 사람을 세우는 사람은 **다른 사람들의 잠재력을 볼 줄 안다.**

바나바는 당시 사람들이 배척하던 사울의 잠재력을 볼 줄 알았다. 25절은 "바나바가 사울을 찾으러 다소에 가서"라고 말한다. 당시 사울은 악명 높았던 사람이었다. 스데반이 돌에 맞아 죽을 때 그 일을 주도했던 사람 중 하나였다. 그래서 사도행전을 보면 사울이 하나님을 믿고 난 다음 예루살렘에 왔을 때 예루살렘에 있던 사람들은 사울을 반기지 않았던 것을 알 수 있다.

"사울이 예루살렘에 가서 제자들을 사귀고자 하나 다 두려워하여 그가 제자 됨을 믿지 아니하니"(행 9:26). 사람들은 사울을 믿지 않았다. 그런데 그때 바나바가 등장한다. "바나바가 데리고 사도들에게 가서 그가 길에서 어떻게 주를 보았는지와 주께서 그에게 말씀하신 일과 다메섹에서 그가 어떻게 예수의 이름으로 담대히 말하였는지를 전하니라"(27절).

예루살렘 사람들은 아무도 사울을 좋아하지 않았다. 사울이 정말 변했는지 안 변했는지 모를뿐더러, 이 사울은 그리스도인을 박해하는 데 앞장섰던 전력이 있는 사람이었기 때문이다. 아무도 그에게 가까이 가지 않고 그를 믿어주지도 않았다.

사실, 사울은 친구하기가 쉽지 않은 사람이었던 것 같다. 논쟁을 잘하고, 논쟁을 했다 하면 꼭 이겼다. 이것이 못마땅했던 예루살렘 사람들은 그가 예루살렘에 와서 사람들과 논쟁을 하는 것을 보고 그를 죽이려고 했다. 결국 생명의 위협을 느낀 사울은 성 밖으로 도망가서 다소에 10년 동안 머무르게 된다. 다소는 안디옥보다도 더 북쪽에 있는 도시였고, 10년이면 긴 기간이다. 사람들은 아마 사울을 다 잊어버렸을 것이다. 사울은 더 이상 그들의 기억에 남아 있지 않았을 것이다.

그런데 바나바는 사울을 기억하고 그를 찾아갔다. 그가 가지고 있는 잠재력을 알았기 때문이다. 사람을 외적인 자질과 능력으로만 판단하려고 하면 이런 것을 보지 못한다. 그러나 속을 보려고 노력하면 모든 사람이 잠재력을 가지고 있다는 것을 알게 된다. 물론 사람들의 잠재력이 그리 쉽게 보이는 것은 아니다. 그러나 우리가 한 가지 알 수 있는 것이 있다. 우리 중 어느 한 사람도 하나님이 만드시다가 "나 피곤하니까, 천사, 네가 대신 만들어"라고 해서 나온 이상한 작품이 아니라는 것이다. 우리는 다 하나님이 직접 만드신 사람들이다.

그렇다면 우리는, 그 사람 속에 하나님이 두신 잠재력이 있다는 것을 알 수 있다. 그 잠재력이 발현될 수 있도록 도와주는 것이 우리가 해야 할 일이다. 주변에 있는 사람들의 잠재력을 의식하라. 특히 남편들은 아내들의 잠재력을 봐야 한다. "당신, 나 만났으니까 이만큼 사는 줄 알아"와 같은 말은 자신이 어떤 위인인지 폭로하는 말일 뿐이다. 아이를 키울 때, 친구들과의 관계에서, 직장 동료들과의 관계에서 사람들의 잠재력을 보고 격려하면서 그것이 잘 발현될 수 있도록 도와주는 사람이라면 그 사람 주변에는 사람들이 많이 모일 수밖에 없을 것이다.

성공을 함께 나누는 사람

마지막으로, 사람을 세우는 사람의 특징은 **성공을 함께 나누는 것**이다. 26절은 이렇게 말한다. "만나매 안디옥에 데리고 와서 둘이 교회에 일 년간 모여 있어 큰 무리를 가르쳤고 제자들이 안디옥에서 비로소 그리스도인이라 일컬음을 받게 되었더라."

바나바가 사울을 데려온 것은 업무를 분담하고 비서로 일을 시키기 위해서가 아니라 동역자가 필요했기 때문이었다. 그래서 나는 본문에서 동그라미 치고 싶은 단어가 있다. 바로 "둘이"라는 단어다. 안디옥 교회에서 바나바와 사울 두 **사람은 같이** 일했다.

사람을 딛고 가는 사람은 성공을 독차지하기 위해서 대부분 혼자 일한다. 그러나 다른 사람을 세우는 사람들은 함께 일한다. 마케팅 정책을 이야기할 때 윈-윈win-win할 것이냐, 윈-루즈win-lose할 것이냐는 말들을 많이 한다. 예전에 나는 이기고 상대방은 지게 만드는 윈-루즈 정책을 많이 썼다. 그런데 요즘은 나도 이기고 너도 이기는 윈-윈 정책을 많이 쓴다. 세상 사람들도 그 방법이 옳다는 것을 발견했기 때문이다. 사람들과의 관계도 마찬가지다. 나도 이기고 너도 이기고 함께 이길 수 있는, 함께 성공할 수 있는 길을 찾는 리더가 좋은 리더이며 사람을 세우는 사람이다.

바나바를 보라. 그는 사울을 데려왔다. 그러니 바나바 자신의 의무 사항이 많이 줄었을 것이다. 당연히 자기 사역의 깊이가 깊어지고 그 사역의 질이 높아졌을 것이다. 사울은 다시 교회에 돌아와서 인정받으면서 일할 수 있는 기회를 얻었으니 사울의 인생에 또 다른 전환점이 되었다. 안디옥 교회는 어땠을까? 바나바와 사울은 아주 특징적인 두 가지 성격을 가진 사람들이었다. 이 다른 성격을 가진 두 사람이 안디옥 교회를 도왔다고 생각해 보라. 안디옥 교회는 더 다양한 가르침을 받았을 것이다. 이것은 윈-윈 정도가 아니라 윈-윈-윈이었다. 너와 나 그리고 우리가 속해 있는 공동체가 다 같이 성장했다는 말이다.

성공을 함께 나누는 이런 사람들이 있으면 그런 곳에 가고 싶지 않겠는가? 그런 부모님이 있으면 아이들이 거기 들어오고 싶지 않겠는가? 직장에 그런 상사들이 있다면 사람들이 힘차고 편하게 일할 수 있지 않겠는가?

훈련과 연습으로

다시 한 번 정리해 보자. 사람을 딛고 가는 사람은 우선, 자신의 일에 집중해서 그것에 조바심을 내는 반면에, 사람을 세우는 사람은 하나님의 일하심을 볼 줄 안다. 두 번째, 사람을 딛고 가는 사람은 성급해서 기다리지 못하고 자꾸 지적하는 반면에, 사람을 세우는 사람은 기다리며 격려할 줄 안다. 세 번째, 사람을 딛고 가는 사람은 어느 한 부분에서는 탁월하지만 전체적인 성격이나 성품 면에서는 의문이 간다. 그러나 사람을 세우는 사람은 균형 있게 성숙한 사람이다. 네 번째, 사람을 딛고 가는 사람들은 사람을 필요에 따라 끌어다 쓰지만, 사람을 세우는 사람은 다른 사람의 잠재력을 볼 줄 안다. 마지막으로, 사람을 딛고 가는 사람은 성공을 독점하려 들지만, 사람을 세우는 사람은 성공을 함께 나눈다.

당신은 어떤 종류의 사람이 되기를 원하는가? 또 다른 면에서, 당신은 어떤 사람 옆에 가고 싶은가? 우리는 모두 사람을 세우는 사람이 되고 싶어 하고, 그런 사람 옆에 있기를 바랄 것이다. 하지만 어떻게 그런 사람이 될 수 있을까?

22절은 "예루살렘 교회가 이 사람들의 소문을 듣고 바나바를 안디옥까지 보내니"라고 말한다. 우리는 여기서 예루살렘 교회가 안디옥에 바나바를 파송했다는 것에 주의를 기울여야 한다. 많은 사람 중에서 바나바를 파송했다. 바나바는 예루살렘 교회에서 15년 동안 공동체 생활을 통해서 훈련된 성숙한 사람이었다. 이것은 절대로 하루아침에 이루어지는 것이 아니다. 배우고 훈련하는 과정을 통해서 얻어지는 자질이다. 이 땅의 많은 사람들이 훌륭한 리더, 좋은 사람을 만나보지 못하는 이유는 훌륭한 리더, 좋은 사람이 되기 위해서 애쓰고 훈련하는 사람이 없기 때문이다.

사도행전 4장 36-37절을 보면 바나바에 대해 처음 언급되는 장면이 나온다. "구브로에서 난 레위족 사람이 있으니 이름은 요셉이라. 사도들이 일컬어 바나바라 (번역하면 위로의 아들이라) 하니 그가 밭이 있으매 팔아 그 값을 가지고 사도들의 발 앞에 두니라." 바나바의 원래 이름은 요셉이었다. 그런데 사도들이 별명을 하나 지어줬는데, 그 별명이 바나바이다. 이는 '위로의 아들, 격려의 아들'이라는 뜻이다. 바나바는 예루살렘 교회에 있을 때부터 다른 사람을 격려하는 면에서 탁월했다. 사도들이 그런 바나바를 보고서, "야, 요셉, 너 별명 하나 지어줄게. '위로짱'이라고 해라." 하고 말했다. '위로의 아들' 바나바는 15년 동안 예루살렘 교회에서 그런 삶을 살았다.

우리들 모두 이렇게 사람을 세우는 잠재력을 가진 사람들이다. 하나님은 우리가 그렇게 되기를 원하신다. 그러나 이는 어느 날 기도하다 갑자기 무슨 체험으로 되는 일이 아니다. 10여 년의 세월이 필요하다. 공동체 안에서 훈련하는 것이 필요하다.

우리의 교회들이 사람을 세우는 사람을 만드는 토양이 되고, 그런 환경을 제공해 주었으면 좋겠다. 교회 공동체에 속해서 매일매일 훈련하라. 그리스도인의 성숙은 하루아침에 되는 것이 아니다. 그러나 가능하다. 하나님이 그것을 원하시고 그 방법들을 우리에게 보여주셨기 때문이다.

5

서로 달라서
하나가 될 수 있는 사람들

> "안디옥 교회에 선지자들과 교사들이 있으니 곧 바나바와
> 니게르라 하는 시므온과 구레네 사람 루기오와 분봉왕
> 헤롯의 젖동생 마나엔과 및 사울이라."_사도행전 13:1

우리는 깊은 감동을 주고 여운을 남기는 영화나 드라마들을 가끔 만난다. 그중에서 여러 다른 주제로 표현되지만 실력도 없고 서로 다른 사람들이 함께 모여서 무엇인가를 이루는 이야기가 있다. 그것이 스포츠가 되었건, 음악이 되었건, 혹은 전쟁이 되었건 간에, 각각 독특한 사람들, 결코 한 팀이 될 수 없는 사람들이 모여서 이룰 수 없는 그 무엇을 이루어낸다.

최근에 보았던 드라마 중에서 많은 사람들에게 깊은 인상을 남겼던 한 드라마가 있었다. 탁월한 지휘자가 음악에서는 2류급이랄 수 있는 사람들, 거기에다 저마다 개성은 너무 다른 사람들을 이끌어 우여곡절 끝에 최고의 연주를 해내는 모습을 그려낸 드라마였다. 이런 영화나 드라마를 보면 우리 마음이 흐뭇해진다. 그러나 한편으로는 그건 영화니까, 드라마니까 가능한 일이

라고 생각하기도 한다.

사실 우리는 살아가면서 다른 사람들로 인해서 힘겨워한다. 사람마다 생각하는 방식, 말하는 방식, 일하는 방식이 다르다. 세상에서 가장 필수적이고 단순하다고 할 수 있는 먹는 것만 봐도 그렇다. 어떤 사람은 고기를 좋아하고 어떤 사람은 채소를 좋아하고, 또 어떤 사람은 생선을 좋아한다. 이렇게 서로 다른 음식을 좋아하는 사람들이 만나면 먹는 것만 가지고도 밥상에서 문제가 생길 수 있다. 어떤 사람은 짠 걸 좋아하고, 어떤 사람은 단 걸 좋아하고, 어떤 사람은 싱거운 걸 좋아하니 어찌 같이 밥 먹는 데 문제가 없겠는가? 나같이 뭐든지 잘 먹는 사람들은 문제가 없을 것 같지만, 먹는 것 자체를 싫어하는 사람도 있다. 먹는 것 자체를 싫어하는 사람과 먹는 걸 좋아하는 사람이 만나면 또 어려움이 생긴다. 꼭 내 얘기는 아니지만.

정말 사람들은 너무 다르다. 이렇게 다른 사람들이 각기 제 소리와 제 음을 내면 아름다운 연주가 되지 않고, 불협화음, 듣기 싫은 소리, 소름끼치고 고통을 안겨다주는 소리를 만들어낸다. 이렇게 다른 우리가 드라마나 영화처럼 함께 아름다운 그 무엇을 만들어낼 수 있을까? 어차피 가정이건, 교회건, 직장이건, 다른 사람들이 모여 사니 자기 방식이 있을 수밖에 없고 불협화음은 불가피한 것인가? 그러니 체념하고 적당히 살아가는 것이 인생이라고 생각해야 할까?

그러나 안디옥 교회를 보면 오히려 서로 달라서 위대해진 팀을 발견할 수 있다. 너무나 다른 사람들이 만났는데 놀라운 일들을 이루어내고 있는 것이다. 이들이 보여주는 것은 '저렇게 다르니 하나가 될 수 없다'가 아니라 '저렇게 다른데도 오히려 하나가 되어 위대한 일을 할 수 있다'는 것이다.

사실, 차이점이 가져오는 유익들은 항상 있다. 장점들이 모여서 단점들을 보완해 주고 그래서 조금 더 나은 결과들을 낳기도 하고, 다른 사람이 생각하는 것을 보면서 자신이 가지고 있었던 좁은 세계관을 조금 더 넓히기도 한다. 그러나 이 안디옥 교회는 그것 이상의 결과를 내고 있다. 이번 장에서는 그들이 얼마나 달랐는지, 또 이렇게 다른 사람들이 모여 어떤 일들을 이루어내고 있는지를 살펴볼 것이다.

> ████ ¹안디옥 교회에 선지자들과 교사들이 있으니 곧 바나바와 니게르라 하는 시므온과 구레네 사람 루기오와 분봉왕 헤롯의 젖동생 마나엔과 및 사울이라. ²주를 섬겨 금식할 때에 성령이 이르시되 내가 불러 시키는 일을 위하여 바나바와 사울을 따로 세우라 하시니 ³이에 금식하며 기도하고 두 사람에게 안수하여 보내니라(사도행전 13:1-3).

안디옥 교회의 지도자팀 구성

이 구절을 보면, 바나바, 시므온, 루기오, 마나엔, 사울이라는 다섯 명의 지도자가 나온다. 이들은 어떤 사람들이었을까? 또 얼마나 다른 사람들이었을까? 먼저 지도를 보면서 이 사람들이 어느 지역에서 이곳 안디옥까지 왔는지를 보자.

바나바는 구브로, 즉 다메섹 옆쪽에 있는 구브로라는 섬에서 태어난 사람이다. 시므온은 아래에 있는 북아프리카 쪽에서 온 사람이며, 그 다음 루기오 역시 구레네 사람이라고 되어 있는 것으로 보아 북아프리카 쪽 사람임을 알 수 있다. 마나엔은 분봉왕 헤롯의 젖동생이라고 하니 정통 유대 지역, 아마도 예루살렘 출신일 것이고, 마지막으로 사울은 다소 출신이다.

안디옥이라는 곳에 교회가 세워졌는데, 이 교회 지도자들의 출신은 참으로 다양하다. 북아프리카, 다소, 예루살렘, 구브로 등. 우리나라 식으로 이 지역의 편차를 이야기해 보면, 함경북도 사람, 제주도 사람, 경상도 출신, 전라도 출신, 강원도 출신 쯤이 모여 있는 것이다. 각기 다른 지역에서 온 사람들이 이 교회의 지도자로 모여 있다는 말이다. 하지만 다른 것은 출신 지역만이 아니었다. 이들은 여러 가지 면에서 참으로 다양한 사람들이었다.

먼저 바나바는 구브로 출신으로 인종적으로 보면 유대인이었다. 사도행전 4장을 보면 이 바나바는 가지고 있던 밭을 팔아서 가난한 사람들을 위해서 그 돈을 헌금했다(36-37절). 거기 '밭'이라는 단어가 잉여의 밭을 가리키는 독특한 단어인 것으로 볼 때, 바나바는 적어도 사회적으로 중류층 이상에 속해 있던 사람이었음을 알 수 있다.

두 번째로 나오는 시므온은 '니게르라 하는 시므온'이라 표현되어 있다. 대부분의 학자는 이 '니게르'라는 단어를 '니그로'로 생각한다. 따라서 시므온은 흑인일 가능성이 상당히 높다. 해방된 노예 정도가 아닐까 추측해 보는데, 그것도 추측일 뿐이다.

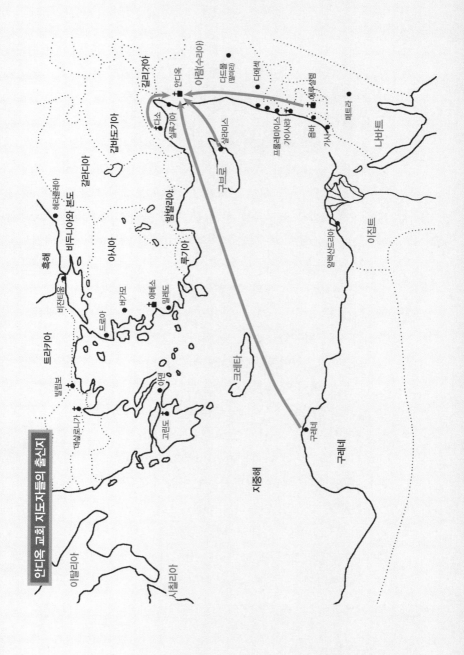

안디옥 교회 지도자들의 출신지

흑해

비두니아와 본도

드라기아

마게도냐 · 빌립보 · 데살로니가

갈라디아

무시아 · 드로아

버가모

에베소 밀레도

이달리아 · 이달리아

시칠리아

아시아

밤빌리아

구브로

루기아

크레타

비잔티움

아덴 · 고린도

갈라디아

구레네 · 구레네

지중해

아라비아

버가

루디아 · 아리마대 · 앗소 · 앗소 · 구브로

길리기아 · 다소 · 길리기아 · 안디옥 · 이람(수리아)

다드몰 (팔미라)

다메섹

예루살렘 · 예루살렘

가이사랴 · 수리아

수리아 · 베드로

나바트

이두매

알렉산드리아

이집트

또 시므온은 어쩌면 예수님 대신 십자가를 지고 갔던 사람이었을 가능성도 있다. 마가복음 15장 21절을 보면, 예수님이 힘이 들어 십자가를 지지 못할 때 군인들이 시몬이라는 사람에게 그 십자가를 지게 했다고 한다. "마침 알렉산더와 루포의 아버지인 구레네 사람 시몬이 시골로부터 와서 지나가는데 그들이 그를 억지로 같이 가게 하여 예수의 십자가를 지우고." 여기 나오는 시몬을, 안디옥 교회의 지도자였던 그 사람으로 보는 것이다. 왜냐하면 시몬은 십자가를 지고 간 다음 예수 그리스도의 죽음을 보고 그리스도인이 되었을 가능성이 많기 때문이다. 또 마가복음에 그 아들의 이름 루포와 알렉산더가 기록된 것으로 보아 당시의 사람들이 루포와 알렉산더를 잘 알고 있었다고 추측해 볼 수 있다. 그 사람들이 교인이었다는 말이다. 물론 100퍼센트 확신할 수는 없지만, 예수님의 십자가를 지고 갔던 시몬과 안디옥 교회의 시므온이 같은 사람일 가능성이 아주 낮지 않다.

루기오는 북아프리카 구레네 출신이었다. 이 루기오가 로마서 16장 21절에 나오는 루기오, 즉 바울이 "나의 친척 루기오"(개역성경에는 '누기오'라고 되어 있음)라고 한 사람과 같은 사람인지에 대해서는 대부분의 학자들이 아니라고 본다. '루기오'라는 이름은 당시 로마에서 아주 평범한 이름이었기 때문이다.

루기오는 헬라인, 혹은 헬라화된 유대인일 가능성이 많다. 헬라화된 유대인이란, 유대인이지만 헬라 지역에서 태어나거나 헬라 지역에서 그 문화에 동화되어 살아가는 사람을 말하는 것으로, 우리나라에 있는 미국화된 한국인korean American 정도 된다고 보면 된다. 외모는 분명 한국인이지만 영어가 더 편해서 한국말을 완벽하게 못 알아듣는 사람 말이다.

그 다음 마나엔은 좀 독특한 사람이다. 성경을 보면, 분봉왕 헤롯의 젖동생이라고 소개되어 있다. 분봉왕 헤롯이란 바로 세례요한의 목을 벤 사람이며, 빌라도는 예수님을 심문하도록 이 사람에게 보냈다. 이 헤롯은 예수님이 살아 계셨던 당시에 갈릴리와 베뢰아 지역을 통치하고 있었던 분봉왕이었다.

마나엔은 이 헤롯의 젖동생이었다고 한다. 젖동생foster brother 이란 어릴 때부터 같이 자란 아이, 같은 유모의 젖을 먹고 자란 아이, 또는 같이 성장한 아이들, 아주 친한 아이들을 가리키는 말이다. 그러므로 헤롯의 젖동생 마나엔은 분봉왕 헤롯 왕가王家 와 아주 가까이에 있었을 가능성이 많다.

누가복음 8장 3절을 보면 예수님을 따랐던 이들 중에는 고위층도 있었음을 알 수 있다. 예를 들어 헤롯의 청지기 구사의 아내 요안나가 그렇다. 구사라는 사람은 헤롯의 재산을 전부 관리하는 사람이었으니 사회적으로 고위층이었을 것이다. 그 사람의 아내가 예수님의 제자였다는 것이다. 이로 볼 때, 마나엔은 이런 예수님의 제자들과 연관이 있는, 헤롯 왕가 고위층에 있었던 사람이었던 것 같다. 오늘날로 말하자면 대통령의 아들들과 함께 자란 사람, 그 아이들과 같이 먹고 같이 공부했던 사람 정도로 말할 수 있을 것이다. 그리고 마나엔은 정통 유대인이었을 것이다. 아니, 그것도 확실히 알 수는 없다. 헤롯 왕이 헤롯 대왕과 사마리아 여인 사이에서 태어난 인종적 혼혈아였으므로 같이 자란 마나엔도 그럴 가능성이 조금은 있다.

그리고 맨 마지막에 나오는 사람은 우리가 잘 아는 사울이었다.

한눈에 이 다섯 지도자의 특징을 볼 수 있도록 다음과 같이 표로 정리해 보았다.

이름	출신	인종	사회적 계층	특기사항
바나바	구브로 (행 4:36)	유대인	중류 이상	예루살렘 교회 출신
시므온	북아프리카	흑인	알 수 없다 /해방된 노예?	
루기오	구레네 (행 11:20)	헬라인, 또는 헬라화된 유대인		
마나엔	예루살렘 /유대인	유대인 (혼혈?)	권력의 측근	교회를 핍박하던 사람의 측근
사울	다소	헬라파 유대인	많은 교육을 받은 사람	과거의 핍박자

이렇게 문화적 차이, 인종적 차이, 과거로부터 오는 차이, 학력의 차이, 경제적 계급의 차이 등이 있었는데도 불구하고 이들은 이 모든 다양한 차이를 떠나서 하나의 팀을 이루고 있었다. 우리나라같이 좁은 나라에서도 서로 붙어 있는 전라도와 경상도 사람들만 만나도 일이 잘 안 되지 않는가? 섬진강 하나 넘으면 바로 옆에 사는 동네 사람들끼리도 말이 안 통한다고 하지 않는가? 그런데 몇 백 킬로미터 떨어진 데서 온 사람들이 하나가 되어 놀라운 역사를 만들어내고 있었다. 여기 이 교회가 이렇게 하나됨을 이루어 남긴 대단한 흔적들을 보라.

안디옥 교회의 역사

사도행전을 잘 살펴보면 안디옥 교회는 주후 47년에서 주후 57년에 이르기까지 10여 년 동안 바울의 1차(주후 47-48년), 2차 (주후 49-50년), 3차(주후 50-57년) 전도여행을 후원했던 교회임을 알 수 있다. 이 교회의 이야기는 사도행전 18장 22절에 기록되고 나서 바울서신인 갈라디아서에 언급된 다음, 더 이상 나오지 않아서 별로 유명한 교회가 아닐 거라고 생각할지 모르지만, 사실 이 교회는 기독교회 역사에 매우 중요한 교회다. 많은 학자들이 안디옥에서 마태복음이 쓰여졌다고(주후 75-90년경) 생각하고 있다. 또 이곳에서 갈라디아서가 쓰여졌다고도(주후 48년)하고, 누가복음이 쓰여졌을 가능성도 상당히 높다.

안디옥 교회가 어떻게 시작되었는가? 앞 장에서 다루었듯, 구브로와 구레네 출신 몇 사람이 와서 복음을 전함으로 안디옥에 교회가 세워졌다. 서너 명 정도 되는 사람들이 시작한 것이다. 그 후 다섯 명의 지도자가 생겼다. 그리고 나중에는 중요한 성경들이 쓰여지는 장소가 되었으며 이방인 전도의 전초기지가 되기도 했다.

이후에 안디옥은 순교의 중심지가 되었다. 주후 200년, 300년에 '순교자' 하면 안디옥이 떠오를 정도로 유명한 곳이 되었다. 그리고 안디옥 학파가 이 지역에서 나왔다. 당시엔 안디옥 학파와 알렉산드리아 학파라는 두 개의 학파가 있었는데, 알렉산드리아 학파는 성경을 풍유적으로 해석하는 반면, 안디옥 학파는 성경을 역사적이고 문법적으로 해석하였다. 오늘날 대부분의 성경학자는 안디옥 학파의 성경 해석을 선호한다. 이 학파에서 바질Basil the great(329-379)이라든가, 요한 크리소스톰John Chrysostom(347-407)이라든가, 데오도르Theodore(350-428) 등의 유명한 교부들이 나온다. 주후 390년쯤에 이르러서는 안디옥이라는 도시 자체가 거의 기독교화된다.

주후 45년에 세워진 교회가 주후 390년이 되었을 때는 역사에 이런 엄청난 흔적을 남겨놓는 교회가 되었다. 초기에 이 교회에 있었던, 이렇게 다른 다섯 명의 지도자가 하나가 되지 않았다면 이런 역사가 이루어지지 않았을 것은 뻔한 일이다. 우리는 여기서 **서로 달라서 정말 하나가 될 수 있다**는 명제를 실증하는 역사적인 교회를 발견한다. 이 사람들 사이에 있었던 엄청난 차이점은 갈등을 초래할 수 있었음에도 불구하고, 오히려 화합을 일으키고 조화로움을 만들고 하나됨을 가져다주었다.

하나됨을 위한 일반적인 조언

공동체 속에서 우리는 고민한다. 어떻게 조화로운 가정을 이룰까? 어떻게 조화로운 직장을 이룰까? 교회에서 어떻게 하나됨을 이룰까? 사실 인생을 사는 우리의 마음고생 대부분이 인간 관계에서 온다. 이런 문제들에 대해 우리는 안디옥 교회에서 조언을 얻을 수 있다. 하지만 그 전에 사람들이 공동체 속에서의 조화를 위해 일반적으로 어떤 조언들을 하는지 먼저 생각해 보자.

첫째, 사람들은 기본적으로 서로에게 예의를 갖추라고 말한다. "다른 사람을 존중해 주세요", "상대방의 말에 귀를 기울이세요", "다른 사람을 판단하기 전에 먼저 들으려고 하는 자세를 가져보세요"는 도움이 되는 말들이다. 그러나 집에서, 회사에서 이렇게 해 봤지만 이것으로 다 해결이 되는가? 친구 관계에서는 잘 되는가? 기본적인 자세를 갖추려고 해도 쉽지가 않다.

두 번째, 피, 혈육 등에 호소하는 것이다. "우린 가족이잖아", "우린 혈육이야", "우리가 남이가?"라고 말하는 방식으로 배타성 있는 우리를 이야기함으로써 서로를 묶어보려는 시도이다. 그러나 이것 역시 별로 효과가 없음을 알게 된다.

또 사명 선언문mission statement을 써보자고 하기도 한다. 회사에는 이런 것들이 많이 있다. 우리 교회에도 사명 선언문이 있다. 어떤 집에서는 부부가 함께 "우리 가정의 사명은…"으로 시작하는 사명 선언문을 쓰기도 한다. 하지만 이렇게 사명 선언문을 썼다고 해서 그 집안이 하나로 묶이는가? 이런 것들이 도움이 되는 것은 사실이다. 그러나 근본적인 도움을 주지는 못하는 것 같다. 이것이 어디서든 공동체를 이루어 살아가는 우리의 딜레마이다.

우리는 그분의 팬클럽이다

이런 상황에 있는 우리에게 안디옥 교회가 주는 조언이 있다. 앞의 3장 "성장의 비밀을 아는 사람들"에서 우리는 그 비밀의 핵심 단어에 대해 이야기했다. 바로 '주'였다. 그런데 이번 장에서 읽은 사도행전 13장 서두에도 그 단어가 또 나온다. 2절 앞부분을 보면 "주를 섬겨 금식할 때에…"라고 말한다.

서로 다른데도 불구하고 하나가 될 수 있는 비결에 대해 안디옥 교회는 이렇게 이야기하고 있다. 우리 모두가 그의 팬클럽이 되면 된다고 말이다. 오늘날 우리 사회에서 '주님을 섬긴다'는 것을 가장 잘 표현해 줄 수 있는 사회적 현상, 그것이 '팬클럽'인 것 같다. 누군가의 팬클럽에 들어가 있으면 그 사람의 뜻에 따라 그 사람을 위해서 모든 걸 하지 않는가? 공연이 있으면 며칠 전부터 공연장에 가서 줄을 서고, '오빠 부대'가 되어 몰려가서 환영해 주고 격려해 주곤 한다.

안디옥 교회는 어떤 면에서 팬클럽이었다. 안디옥 교회에는 중심이 있었다. 그들의 공통분모가 바로 예수 그리스도였다. 그분을 중심으로 그들이 함께 '우리 모두는 그의 팬이다', 성경적으로 이야기하면 '우리는 그의 종이다. 그의 뜻이라면 뭐든지 하겠다'는 자세를 가지고 있었다는 것이다. 그들은 공통된 주인이 누구인지 알고 있었다.

이러한 의식을 갖게 되면 실제로 가정과 교회가 변화한다. 예를 들어 가정을 생각해 보자. 결혼했을 때 남자와 여자의 차이는 실로 엄청나다. 배경의 차이, 성격의 차이, 의사소통하는 방식의 차이 등 다른 게 너무 많다. 그러니 두 사람의 다른 것들을 조정해 줄 수 있는 분이 있어야 하는데, 그분이 바로 하나님이시다. 그 가정에 하나님이 계시지 않는다면, 문제가 터졌을 때 또는 인생의 방향에 대한 이야기를 나눌 때 도움을 줄 수 있는 분이 없는 것이다.

하나님은 우리에게 인생의 목적을 제시해 주시고 인생의 가치에 대해 이야기하시는 분이다. 인생을 어떻게 살아야 하는지 그 방식을 이야기해 주시는 분이다. 하나님은 그저 어떤 개념이 아니다. 종교적인 어떤 상징도 아니다. 하나님은 구체적으로 우리가 어떻게 살아야 하는지를 가르쳐주시는 분이다. 어떤 가치를 추구해야 하는지를 너무나 구체적으로 잘 가르쳐주시는 분이다.

남편과 아내 두 사람이 그 하나님을 주인으로 섬기면 문제가 해결될 소지는 상당히 높다. 어떤 문제가 터졌을 때 '당신 생각은 그거고, 내 생각은 이거고' 하면서 부딪치면 문제가 해결되지 않지만, '우리 주인이신 주님의 뜻은 어떨까? 이 문제에 대해 어떻게 생각하실까?'를 고민하면 이야기할 수 있는 근거들이 생긴다. 그러면 상당히 많은 부분의 갈등들이 사라져버릴 수 있다.

교회도 마찬가지다. 왜 교회 안에서 자꾸 싸움이 일어날까? 그것은 누군가가 주인 행세를 하기 때문이다. 교회의 주인은 한 분밖에 계시지 않다. 바로 하나님이다. 그분의 시각으로 여러 가지 갈등에 대해 이야기하면 문제를 해결할 수 있는 길은 언제든 있기 마련이다. 그렇게 하지 않으니 교회에서 온갖 문제들이 생겨나고, 하나님을 알지 못하는 사람들이 '정말 하나님이 있긴 있어?' 하고 말하곤 한다.

서로 달라도 하나가 될 수 있다. 우리가 팬클럽을 형성하면 된다. 한 주인을 섬기면 된다. 잠언을 읽다가 너무나 마음을 시원하게 해 주는 성경 구절을 발견했다.

██████ 충성된 사자는 그를 보낸 이에게 마치 추수하는 날에 얼음냉수 같아서 능히 그 주인의 마음을 시원하게 하느니라(잠언 25:13).

우리나라는 추수하는 시기가 가을이어서 시원하지만 팔레스타인은 추수하는 날도 여전히 더운 늦여름이다. 이 구절은 이런 늦여름 더위에 얼음냉수 같은 것이 있다고 한다. 바로 '충성된 사자'다. 충성된 팬클럽 회원이다. 하나님의 충성된 종들이다. 이들은 그 보내신 하나님의 마음을 시원하게 해 준다고 한다. 그런 사람들이 모이면 아무리 달라도 하나가 될 가능성이 있다. 그 가운데 조절자가 계시기 때문이다.

서로 다른 우리가 함께 있는 것에는 뜻이 있다

사람들이 모이면 그 다음 자연스럽게 질문이 생긴다. '이렇게 다른 우리가 모인 이유가 뭘까? 이렇게 다른데, 우리가 왜 모였을까?' 안디옥 교회가 우리에게 주는 두 번째 조언은 서로 다른 우리가 함께 있는 것에는 뜻이 있다는 것, 그렇게 한 주를 모시고 모인 우리는 그 뜻을 찾게 된다고 하는 것이다.

안디옥 교회의 다섯 명의 지도자는 주를 섬겨 금식하고 있었다(2절). 그들이 왜 금식을 했을까? 이들은 하나님의 뜻을 찾고 있었다. "이 안디옥 교회가 뭘 해야 합니까? 이렇게 다른 사람이 모여서 교회가 되었는데 우리가 뭘 해야 합니까? 왜 모였습니까?" 다른 사람들이 모여서 한 주인을 섬기면 반드시 이런 질문들을 하게 되어 있다.

우리의 가정을 생각해 보자. 가정의 목적은 무엇인가? 부모라면 부모로서의 가정을 생각해 보고, 자녀라면 자녀로서 가정에 대해 생각해 보라. 그 가정이 왜 있는가? "그냥 뭐, 아파트 평수 좀 늘려나가고 안정된 생활 하는 것이 목적이죠." 정말 아파트 평수 늘려나가고 안정된 생활을 하는 것이 우리 삶의 목적인가? 어떤 사람은 또 이렇게 얘기한다. "애 잘 키우는 게 목적이죠." 그럼, 애 잘 키우는 것은 무엇인가? 보통 "뭐, 대학 보내고요. 시집, 장가 잘 보내면 되죠"라고 답한다.

여기서 매우 본질적인 질문이 나온다. 우리 가정의 목적이 무엇인가는 우리가 어떤 삶을 추구하는가, 어떤 삶을 살기 원하는가, 어떻게 살다가 죽기를 원하는가와 관련이 있다. 우리 가정이 어떤 가정이 되기를 원하는가? 그 목적이 있는가? 그것을 찾았는가? 그렇다면 그 가정은 차이점이 많은 이들이 모여 있어도 그 목적에 따라 맞추어갈 수 있다. 그것을 고쳐나갈 수 있다. 우리의 가정 하나하나가 얼마나 중요한지 모른다. 그 가정 하나하나가 역사에, 사회에 끼칠 수 있는 영향력은 실로 대단하다.

교회도 마찬가지다. 우리 교회는 왜 모였을까? 도대체 우리는 왜 매주 모여서 예배를 드리는 걸까? 나들목교회의 비전은 이것이다. 하나님을 알지 못하는 사람들이 여기 와서 진실한 공동체에 속하게 되고 그들이 정상적이고 균형 있게 성장해 하나님이 세상을 변화시키는 그 변혁, 안팎의 변혁에 참여하게 되는 것이다. 자기 인생의 몫을 해낼 수 있도록 도와주는 것이다.

우리가 함께 모이면 그리고 한 주인을 섬기면 반드시 우리는 질문하게 된다. "왜 이렇게 다른 사람이 모였습니까? 그 뜻이 무엇입니까?" 그 뜻을 갖게 되면 서로 다른 사람들이 함께 일할 수 있다.

서로 다른 우리는 사명을 위해서 함께 일한다

서로 다른 우리는 주와 주께서 주신 사명을 위해서 함께 일하기 시작한다. 예전에는 서로를 보면서 '저 사람은 왜 저렇게 나와 다를까?' 하는 생각만 했었다. 그런데 만약 우리를 하나로 묶어주신 하나님의 뜻이 있다고 생각하면 상대방에 대한 시각이 달라진다. 하나님이 우리에게 주신 뜻이 있다면 그 뜻을 이루기 위해서 우리가 어떻게 같이 일할 수 있을까 하는 생각을 하게 되는 것이다. '주인이 주신 다양한 특성들을 어떻게 살려낼 수 있을까?' 하는 생각을 하는 것이다. 그런 생각을 하는 경영자는 회사를 다르게 움직여나간다. 그런 생각을 하는 아버지는 가정을 다르게 움직여나간다.

"내 말대로 해." "당신은 여자잖아. 여자가 감히⋯." "집에서 한 사람씩만 말하자." 이렇게 말하면서 남편 혼자서 가정을 이끌어가면 그 집은 그 남자 이상이 되지 못한다. 그 남자 수준 이상이 되지 못하는 것이다. 그러나 아내의 이야기를 들으면 아내의 특성이 살아나고 그러면 그 가정은 남편이 가지고 있는 것 이상이 된다. 대부분의 남자는 "그럴 때 배가 산으로 가지"라고 하지만 한 주인을 섬기면 그렇게 되지 않는다.

'어떻게 자기 몫을 다해서 우리 팀이 제대로 된 일을 할 수 있을까?'라고 생각하기 시작한다. 자기 방식만 요구하지 않는다. '난 이렇게 일했지만, 여긴 이런 장점이 있구나. 아, 다른 사람이 저렇게 일하면 저긴 그런 장점이 있구나. 이걸 어떻게 조화시킬 수 있을까?' 하는 생각을 하기 시작하는 것이다. 우리를 향한 공동의 뜻이 있다는 것을 알기 때문이다.

성숙한 가정에서는 아내와 남편의 독특성들이 살아난다. 아버지와 어머니 그리고 아이들이 함께 '우리 가정을 향한 하나님의 뜻이 무엇일까?' 하는 생각을 하기 시작한다. 초등학교 2학년, 3학년쯤만 되면 아이들이 벌써 자기 의견을 내기 시작한다. 그럴 때 엄마가 "엄마 말 들어"라고 하는 집안과, '이렇게 다른 우리를 향하신 하나님의 뜻이 무엇일까, 이 아이를 통하여 하나님이 하시려고 하는 일은 무엇일까?' 하는 생각을 하는 엄마가 있는 가정은 다를 수밖에 없다. 우리가 만일 주님과 주께서 주신 사명, 가정을 향하신 그런 사명에 집중한다면 하나가 되는 것은 가능한 일이다.

교회는 어떤가? 사람들이 가끔 우리 교회를 보면서 걱정을 한다. "나들목교회는 독특한 은사들이 있는 사람이 많이 있어서 참 골치 아프시겠어요." 그리고 어떤 분들은 "쉽지 않을걸요, 목사님"이라고 이야기하기도 한다. 사실, 쉽지 않다. 다양한 사람들이고 자기 목소리가 있으니까. 그러나 다양한 성격과 다양한 은사와 다양한 배경을 가진 사람들이 무엇을 위해 여기 있느냐가 중요하다. 왜 여기에 이렇게 다양한 사람들이 모여 있을까? 왜? 하나의 사명을 가지고 있기 때문이다. 하나됨은 가능하다. 교회도 그렇고 직장도 마찬가지다. 하나의 분명한 목적이 있다면, 여러 다른 사람이 모일수록 그 공동체는 풍성해질 수 있다.

지휘자를 따르라

나는 안디옥 교회를 보면서 무한한 도전을 받는다. 안디옥 교회를 사회학적으로, 심리학적으로, 인류학적으로 분석해 보면 이는 성립할 수 없는 집단이다. 경영학적으로 봐도 그럴 것이다. 이렇게 다양한 배경, 다른 환경에서 온 사람들이 무슨 일을 같이 할 수 있겠는가? 그런데 안디옥 교회는 예루살렘 교회가 주후 70년이 지나 사라져버린 이후에 가장 중요한 영향력을 끼쳤던 교회로 교회사에 남아 있다.

우리는 가정 안에서 수많은 갈등으로 고민하기도 하고 직장 생활을 하면서 이런저런 걱정을 하기도 한다. 또 교회에서 그런 어려움들을 겪기도 한다. 이런 우리에게 필요한 조언은 무엇인가? 예의를 좀 갖추라거나 또 어떤 배타주의를 가지고 서로를 연결시켜보라거나 또는 사명 선언서 같은 것을 써보라는 것이 아니다. 이런 방식으로 약간의 도움을 받을 수는 있지만 문제가 해결되지는 않는다. 해결책은 본질적인 부분에 있다. 그것의 중심 단어는 '주'라는 한 단어다. '그분을 정말 섬기고 있는가, 그분의 뜻을 정말 찾고 있는가, 그분의 뜻을 함께 이루고 있는가?'를 늘 생각해야 한다.

우리가 가정에서 부모님과 같이 사는 것은 어떤 악단에 속해 있는 것과 같다고 할 수 있다. 거기서 여러 가지 악기를 소리 내는 방법을 배웠을 것이다. 그리고 나서 결혼하면 자기의 새로운 악단을 만든다. 또는 친구들과의 관계 속에서 새로운 악단을 만든다. 또 직장에 가서 새로운 악단을 만들기도 한다. 그 속에서 우리는 가는 곳마다 불협화음이 날 수 있다. 연주만 했다 하면 다른 사람과 소리가 부딪히는 사람이 될 수도 있고, 가는 곳마다 화음을 내고, 다른 사람 소리와 조화를 이루는 사람이 될 수도 있다.

우리는 어떤 쪽에 속해 있는가? 영원히 이 악단들을 떠날 수 없다. 모두가 솔리스트가 될 수는 없다. 솔리스트도 언제든지 다른 이들과 함께 연주해야만 한다. 그렇다면 어떻게 할 수 있을까? 단 한 가지 중요한 원칙이 있다. 지휘자를 제대로 보면 가능하다. 예수 그리스도가 우리에게 지휘자가 되신다. 그분은 가장 위대한 지휘자이시다. 그분은 세상에 있는 모든 사람 중에서 내가 가장 흠모하고 존경하고 매력을 느끼는 분이다. 그분은 이렇게 다른 소리를 내는 사람들을 한 팀으로 만들어 위대한 교회를 세우신 위대한 지휘자이시다. 그분을 바라보고 그분을 따라가자. 그러면 우리 악단은 꽤 괜찮은 악단이 되지 않을 수가 없다.

우리 자신들은 연주를 잘 못한다 할지라도, 평범한 사람이라 할지라도 지휘자를 제대로 만나면 최고의 악단이 될 수 있다. 우리 인생의 지휘자이신 예수 그리스도를 알아가라. 그리고 그분을 만나라. 그 지휘자를 진심으로 섬기고 진심으로 따라가라. 이것은 단순히 일요일에 교회 한번 와서 설교 듣고 가는 것이 아니다. 우리 인생 전체에 관련된 것이다. 그렇게 되면 앞에서 읽었던 잠언의 말씀처럼 우리 삶이 "추수하는 날에 얼음냉수 같아서 그 주인의 마음을 시원하게" 할 수 있을 것이다. 우린 달라서 정말 하나가 될 수 있다.

우리 시대, 우리 공동체가
요청하는 리더

6

"안디옥 교회에 선지자들과 교사들이 있으니"_사도행전 13:1

어떤 지도자가 있는가 하는 것은 그 지도자가 속해 있는, 그 지도자가 이끌어가고 있는 그룹에게는 매우 중대한 일이 아닐 수 없다. 지도자를 잘 만났느냐, 잘못 만났느냐에 따라서 그룹의 운명이, 때로는 그룹의 생사가 결정될 정도로 지도자를 잘 만나는 것은 중요한 일이다. 작게는 가정에서 시작해 크게는 국가에 이르기까지 리더가 어떠한 철학으로 어떠한 삶을 살아가는가는 우리 모두에게 영향을 미친다.

그러다 보니 우리 사회 곳곳에서 지도자의 부재로 인해 고통을 겪는 모습을 볼 수 있다. 고급 공무원들은 많지만 나라를 이끌어갈 만한 정신적인 지도자들은 찾아보기가 어려운 것 같다. 학자들은 많지만 이 나라의 현실에 대해 똑바로 말해 줄 수 있는 지식인들은 그렇게 많지 않은 것 같다. 회사는 어떤가? 상사는 많다. 그러나 그 상사들 중에서 나의 지도자가 될 수 있는 리더는 없다고, 내가 정말 바라보고 따라갈 만한 좋은 리더감은 없다고 사원들은 이야기한다. 가정을 봐도 그렇다. 가장은 있다. 그러나 진정한 의미에서 좋은 어머니, 아버지는 많지 않다. 교회는 어떤가? 목사와 장로들은 어느 교회에나 있다. 그러나 진정한 목자는 많지 않다.

이것이 오늘날 우리 사회가 당면하고 있는 문제다. 우리는 어떤 의미에서 모두 다 진정한 지도자를 기다리고 있다. 또 적절한 시기가 되면 우리가 그런 지도자가 되어야 할지도 모른다.

나는 1부의 마지막이 될 이 장에서 안디옥 교회를 그렇게 역사 속에 흔적을 남길 수 있는 공동체로 만들었던 아주 중요한 이유 하나를 찾아보려고 한다. 위대한 공동체 뒤에는 항상 위대한 지도자가 있기 마련이다. 위대한 기업이나 위대한 가정, 위대한 교회나 위대한 학교 뒤에는 꼭 위대한 지도자들이 있다. 안디옥 교회도 이 면에서는 동일했다. 그들에게는 위대한 지도자들이 있었다. 나는 여기서 이 안디옥 교회 지도자들의 모습을 다시 한 번 살펴봄으로써 우리가 어떤 지도자가 될 것인가, 어떤 면에서는 살고 죽는 문제가 걸린 삶의 정황 속에서 어떤 지도자로 살아갈 수 있을까, 어떠한 지도자가 정말 이 시대와 우리 공동체, 나에게 필요한가에 대한 이야기를 해 보려고 한다.

▨▨▨▨▨ [1] 안디옥 교회에 선지자들과 교사들이 있으니 곧 바나바와 니게르라 하는 시므온과 구레네 사람 루기오와 분봉왕 헤롯의 젖동생 마나엔과 및 사울이라. [2] 주를 섬

겨 금식할 때에 성령이 이르시되 내가 불러 시키는 일을 위하여 바나바와 사울을 따로 세우라 하시니 [3] 이에 금식하며 기도하고 두 사람에게 안수하여 보내니라(사도행전 13:1-3).

삶의 원리와 상황을 아는 지도자

첫 번째로, 우리에게는 **삶의 원리와 상황을 아는 지도자**가 필요하다. 이 구절을 보면 "안디옥 교회에 선지자들과 교사들이 있으니"라고 하며 다섯 명의 이름을 나열한다. 앞 장에서 우리는 이 다섯 사람에 대한 이야기를 나누었다. 그런데 이 구절을 보면 다섯 사람을 통칭하는 표현이 나온다. 그들은 모두 '선지자와 교사'였다고 한다. 선지자와 교사라는 말이 이 사람들이 어떤 사람들이었는지에 대해 이야기해 주고 있다.

교사

먼저 여기서 교사는 우리가 일반적으로 말하는 선생님과는 좀 다른 면이 있다. 오늘날은 보통 지식을 전달하는 사람을 교사요 선생님이라 말하지만, 성경에서 교사는 하나님의 말씀과 그 원리를 가르쳐주는 사람들이다. 또 가르쳐줄 뿐 아니라 그것을 행하는 사람들이다. 조금 더 현대적인 말로 표현한다면 삶의 원리, 인생을 어떻게 살 것인가를 가르쳐주고 그것을 그대로 살아내는 사람들이라 할 수 있다. 한 공동체의 지도자가 될 사람은 삶의 원리를 아는 사람이어야 한다. 그리고 그 원리대로 살아낼 줄 아는 사람이어야 한다.

10년 전만 하더라도 지도자에 대해서 논하는 사람들은 주로 지도자가 되는 테크닉에 대해 많이 이야기했다. 그런데 요즘은 어떤 지도자가 될 것인가, 어떠한 삶의 원리와 철학을 가진 지도자가 될 것인가를 많이 이야기한다. 지도자에 대한 책들이 쏟아져 나오는데 그 책들 중에서 많은 부분이 리더란 어떤 사람인가, 어떤 철학을 가지고 있는가를 이야기하고 있다.

성경은 우리가 어떤 삶을 살아야 하는지 삶의 원리를 가르쳐주는 책이다. 하나님과는 어떻게 관계를 맺을 수 있고, 나라는 인간이 어떻게 하나님과의 관계를 발전시켜나가면서 내 생애를 통해서 의미 있는 삶을 살아낼 수 있을까 하는 것들을 가르쳐주는 책이다. 그래서 성경에 나오는 '교사'는 이 성경을 잘 연구하고 거기서 삶의 원리를 찾아내어 그 원리를 자신의 삶에 적용시키고 그것을 가르치는 사람들을 뜻한다. 이런 사람들이 지도자가 될 수 있다.

선지자

이들은 또한 선지자들이었다. '선지자'는 교사들보다 한걸음 더 나아간 사람들이라 할 수 있다. 그래서 이 구절에서는 '선지자와 교사'라며 선지자를 먼저 언급한다. 선지자란 삶의 원리를 알 뿐 아니라 삶의 상황까지 알고 있는 사람들이다.

많은 이들이 성경에 나오는 '선지자'에 대해 오해를 한다. 예언자나 선지자라는 말이 나오면 점쟁이를 가리키는 줄 아는데, 그렇지 않다. 성경에 나오는 선지자나 예언자는 미래를 족집게처럼 이야기해 주는 사람들이 아니다. 그것은 우리나라의 샤머니 즘과 결탁되어 잘못 만들어진 예언자 상이다.

성경에 나오는 선지자는 시대와 상황을 읽고 그 상황에 말씀 의 원리를 적용해 낼 줄 아는 사람들이다. 시대를 분별하고 그 상황을 읽는 사람들이 선지자이다. 그 시대와 상황을 향하신 하 나님의 뜻을 전할 수 있는 사람이 선지자이다.

그러므로 참된 지도자란 삶의 원리를 알고 그 원리를 우리가 알고 있는 삶의 상황 속에 적용시킬 줄 아는 사람, 우리가 살고 있는 세상이 어떤 세상인지 바로 보고 여기에 어떻게 성경이 이 야기하는 삶의 원리를 적용할 수 있을까를 이야기할 수 있는 사 람이라고 말할 수 있다.

이쯤 되면 이런 생각이 든다. '아, 나는 이런 사람과는 관련이 없네. 난, 뭐 그런 걸 할 만한 위치도 아니고, 그런 지도자도 아 니니까.' 또 이렇게 말하기도 한다. "직원들이라고 해 봤자, 두세 명인데 내가 지도자라고 할 수 있나요?" "집에서 애 둘셋 키우는 데 내가 뭐 지도자로서 의미가 있겠어요?"

그러나 성경에서 지도자라고 할 때 결코 많은 사람을 이끄는 사람만을 가리키지 않는다. 성경에서 이야기하는 참된 지도자는 그 대상이 한두 사람이라 할지라도 선한 영향력을 끼치는 사람 이다. 두세 명의 직원에게 영향을 끼치고 있다면, 엄마로서 아이 들에게 영향을 바로 끼친다면, 그 사람은 참된 지도자가 될 수 있다.

그런 의미에서 우리 모두가 지도자이다. 지도자로서 영향력을 끼치는 대상의 숫자는 다를지 모르지만 우리 모두가 지도자이다. 그러므로 삶의 원리를 이해하고 내가 영향력을 끼치는 영역에서 상황에 말씀을 어떻게 적용하고 살아낼 것인가가 중요하다.

다섯 명의 지도자

안디옥 교회 지도자들의 모습에서 도전이 되는 것은 이들이 한 명이 아니라 다섯 명이었다는 사실이다. 더구나 이 다섯 명은 너무나도 다른 종류의 사람들이었다. 이들이 하나가 되어서 리더십을 발휘하고 있었다. 실제로 이런 리더들의 팀이 있는 공동체가 영향을 끼친다.

예를 들어보자. 어느 회사에 이사들을 무시하고 자기 마음대로 회사를 운영하는 사장이 있다면 그 회사가 잘될 것 같은가? 그렇지 않을 것이다. 슈퍼마켓을 운영한다 할지라도 종업원들의 이야기에 귀 기울이고 그들과 함께 일하는 주인이 있다면 그렇지 않은 슈퍼마켓과는 차이가 날 것이다. 어느 가정에서 아버지가 어머니의 말을 무시하고 자기의 뜻으로만 가정을 이끌어간다면, 거꾸로 어머니가 그렇게 한다면 그 가정은 어머니와 아버지가 머리를 맞대고 이끌어가는 가정과는 다를 것이다.

교회는 어떤가? 여기에 한국 교회의 심각한 문제가 드러난다. 한국 교회는 1인 중심 교회가 대부분이다. 한 명이 교회 전체를 이끌어가고 있는 것이다. 그렇게 되었을 때 나타나는 문제는 기업이나 가정이나 구멍가게에서 나타났던 문제와 똑같다. 그 사람의 한계를 넘어서지 못한다. 그래서 목사님의 능력에 따라서 교회 크기가 달라지는 모습이 보인다. 목사님이 능력이 많으면 교회가 커지고 능력이 없으면 작아진다. 그러나 성경이 그려내는 리더십은 그렇게 한 명에 의해서 영향을 받는 것이 아니라, 여러 명이 함께 팀이 되어서 장점들을 발전시키고 단점들을 보완하면서 이끌어가는 모습이다.

안디옥 교회가 내 마음을 그렇게 설레게 하는 이유는 안디옥 교회는 한 명의 지도자가 있었던 것이 아니라 다섯 명의 지도자가 함께 일하고 있었기 때문이다. 그렇게 함께 모여 진정한 의미에서 삶의 원리를 발견하고 그 원리를 실제적으로 적용하고 살아내고 있었다.

우리들 각자가 지도자라는 사실을 아는가? 우리에게서 영향을 받는 두세 사람만 있다면, 아니 한 명만 있어도 우리는 지도자이다. 결혼한 사람들은 피할 수 없이 지도자이다. 직장에서 나보다 그 직장에 더 늦게 들어온 사람 하나만 있어도 나는 지도자이다.

그러면 질문할 것이 있다. 당신은 지도자로서 당신이 영향력을 끼치고 있는 삶의 영역에서 어떻게 살아야 하는지 삶의 원리를 알고 있는가? 또 그것을 어떻게 적용해야 하는지, 그리고 내가 영향력을 끼치고 있는 그 삶의 정황이 어떤 것인지, 어떤 문제가 있는지 알고 있는가? 지도자는 삶의 원리와 정황을 알고 그 원리를 적용시켜나가는 사람들이다. 안디옥 교회의 지도자는 바로 그런 지도자였다. 우리 모두는 그런 의미에서 지도력을 발

휘할 수 있다. 아니 꼭 그 지도력을 발휘해야 한다.

자기 정체감이 분명한 지도자

두 번째, 우리가 필요로 하는 지도자는 자기 정체감이 분명한 지도자이다. 내가 누구인지를 의식하는 것이 자기 정체감이라면 그 자기 정체감으로 사람은 자신의 삶을 규정하게 된다.

우리는 많은 리더들이 가지고 있는 선명한 자기 정체감에서 그들 삶의 비밀을 발견한다. 그런데 이 정체감은 대부분 따를 만한 롤모델이 있을 때 형성되곤 한다. 사람들은 자신이 추구하고 따라야 할 이상적인 모델이 생기면 그 모델을 통해 자기 정체감을 갖고 그를 따라간다. 안디옥 교회의 지도자들에게 분명한 자기 정체감이 있었던 것은 이들에게 분명한 롤모델이 있었기 때문이다. 이들이 어떻게 분명한 자기 정체감을 갖게 되었는지에 대해 성경은 이렇게 말한다.

금식할 때에

안디옥 교회에 있었던 선지자와 교사 다섯이 무엇을 하고 있었는가? "주를 섬겨 금식할 때에"(2절). 이들은 함께 모여서 주님을 섬기며 금식하고 있었다. 여기 '섬긴다'는 말을 어떤 영어 번역에서는 예배한다고 표현하고 있다. 이 단어는 기도한다는 단어보다는 더 형식적이고 더 예식적인 예배를 드릴 때 사용되는 단어다. 그러므로 이들은 금식하면서 공식적인 예배를 드리고 있었던 것이다. 그럴 때 하나님께서 이들에게 하나님의 뜻을 이 땅에 이루기 위한 말씀을 하신다.

일반적으로 사람들은 금식에 대해 오해하는 면이 있다. 금식을 한다고 하면 무슨 기도 제목이 생겼나 보다 하고 여긴다. 오늘날 우리가 하는 금식은 단식투쟁과 조금 비슷한 것 같다. "하나님, 안 들어주실 거예요? 저 굶어 죽습니다." 하지만 성경에서 말하는 금식은 이런 것과는 조금 다르다. 금식기도란 내가 가지고 있는 아주 기본적인 즐거움을 내려놓고 하나님만이 나의 즐거움이 되신다는 사실을 인정하는, 그렇게 고백하는 극진한 사랑의 표현이다.

금식을 시작하면 맨 처음 나타나는 현상은 심한 배고픔이다. 내 몸의 반란이 시작된 것이다. 그 다음부터는 머릿속에서 먹을 것들이 마구 생각난다.

그런데 금식을 해 보면 그것이 배고픔의 고통 이상이라는 것을 알게 된다. 그 다음에는 음식이 보고 싶어진다. 하루이틀 금식하면 먹고 싶은 욕망은 사라지지만, 사흘 나흘 넘어가면 음식이 보고 싶어진다. 음식의 색깔, 모양, 그것을 보는 것만으로도 기쁘다. 나는 이것을 통해 음식은 먹는 것만의 즐거움이 아니라는 것, 보고 냄새 맡으면서 갖는 즐거움도 대단한 것임을 깨달았다.

그것뿐인가? 나흘 닷새가 지나면 밥상을 놓고 함께 앉아 있는 사람이 그립다. 이를 통해 사람들은 밥 먹을 때의 분위기, 누군가와 함께 밥을 먹는다는 것이 얼마나 귀한 것인가를 알게 된다. 우리는 그저 밥만 먹는 것이 아니라 밥을 먹으며 보고 느끼고 사람들과 교제를 나누는 것이다.

금식이란 이런 인간이 가진 모든 기본적인 욕구를 내려놓고 "하나님, 당신만이 나의 만족입니다. 당신만을 추구하고 당신만을 따릅니다"라고 말하는 극진한 애정 표현이다. 안디옥 교회 사람들이 그렇게 하고 있었다. 다시 말해서 이 사람들은 자기가 따라야 할 주군主君이 누구인지 알았고, 그 주군에게 자기의 최고 애정을 표현하고 있는 것이다. 어떻게 그럴 수 있었을까? 그것은 그들이 따르는 하나님이 그들의 인생과 그들의 공동체에 삶의 원리를 가르쳐주실 수 있을 뿐 아니라 비전을 제공해 주실 수 있는 분임을 알고 있었기 때문이다.

주를 섬겨

그렇기 때문에 이들은 예배했다. 예배가 무엇인가? 예배는 우리 마음을 하나님께 맞추는 것이다. 하나님의 생각에 우리 생각을 맞추는 것이다. 예배는 그분을 우러르는 것이다. 어떤 일을 하려고 하기 전에 그분을 바라보는 것, 그리고 그것을 즐기는 것이다.

많은 그리스도인들이 큐티를 강조한다. 큐티는 매일매일 하나님께 예배를 드리는 것이다. 성경을 읽고 기도하는 것을 통해서, 하루에 잠깐이지만 그 시간에 우리의 마음을 하나님께 맞추는 것이다. "나의 주군이시고 나의 참 리더인 당신의 방법대로 당신의 방식대로 내 인생을 살아가겠습니다" 하고 고백하며 그분께 집중하는 것이다. 하루에 벽돌 한 장 쌓는 마음으로 그렇게 하는 것이다. 이들은 그것을 통해서 자기가 누구인 줄을 알았다. '크리스티아노스', 그리스도를 따르는 사람, 그리스도께 속한 사람, 주의 것이라고 하는 자기 정체감이 여기서 나오는 것이다.

자기 정체감은 항상 자기가 무엇을 추구하고 따라가느냐 하는 데서 나온다. 보통 "당신이 누구라고 생각합니까? 당신은 어떤 사람이에요?" 하고 물어보면, "아 저요. 저는 뭐, 이런 사람이고요. 이런 사람이 되길 원하고요. 제 직업은 이렇고요" 등으로 대답할 것이다. 하지만 내가 누구인가는 내가 매일매일 추구하고 있는 것을 보면 그대로 드러난다. 그것이 진짜 나의 정체감이다. 말로만 표현하는 자기 정체감은 피상적인 소망에 불과할 수 있다.

누군가가 내게 "당신은 누구십니까?" 하고 물어보면 "아, 저는 하나님의 일을 하는 목사입니다" 하고 대답할 수 있다. 하지만 내가 정말 추구하고 있는 것은 권력이고 명예라면, 나는 사실 하나님의 종이 아니다. 권력과 명예를 추구하고 있는 그것이 바로 나의 정체감이다. 어떻게 말을 하느냐가 중요한 것이 아니라 정말 무엇을 추구하고 있는지가 중요하다.

많은 지도자들이 우리를 감동시키는 이유는 그들에게 이상이 있었고 모델이 있었고 그 모델을 따라가고 있었기 때문이다. 성경에 나오는 많은 사람들이 우리에게 무한한 감동을 주는 것은 성경에 나오는 평범한 사람들이 하나님을, 예수님을 자신들의 모델로 삼고 그분에게서 이상을 발견하여 그분을 따라가는, 그분을 위해서 죽기까지 하는 사람들, 그리고 그것을 자신들의 정체감으로 삼은 사람들이었기 때문이다.

당신은 무엇을 추구하고 있는가? 정말 추구하는 것이 무엇인가? 그것은 우리의 생활을 통해서 나타난다. "나는 정말 하나님을 사랑하기 원해요"라고 하면서 일주일 내내 하나님과 만나는 시간이 하나도 없다면 이는 하나님을 추구하는 것이 아니다. 말로만 그렇게 할 뿐이다. 텔레비전은 하루에 두세 시간씩 보지만 성경은 10분도 보지 않는다면 텔레비전이 그 사람의 주인인 것이다.

기업인으로서, 또 집안의 가장으로서, 직장 상사로서, 학교 선생님으로서, 교회 지도자로서 당신은 무엇을 추구하고 있는가? 무엇이 정말 우리 마음속으로부터 따라가고 있는 모델인가? 그것을 통해 우리가 누구인지가 나타난다. 우리는 진정 '크리스티아노스'인가? 우리 시대가 바라는 지도자의 두 번째 특질은 무엇을 추구해야 할지, 누구를 따라갈지를 분명히 아는, 자기 정체감이 분명한 지도자이다.

하나님의 인도하심을 깨닫고 행하는 지도자

세 번째 특질은 하나님의 인도하심을 깨닫고 행하는 지도자이다. 안디옥 교회의 지도자들이 금식하며 하나님을 예배했을 때 성령께서 그들에게 나타나셔서 특별한 사명을 주신다. 그리고 이 사람들은 그 사명에 따라서 실제로 그것을 행동으로 옮긴다.

목적을 갖는 것도 중요하지만 더욱 중요한 것은 바른 목적을 갖는 것이다. 우리가 하나님을 예배하고 그분께 집중하게 되면, 그분을 정말 나의 주인이라고 선포하고 따라가면, 하나님은 우

리에게 우리 삶의 목적을, 우리가 어떻게 살아야 하는지를 보여
주신다.

성령께서 말씀하심

우리가 앞에서 읽었던 성경 구절을 보면 성령께서는 "내가 불러 시키는 일을 위해서 바나바와 사울을 따로 세우라"라고 말씀하신다. '내가 불러 시키는 일'이 생긴다는 것이다. 이것이 어떻게 생길까? 계시를 통해서? 그럼 우리도 이것을 알기 위해 오늘부터 금식에 들어가야 하는가? 아니다. 금식하지 않아도 된다.

먼저 해야 할 것은 성경을 읽는 것이다. 성경에는 하나님의 일반적인 뜻이 나타나 있다. 그리고 그 일반적인 뜻을 잘 이해한 사람들에게 하나님은 특별한 계시로 말씀하신다. 나는 하나님이 계시로 말씀하신다는 것을 믿는다. 그리스도인들에게 주관적이고 매우 초자연적인 경험들이 있는 것이 사실이다. 그런데 이런 경험들은 일반적인 하나님의 뜻을 알고 행하는 사람들에게 주어진다. 우리가 하나님의 일반적인 뜻을 이해하고 따라가면 하나님께서 특별한 것들을 우리에게 보여주기 시작하신다.

또 기도를 강조하지 않을 수 없다. 기도는 바로 이런 기본적인 부분에서 꾸준하게 자기의 삶을 가꾸어나가는 사람들이 하나님으로부터 상당히 주관적인 경험과 주관적인 인도를 받는 통로가 되기 때문이다. 기독교 신앙은 관념이 아니다. 실제로 우리의 삶 속에서 주관적으로 체험하는 부분이 당연히 있다. 그것이 바로 기도다. 우리는 기도를 통해서 하나님의 인도를 받는다.

기도하는 가운데 마음속에 부담이 되는 부분들이 있는가? 그 것이 하나님께서 일하시는 부분이다. 어떤 사람은 기도만 하면 자꾸 청년들, 젊은이들이 생각난다. 또 어떤 사람은 기도하면 하 나님께 영광을 돌리지 못하는 자신의 교회가 생각난다. 어떤 사 람은 자신의 직장이나 학교에서 왕따 당하는 사람이 자꾸 생각 난다. 사람마다 다르다. 우리가 기도하면 하나님이 짐을 주고 부 담을 주는 부분이 생겨난다. 거기에서 우리는 하나님의 구체적 인 인도를 받기 시작한다. 그래서 자꾸 기도하라고 하는 것이다. 무슨 문제가 있을 때만 기도하는 것이 아니라 늘 하나님 앞에 서 서 "하나님, 내가 내 인생을 어떻게 살아야 합니까? 이 시대를 어떻게 살아야 합니까? 우리 가정을 어떻게 이끌어야 합니까?" 하고 기도해야 한다.

실제적인 결단과 실행

안디옥 교회는 이렇게 성령께서 말씀하셨을 때, 기도하고 깨 닫는 것으로 끝나지 않았다. "성령께서 우리에게 하시는 말씀을 들었어. 내가 영적인 경험을 했어" 하고 말하는 것으로 끝나지 않았다. 그 사실을 자랑하고 간증하러 다니지 않았다. 영적 경험 을 하고 난 다음에는 그 경험을 간증하고 다닐 것이 아니라 행동 으로 옮겨야 한다.

그들은 성령께서 하시는 말씀을 듣자마자 어떻게 했는가? 바 나바와 사울 그리고 다른 세 명의 지도자, 이렇게 다섯 명의 지 도자는 하나님께서 특별히 시키는 일을 위해서 사람들을 세우게 된다. 바나바와 사울을 세워서 그들을 파송했다.

교회 지도자 다섯 명 중에서 그것도 초창기 지도자 두 명을 다른 데로 보내는 것이 쉬운 일이겠는가? 우리 교회에서 중요한 핵심 리더를 보내라고 한다면 누가 좋아하겠는가? 그리고 그것이 공동체에 미치는 영향은 얼마나 크겠는가? 그들은 이러한 대가를 지불하면서 그들을 보냈다. 왜냐하면 그들의 주인은 안디옥 교회가 아니라 하나님이셨기 때문이다. 그렇기 때문에 자기들에게는 엄청난 피해가 있을지 모르지만 하나님의 뜻에 따라서 행동했다. 그러면 안디옥 교회는 어떻게 되었는가? 사라졌는가? 앞 장에서 살펴본 것처럼 이후 350년 동안 안디옥에 끊임없는 영향력을 끼쳐서 교회사와 세계사에 중요한 획을 긋는 교회로 성장했다.

이 구절을 읽으면서 가슴에 특별히 와 닿았던 부분이 있다. 처음에 구브로와 구레네 몇 사람이 헬라인에게 복음을 전했을 때 어떤 일이 일어났는가? 주의 손이 그들과 함께하셔서 수많은 사람들이 믿고 주께 돌아왔다. 이것이 우리가 1장에서 보았던 것이었다.

그런데 이 안디옥 교회에 대해 다루는 사도행전의 마지막 장면에서 그들은 어떻게 했는가? 그들이 안수하고 바나바와 사울을 보낸다. 처음에는 하나님의 손이 그들 위에 있었다. 그런데 이제는 그들이 자신의 손을 얹고 그들의 지도자들을 보내고 있다. 바로 이것이다. 하나님을 경험한 사람들은 그 하나님의 능력을 경험했기 때문에 그것을 가지고 실행한다. 엄청난 대가를 지불하면서도 명령에 따라 실행한다.

우리가 바라는 지도자는 하나님의 인도하심을 분별할 뿐 아니라 그것을 실행에 옮기는 지도자이다.

우리 시대에 이런 지도자를…

우리는 이 성경 구절을 통해 참된 지도자, 우리 시대가 기다리고 바라보는 지도자를 발견한다. 그 지도자는 삶의 원리를 아는 사람이다. 테크닉이 있는 사람이 아니라 인생이 뭔지를 아는 사람이다. 그리고 우리가 살고 있는 삶의 상황이 어떤지를 아는 사람이다. 알 뿐만 아니라 그 속에서 삶을 살아내는 사람이다. 가정이 되었건 조그마한 회사가 되었건 큰 회사가 되었건 교회가 되었건 나라가 되었건 간에, 그 속에서 삶의 원리를 알고 중심을 잡고 있는 사람이다.

그뿐만 아니라 그 사람들은 자기가 누구인 줄 안다. 자기의 모델이 누구인 줄 알고 자기가 성취하고 따라가야 할 이상이 무엇인지 알고 있다. 그것을 품고 있다. 그래서 타협하지 않는다. 그리고 마지막으로 그들은 하나님의 인도하심에 민감하고 그것을 분별해 낸다. 이것은 삶의 구체적인 상황 속에서 결단되고 구체적으로 실행된다.

그렇기 때문에 참된 지도자, 우리 시대가 요청하는 지도자이냐 아니냐는 어떤 테크닉이나 학력, 자질을 가졌느냐보다는, 그 사람 자신이 어떤 사람인가, 그 사람 자신이 어떤 가치관을 가지고 있는가 하는 것에 의해서 결정된다. 진정한 지도자냐 아니냐는 그가 무엇을 믿고 있는가, 어떠한 가치를 가지고 있는가에 달려 있다.

앞에서도 언급했지만 오해하지 말라. 지도자라고 해서 수천 명을 이끄는 사람을 떠올리지 말라. 두 명, 세 명을 이끌더라도 그들에게 선한 영향력을 끼칠 수 있으면 그 사람이 지도자이다. 가정의 주부라면 아이에게 영향력을 끼칠 수 있다. 직장에서 말단 바로 위에 있는 직원이라면 그 밑에 있는 직원들에게 영향력을 끼칠 수 있다. 우리는 어디서든지 지도자일 수밖에 없다.

그러면 어떻게 살 것인가? 다른 사람에게 그런 지도자가 되어 달라고 이야기하지 말자. 내가 어떤 지도자가 될 것인가가 문제이다. 그것은 곧 내가 무엇을 믿고 있는가, 무엇을 바라고 있는가에 의해 결정된다.

나는 안디옥 교회에 대해 연구하면 가슴이 뛴다. 여기 나와 있는 값비싼 인생을 살았던 사람들의 모습을 볼 때 가슴이 뛴다. 대학교 4학년 시절 처음 이 본문을 연구할 때 '나도 이렇게 살고 싶다'는 소망을 가졌다. 그리고 지금까지 그 소망은 여전히 가슴속에 남아 있다.

당신은 어떠한가? 당신의 모델은 누구인가? 당신이 따라가고 싶은 그 이상을 실현시켰던 사람은 누구인가? 당신에게 그런 모델이 있는가? 만약 예수 그리스도가 우리에게 그런 모델이 아니고 세상의 어떤 스타나 돈 많이 버는 사람들이나 어떤 영광을 얻은 사람들이 우리의 모델이라면 우리는 아직 '크리스티아노스'가 아니다. 그저 그것을 추구하는 사람일 뿐이다.

우리 함께 예수님을 우리의 주군으로 삼고, 그분을 우리의 모델로 삼고, 그분을 위해서 그분이 가지고 계셨던 이상과 꿈을 이 땅에 실현해 나가는 것을 위해서 함께 살아보자.

공동체적으로는 안디옥 교회를 우리 교회가 바라보는 모델 교회로 삼고 싶다. 우리가 겨뤄야 할 역사 속에 있었던 선배 교회로 삼고 싶다. 함께 애써나간다면 우리 공동체는 역사 속에 흔적을 남기는 공동체가 될 것이다. 그리고 이 공동체에 속해 있는 우리들은 인생의 마지막 날, 값비싼 인생을 살았다고 고백할 수 있을 것이다.

서울이라는 도심 한복판에 안디옥 교회를 닮은 교회를 세우려면
무엇보다 우리 자신이 꿈꾸는 사람이 되어야 했다.
평범하지만 결코 평범에 머무를 수 없는 사람들
꾸준히 성장하며 다른 사람을 세우는 사람들
그리고 무엇보다 공동체를 세우는 사람들이 되고자 하는 꿈이 필요했다.

…

2001년 우리는 모두 교회를 꿈꾸는 사람들이었다.

2006년 이야기

한국 교회가 가진 한계를 극복하고
성서적인 가치를 회복하는 것이
나들목교회의 부르심이었다. 이렇게 해서
나들목교회의 네 가지 중심 가치가 세워졌다.
찾는이 중심, 진실한 공동체,
균형 있는 성장, 안팎의 변혁.
어떻게 서울의 안디옥 교회가 될 것인가.
안디옥 교회가 보여준 모델을 우리 시대에
잘 드러낸다면 이 일은 가능하다.

2001년, 도심 속에 건강하고 성서적이며 현대적인 공동체를 세우고자 하는 비전으로 나들목교회가 시작될 무렵, 나는 정직하게 "왜 새로운 교회를 세워야 하는가?" 질문하지 않을 수 없었다. 그렇지 않아도 많은 교회가 있는데 굳이 새로운 교회를 세워야 하는 이유가 무엇인가?

한국 교회가 이미 오래전부터 많은 문제를 안고 있다는 안타까움을 가지고 있었던 나는 한국 교회의 이러한 문제점들을 정리해 보았다. 여러 가지 방법으로 우리가 가진 문제를 정리할 수 있겠지만, 내가 그동안 안타까워하며 분석한 한국 교회는 지나치게 **기복주의**에 빠져 있었고, **이원론적인 영성**에, **개인주의적 신앙생활**에 익숙해 있었으며, 철저하게 **교인 중심적**이었다. 이런 문제점들을 가만히 살펴보니, 놀랍게도 성서적인 가치와 완전히 배치되는 것이 아닌가?

만약에 새로운 교회를 세울 때, 이미 이런 문제로 신음하고 있는 교회 중에 하나를 더 세운다면, 그런 교회 개척은 불필요할 것이라고 생각했다. 그러나 이러한 문제점을 극복하는 교회라면 주님이 기뻐하시지 않을까?

실제로 성경은 우리에게 교인 중심이 아니라, 철저하게 '찾는이* 중심'이 되라고 한다. 성경적 교회의 모습은 우리에게 개인주의적인 신앙생활을 버리고 공동체적 영성을 가진 '진실한 공동체'에 속하여 함께 성장하라고 한다. 우리 주님은 성聖과 속俗을 외적인 기준으로 나누어 성도의 진정한 모습을 잃어버리는 이원론적 영성 대신, 삶의 모든 영역에서 '균형 있는 성장'을 가르치신다. 궁극적으로 하나님께서 우리에게 복을 주시는 것은 우리 자신만을 위한 기복주의가 아니라, 우리의 속과 겉, 교회 안과 밖이 변화되는 '안팎의 변혁'을 기대하시기 때문이다.

이런 네 가지 면에서 한국 교회가 가진 한계를 극복하고 성서적인 가치를 회복하는 것이 나들목교회의 부르심이었다. 이렇게 해서 나들목교회의 네 가지 중심 가치가 세워졌다. **찾는이 중심, 진실한 공동체, 균형 있는 성장, 안팎의 변혁.**

2001년 5월, 나들목교회는 갓 태어난 교회였지만 이러한 문제의식과 분명한 부르심을 가진 교회였다. 우리는 나들목교회의 중심 가치가 가진 의미를 처음부터 끊임없이 되새겼다. 한 가지 한 가지 그 가치가 내면화되는 데는 시간이 걸렸다. 그만큼, 현대의 그리스도인들은 한국 교회를 좀먹고 있는 바이러스와 같은 반성경적 가치관에 오염되어 있었던 것이다. 오히려 나들목교회

---

*일반적으로 '구도자'라는 표현을 많이 쓰지만 나들목교회에서는 그들을 '찾는이'라 부른다. '찾는이'란 세상을 살아가면서 세상에 함몰되는 것을 달가워하지 않고, 자신과 세상 그리고 하나님에 대하여 진실한 질문을 던지며 그 답을 찾고자 하는 사람을 뜻한다.

에서 처음 예수를 믿은 사람들이 더욱 순조롭게 성장하는 것을 보기도 하였다.

서울 이화동 사거리에서 작은 극장을 만들어 시작했던 교회는 이 중심 가치를 붙들고 성숙해 가면서 수적으로도 성장하였다. 찾는이 중심 가치가 드러나 수적 증가의 30퍼센트 정도가 나들목 공동체를 통한 회심의 열매였다. 공간이 비좁아지고 결국 이화동 사거리의 친근감 넘치던 공간을 떠나야만 했다. 그때, 신설동에 위치한 대광고등학교 강당이 비었다는 소식을 접하였다. 처음부터 교회 건물은 특별한 시기에 특별한 하나님의 인도가 없이는 갖지 않겠다고 생각했던 우리에게 학교 건물은 최상의 선택이었다. 더군다나, 도심에서 약간 벗어나긴 했지만 신설동 지역은 섬겨야 할 이웃이 의외로 많은 믿지 않는 낙후된 도심으로 보였다.

나들목교회로서는 새로운 시기를 맞이한 것이었다. 연건동에서의 초기에는 교회의 지역성에 대해서 눈을 돌릴 틈이 없었다. 서울 전역에서 자신의 친구들, 찾는이들을 초대해서 복음을 전하고 예수를 따르는 삶을 살도록 돕는 일에 온 힘을 다 쏟아도 모자랐다. 영적 성장의 토대가 세워지고 공동체적 삶이 가정교회를 통해서 시작되었다. 모두가 꿈꾸었던 건강한 교회의 전형을 안디옥 교회에서 발견한 나들목 가족들은 '가치 있는 인생'을 알아갈수록 '위대한 공동체'를 꿈꾸며 한 해 한 해 개인적으로나 공동체적으로 성장했다.

그렇게 성장하던 연건동에서의 시기를 뒤로하고 2004년 6월

신설동 대광고등학교로 옮겨 왔다. 아직 대강당을 사용할 만큼 숫자가 충분치 않았고, 더군다나 큰 공간을 쓰면 숫자가 급격히 늘 것(우리만의 착각이었을 가능성이 크지만)을 우려한 교회 지도자들은 300명 규모의 소강당을 쓰면서 연건동에서와 비슷한 마음으로 함께 사역하고 함께 자라갔다.

다시 숫자가 늘어가 2006년, 대강당으로 예배 처소를 옮겨야 하겠다는 결정을 할 즈음부터 우리 눈에 신설동이라는 지역이 들어오기 시작했다. 여전히 신설동 지역에서 걸어서 오는 성도는 열 손가락 안에 꼽혔지만, 우리가 이 지역 속에서 어떻게 구체적인 삶을 살 것인가를 고민하기 시작하였다. 교회 개척 당시에는 건강한 교회를 이룰 수 있는 건강한 성도가 되는 꿈을 꾸었다면 이제는 지역 속에서 어떤 사명을 감당하는 구체적인 교회가 될 것인가 꿈을 꿀 차례였다.

다시, 우리의 초심으로 돌아가기로 했다. 안디옥 교회야말로 건강한 교회의 표상이며 동시에 지역 속에 뿌리를 박은 건강한 지역교회였기 때문이다. 그래서 안디옥 교회에 대한 말씀을 살피며 2006년 '나들목이 꿈꾸는 나들목'이라는 시리즈 설교를 하게 되었다. 우리의 모델 교회인 안디옥 교회는 우리가 추구하는 네 가지 중심 가치가 잘 영글어 있는 교회였다. 안디옥 교회가 가지고 있던 중요한 모습 속에서 우리는 나들목교회의 네 가지 중심 가치, 즉 찾는이 중심, 균형 있는 성장, 진실한 공동체 그리고 안팎의 변혁이 잘 어우러진 모습을 발견한다.

5년 정도의 시간이 지나면서 나들목 공동체가 성장하였지만 여전히 교회는 어린 교회였고, 이제 작은 싹이 돋아 난 셈이었다. 이 싹이 자라나 놀라운 열매를 거둘 것을 기대하면서 우리가 지향해야 할 방향과 우리의 내적인 자세를 가다듬는 일이 꼭 필요했다. 그리고 다시 한 번 안디옥 교회는 이러한 통찰력을 우리에게 주기에 부족함이 없었다.

우리에게 더 선명한 비전이 생겼다.

이천 년이 지난 오늘, 어떻게 서울의 안디옥 교회가 될 것인가? 그래서 어떻게 주님을 따르는 자들에게 주어졌던 가장 영광스런 이름, '크리스티아노스'를 회복하고 우리가 따르는 주의 명예를 회복할 것인가? 안디옥 교회가 보여준 모델을 우리 시대에 잘 드러낸다면 이 일이 가능하다. 우리의 부르심을 따라 함께 꿈을 이루는 교회일 때 이 일이 가능하다. 이렇게 우리는 함께 자라가고 있다.

교 회 를 꿈 꾼 다

제2부

함께
자라가는
교회

디딤돌이 되어주는 교회
_찾는이 중심

7

"그중에 구브로와 구레네 몇 사람이 안디옥에 이르러 헬라인에게도 말하여 주 예수를 전파하니"_사도행전11:20

어떤 교회가 좋은 교회일까? '좋은 교회' 하면 어떤 이미지가 떠오르는가? 주일 예배 시간이 은혜로운 교회를 떠올리기도 하고, 재정이 투명한 교회를 생각하는 사람도 있다. 또 교회들의 권위주의적인 일 처리에 상처를 입은 사람들은 민주적인 절차에 의해 움직이는 교회가 좋은 교회 아니겠는가 하고 생각한다.

그래도 가난한 이웃들을 돌봐야 좋은 교회 아니겠는가 하고 이야기하는 사람도 있다. 더 나아가서 사회의 불의에 항거하는 교회라면 그 교회에 가겠다고 하는 이들도 있을지 모르겠다. 또 우리 아이들이 잘 성장할 수 있는 주일학교가 있으면 좋겠다는 생각을 하는 사람들도 있을 것이다. 헌금 이야기 안 하는 교회를 찾는 사람도 있을 것이고, 이도 저도 아니면 주차라도 좀 편하게 하면 좋겠다고 생각하는 사람도 있을 수 있겠다.

146 교회를 꿈꾼다

다시 질문해 본다. 정말 좋은 교회는 어떤 교회인가? 또 하나님이 생각하실 때 정말 좋은 교회는 어떤 교회일까? 우리 각자가 속한 교회는 어떤 교회가 되었으면 좋겠는가? 이번 장에서는 우리가 연구하고 있는 안디옥 교회와 한국의 초대교회 모습에서 우리가 꿈꾸는 진정한 교회, 좋은 교회의 중요한 특징을 찾아보고자 한다.

■■■■■ [19] 그때에 스데반의 일로 일어난 환난으로 말미암아 흩어진 자들이 베니게와 구브로와 안디옥까지 이르러 유대인에게만 말씀을 전하는데 [20] 그중에 구브로와 구레네 몇 사람이 안디옥에 이르러 헬라인에게도 말하여 주 예수를 전파하니 [21] 주의 손이 그들과 함께하시매 수많은 사람들이 믿고 주께 돌아오더라. [22] 예루살렘 교회가 이 사람들의 소문을 듣고 바나바를 안디옥까지 보내니 [23] 그가 이르러 하나님의 은혜를 보고 기뻐하여 모든 사람에게 굳건한 마음으로 주와 함께 머물러 있으라 권하니 [24] 바나바는 착한 사람이요 성령과 믿음이 충만한 사람이라. 이에 큰 무리가 주께 더하여지더라. [25] 바나바가 사울을 찾으러 다소에 가서 [26] 만나매 안디옥에 데리고 와서 둘이 교회에 일 년간 모여 있어 큰 무리를 가르쳤고 제자들이 안디옥에서 비로소 그리스도인이라 일컬음을 받게 되었더라(사도행전 11:19-26).

사례 연구 1: 안디옥 교회

구브로와 구레네 몇 사람이 안디옥에 올 때까지 그곳에는 그리스도인이라고는 한 명도 없었고 교회도 없었다. 그런데 외지인들이 와서 예수님에 대한 이야기를 하자, 몇몇 사람이 감동을 받고 인생이 바뀌기 시작했다. 처음에는 한두 명이었을 것이다.

갑자기 대중 집회를 한 것이 아니기에 아마 한두 명이 예수를 믿고 변하기 시작했을 것이다. 그들이 변하는 데는 시간이 좀 걸렸을 것이다. 그러나 이렇게 바뀐 사람들을 보고 또 다른 사람들이 예수님께로 돌아오기 시작했다. 이런 모습을 성경은, 한꺼번에 "수많은 사람들이 믿고 주께 돌아오더라"(21절)라고 표현하고 있다.

이렇게 되자 예루살렘 교회에서는 '이게 도대체 무슨 일인가' 하고 바나바를 파송한다. 그렇게 구브로와 구레네 사람들이 섬기고 있었던 안디옥에 바나바가 왔고, 그 바나바를 통해서 또다시 수많은 사람들이 교회로 들어오게 된다(24절).

큰 무리가 주께 더해진 것은 한 번에 일어난 일이 아니었다. 수많은 사람이 예수님을 믿었고, 그렇게 된 것을 보고 또 다른 사람들이 끊임없이 순차적으로 예수님을 알아가는 과정이 있었다. 이 구절을 잘 보면 이것은 지속적으로 일어나는 일로 나타나고 있다. 사람들이 변화된 모습을 보면서 계속해서 수많은 사람들이 변화되는 일이 벌어지고 있었던 것이다.

안디옥 교회에서 좋은 교회의 중요한 특징을 발견할 수 있다. **진정한 회심**이 끊임없이 연차적으로 일어났던 것이다. 사람과 사람들을 통해서 끊임없이 새로운 사람들이 예수님을 만나는 일들이 벌어지는 곳, 그곳이 안디옥 교회였다.

사례 연구 2: 초기의 한국 교회

하지만 그것은 사실 안디옥 교회만의 특징은 아니었다. 한국 교회 초기 역사에서도 우리는 이와 비슷한 드라마틱한 사건들을 볼 수 있다.

1907년 평양에서 부흥이 일어나기 40년 전, 런던선교회 소속 토마스 선교사가 대동강가로 들어오게 된다. 당시 그는 중국 상해에서 선교를 하다가 아내를 잃고 깊은 절망 가운데 있었다. 그때 한국에서는 예수를 믿기만 해도 참수를 당한다는 소식을 듣고, 한국에 예수를 전해야겠다는 생각에 미국 상선을 얻어 타고 대동강으로 들어온 것이다. 하지만 그 상선이 들어오는 과정에서 대동강 군민들과 충돌이 있었다. 미국 상선이 미국 제국의 힘을 믿고 막무가내로 들어온 것이다. 이 상선에 토마스 선교사가 타고 있었다는 것에 대해 후세에 여러 평가가 있지만, 어쨌든 토마스 선교사는 그때 끌려 내려와 해변에서 참수를 당한다.

그러나 죽기 전에 그는 가지고 왔던 한국어 성경 몇 권을 급하게 몇몇 사람에게 나눠주었다. 그를 죽이려 했던 박춘권에게도 주고, 구경 나와 있었던 최치량이라는 소년에게도 주었다. 그가 한 일은 이렇게 급하게 성경을 건네주고 순교당한 것뿐이다.

그런데 그 후 그의 목을 쳤던 박춘권은 그 '책'을 읽고, 당시 주변에 그리스도인이 아무도 없었는데도 하나님을 믿게 된다. 그리고 이 놀라운 소식을 주변 사람들에게 알리기 시작해서 결국 안주교회의 인도자가 된다.

성경을 전해 받은 또 한 사람이었던 최치량은 금서를 가지고 있는 것이 무서워서 당시 영문주사였던 박영식에게 이 성경책을 건네준다. 그는 이 성경을 아주 우습게 생각했다. 당시에 종이가 부족했기 때문에 그 책을 뜯어서 사랑방을 도배한 것이다. 그러나 그 후 심심풀이로 벽에 붙여놓은 성경을 읽다가 예수님을 만나게 된다.

그렇게 그 사람의 집이 널다리골교회가 된다. 그리고 그 교회가 장대제교회가 되고 나중에 장대현교회로 성장한다. 이 장대현교회가 바로 1907년 1월 14일과 15일에 일어났던 평양대부흥의 기폭제가 되었던 교회이다.

사실, 토마스 선교사가 이 나라에 와서 한 일은 거의 없다. 예수님에 대한 이야기를 한번 제대로 전해 보지도 못했다. 순교당하기 전에 꾸려 왔던 성경책 몇 권을 급하게 나눠주었을 뿐이다. 그런데 그 성경책을 받았던 사람들이 예수님을 만나게 된다. 그 성경책을 우습게 알고 찢어서 도배했던 사람이 오히려 그 성경을 보고 예수님을 만나고, 그 사람을 보고 다른 사람이 예수를 믿게 된다. 그렇게 그 사람의 집이 교회가 되고 그 교회가 성장하여 평양의 중심 교회가 된다. 그곳에서 동양의 예루살렘이라 불릴 정도로 놀라운 평양의 부흥이 일어나게 된 것이다.

건강한 교회에는 진정한 회심이 있다

안디옥 교회와 초기 한국 교회 사례에는 공통점이 있다. 사소한 것 같아 보이지만 사람들이 사람들에게, 그들이 또 다른 사람들에게 디딤돌이 되어 예수님에 대한 소식이 알려지고 전달되었다는 것이다.

건강한 교회에는 여러 가지 특징이 있을 것이다. 그러나 그중에서 가장 중요한 특징은 진실된 변화, 진정한 회심이라고 생각한다. 그리고 진정한 회심은 누군가가 디딤돌이 되어줄 때 일어난다. 아무리 많은 말을 해 줘도, 아무리 교육을 많이 시켜도 사람은 잘 변하지 않는다. 오히려 주변에 있는 사람의 변화된 모습을 볼 때, 그의 인격과 그의 삶의 모습이 변화된 것을 볼 때, 놀라고 궁금해서 질문하고 엿보다가 자신도 영향을 받아서 변하게 된다. 사람들은 그 디딤돌을 통해서 그 사람의 변화 비밀인 눈에 보이지 않는 예수라는 분에 대해 관심을 갖게 되고 그분을 알아가다 보니 변화되는 것이다.

만약 이런 일들이 교회에서 지속적으로 일어난다면, 마치 도미노 현상처럼 한 사람이 다른 사람에게, 그 사람이 또 다른 사람에게 영향을 끼치는 일들이 반복적으로 일어난다면 그 교회는 정말 좋은 교회일 것이다. 그 교회는 정말 건강한 교회이며 아마 살아 있는 교회일 것이다.

이런 수없는 회심이 일어나 좋은 교회가 될 수 있는 비결은 뭘까? 어떻게 그런 교회가 될 수 있을까? 전도 훈련을 열심히 해야 할까? 전도지를 만들어서 뿌리며 다닐까? 정기적인 전도 집회를 할까? 소위 열린 예배라는 그런 예배를 드리면 될까?

우리는 우리의 모델 교회인 안디옥 교회에서 그 비결을 찾아보려 한다. 그것은 깸, 애, 말, 삶이라는 네 글자로 요약할 수 있다.

회심이 일어나는 비결 첫 번째: 깸

먼저, 안디옥 교회는 '깬' 교회였다(19-20절). 소수의 사람들이 자신들이 가지고 있던 편견을 깬 것이다. 앞에서 이야기했듯이 유대인들은 강한 유대주의라는 편견 속에 갇혀 있었다.

그런데 구브로와 구레네 출신의 몇 사람이 안디옥에 와서 처음으로 그 편견을 깬다. 그리고 이방인들에게 처음으로 예수님에 대한 이야기를 한다. 복음을 전하는 자가 자신의 편견을 깬다는 것, 이것은 회심에서 매우 중요한 문제다. 오늘날 우리가 왜 디딤돌이 되지 못하는가? 왜 다른 사람들이 우리를 딛고 예수께로 갈 수 있는 디딤돌이 되지 못하는가? 그것은 우리가 가지고 있는 편견 때문이다.

그 편견은 주로 하나님을 믿지 않는 사람들과 관련해서 생긴다. 사람들을 바라보면서 두 가지 중 하나로 분류하는 것이다. 주변의 사람들을 보면 하나님 없이도 잘살 수 있을 것 같은 사람들이 있다. '저 사람, 잘사는데… 너무 잘사는데… 저 사람이 하나님이 왜 필요해?' 하는 생각이 드는 것이다. 또 반대로 '저 사람이 예수님을 믿는다고? 저 사람이 구원받는다고? 그건 안 되지. 저렇게 악한 사람이, 저렇게 강퍅한 사람이, 저렇게 나를 괴롭히는 사람이 예수님 믿는다고? 말도 안 되지. 저 사람이 천국 가면, 난 거기 안 갈래'라는 생각이 드는 사람도 있다. 하지만 이것은 심각한 편견이다.

하나님 없이도 그럭저럭 잘살 수 있다고 생각하는 것에 대해 먼저 이야기해 보자. 우리 눈에는 그렇게 보일 수 있다. 그러나 모든 사람에게는 내적 공허감이 있다. 이 공허감이라는 것은 굉장한 힘이다. 사람들은 이 공허감을 채우기 위해서 애써야 하고 무엇인가를 해야 한다. 여건이 되는 사람들은 내적 공허감을 채우기 위해 끊임없이 '장난감'을 구매한다. 취미를 살 수도 있다. 여행도 살 수 있다. 좋은 집도 살 수 있다. 어떤 때는 좋은 배우자를 살 수도, 아니, 얻을 수도 있다. 요즘은 건강도 살 수 있다. 교육도 살 수 있다. 과할 정도로 비싼 것이든 자신의 경제력에 맞는 것이든 사람들은 이 장난감을 통해 마치 내적인 공허감이 없는 것처럼 살아갈 수 있다.

그러나 그런 사람들조차도 죽음 이후의 삶에 대해서 질문을 받으면 답하기가 어렵다. '죽고 난 다음은 모르겠다'고, '생각하지 말자'고, '접어두자'고 이야기해 버린다. 그러나 죽음 이후의 삶이 있다면 그것은 매우 중대한 문제가 아닐 수 없다. 하나님 없이 그럭저럭 이 땅에서 살아갈 수 있는 사람이 혹시 있을지 모르겠다. 엄청난 부를 가지고 있어서 장난감을 끊임없이 살 수 있는 사람이 있을지 모르겠다. 그러나 그 사람들조차도 죽음이라는 절체절명의 한계 상황에 부딪히고 난 다음에는 그들이 가지고 있던 장난감이 아무런 소용이 없다는 것을 발견하게 된다.

반대로 절대로 믿으면 안 될 것 같은 사람에 대해서도, 어쩌다 그 사람이 그렇게 강퍅하고 악하게 될 수밖에 없었는지 그 사람의 입장에서 한번 생각해 보라. 사람을 제대로 사랑하지 못하는 사람은 제대로 사랑받아보지 못했기 때문이다. 가시 돋친 듯 반응하는 사람은 그 사람 마음속에 여유라고는 조금도 없기 때문이다. 사람을 자기 목적을 위한 수단으로 여기는 사람은 대부분 그렇게 이용당해 왔기 때문이다. 이런 사람들이야말로 하나님이 정말 필요한 사람들이 아닌가?

그러나 다른 사람들에 대한 편견보다 더 위험한 것은 자신에 대한 편견인 것 같다. 우리 자신은 디딤돌이 될 수 없다고 생각하는 것이다. '나는 다른 사람이 하나님을 믿을 수 있게 하는 디딤돌이 될 수 없어. 내 인생을 봐. 내가 하는 짓을 봐. 날 통해서 누가 하나님을 믿는다고? 절대 그런 일은 일어나지 않을 거야. 난 완벽하지도 않고, 신앙이 깊지도 못하고, 교회 생활을 열심히 하지도 않고, 인격이 변화되지도 않았어. 난 디딤돌이 되지 못할 거야' 하는 강한 확신을 가지고 있는 것이다. 훌륭하고 그럴듯해야만 누군가가 나를 딛고 예수께로 갈 수 있을 것이라는 생각에 사로잡혀 있는 것이다. 하지만 이런 것들이 편견이다. 디딤돌이 꼭 대리석일 필요는 없지 않은가?

더군다나 적지 않은 그리스도인들이 복음 전하는 일은 특별히 훈련되었거나, 특별한 사람들의 것이라는 편견을 가지고 있다. 신학교를 나온 목사, 전도사, 선교사의 몫이라고 생각한다. 이것 역시 참으로 위험한 편견이다. 주님이 자신의 소식을 전하라고 했을 때 그것은 모든 그리스도인을 향하여 말씀하신 것이 아니었던가?

또한 복음 전도에 대해 가지고 있는 편견 중 하나는, 내가 복음을 전하면 복음이 잘 전해지지 않는다고 생각하는 것이다. 그러나 정확히 표현하면 우리는 예수님의 놀라운 소식을 제대로 전할 수 없는 사람들이다. 우리가 전하는 말을 듣고 사람들이 이천 년 전에 돌아가신 예수를 통해 눈에 보이지 않는 하나님의 사랑을 깨닫게 된다는 것은 불가능해 보인다. 우리는 이 놀라운 소식의 증인일 뿐이다. 우리가 전하는 것을 통해 사람들이 믿게 되는 것은 '주의 손'이 함께할 때 가능할 따름이다. 그러니, 실패 때문에 예수를 전하지 않는 것은 전도의 본질을 오해한 잘못된 편견이다.

다른 사람들에 대한 편견, 나 자신에 대한 편견, 전도의 주체에 대한 편견, 전도의 열매에 대한 편견. 이것들이 깨지기 전에는 우리가 디딤돌이 될 수 없다. 첫 번째 회심의 비결은 이런 편견을 깨는 것이다.

회심이 일어나는 비결 두 번째: 애

두 번째는 '애'이다(20절). 구브로와 구레네 사람 몇, 이들이 편견을 깼다고 해도 헬라 사람들에게 예수님에 대해 이야기하는 것이 쉽지는 않았을 것이다. 헬라 사람들에 대한 편견을 깼다면 그냥 편하게 이야기 나누는 좋은 이웃으로 남을 수도 있었을 것이다. 그런데 이들은 왜 그들에게 예수에 대해서 이야기했을까?

그들 속에 애가 타는 마음이 있었기 때문이다. '애'는 창자를 가리키는 말이다. '애가 끊어진다, 창자가 뒤틀린다'고 할 때의 그런 느낌이 '애탐'이다. 이들은 하나님 없이 살아가는 사람들, 예수님 없이 살아가는 인생에 대한 애탐이 있었다. 그렇게 살아가는 것이 안타까웠다. 자신들은 예수를 통해서 인생이 바뀌었는데, 자신들의 삶은 매일매일 바뀌어가는데, 이 사람들은 그 예수를 알지 못하기 때문이다.

최근 어떤 부부와 조찬을 같이 했다. 그 부부는 오랫동안 교회를 다니지 않다가 우리 교회가 시작되면서 함께한 부부였다. 당시에는 믿음이 거의 사라져가고 있었지만 교회가 시작되면서부터 6년 정도 함께 신앙생활을 해 오고 있다. 같이 이야기를 나누다 부부 중 하나가 이런 이야기를 했다. "지난 6년 동안 저희가 너무나 많이 변했습니다." 사실 그들이 그렇게 이야기하기에 앞서, 그들의 변화된 모습과 성숙한 모습에 내가 이미 놀라고 있던 차였다. 물론 아직 더 성숙해야 하겠지만 6년 전과 비교해 보면 너무나 많은 변화가 있었다. 그들도 인정하고 나도 인정하는 바다.

우리에게 만약 예수님이 없었다면, 지난 6년의 세월을 예수님 없이 살았다면, 지금 어떤 모습이 되어 있을까? 어쩌면 그저 그렇게 살아갈 수밖에 없었던 우리가 예수님 덕에 이렇게 변해 가고 있는 것이다. 그런 예수님을 정말 경험하고 있다면, 예수님 없이 그냥 하루하루를 살면서 6년의 세월을, 16년의 세월을, 60년의 세월을 살아갈 사람을 바라볼 때 어떻게 애타는 마음이 생기지 않겠는가? 우리같이 평범한 사람이 예수를 통해서 이렇게 달라진 삶을 경험하고 있는데 말이다.

그리고 여기에 하나님의 애타심이 더해진다. 하나님은 이 땅의 사람들이 당신 자신에게 돌아오기를 정말 원하신다. 애가 타도록 원하신다. 하나님과 관계를 맺을 때에만 사람들이 인생을 제대로 살 수 있기 때문이다. 그것을 위해서 자기 아들을 희생시키셨던 하나님이기 때문이다.

우리를 변화시킨 하나님을 알아가기 시작하고, 그 하나님이 애탐을 갖고 계시다는 것을 알게 되면, 그 마음이 우리 속에 전이되어서 우리도 애타는 마음을 갖게 되고, 하나님이 애쓰시는 것처럼 우리도 애쓰게 된다. 우리가 복음을 전하는 대상인 친구와 이웃에 대해 이해하려고 그들의 말을 경청하고, 그들을 위해서 기도도 하고 전도에 대한 책도 읽고, 방법론에 대한 공부도 하게 되는 것이다. 그리스도인의 의무로서 복음을 전하지만 마음속에 애탐이 없다면, 또 여러 훈련을 받았고 변증적 지식을 가졌다 해도 애탐과 애씀이 없다면, 우리의 전도는 '소리 나는 꽹과리'에 불과할 것이다. '깸'이 첫 번째라면 두 번째는 '애'이다.

회심이 일어나는 비결 세 번째: 말

애를 쓰게 되면 그 다음 하게 되는 것이 '말'이다(20절). 여러 동양 종교들과는 달리 기독교는 말의 종교다. 동양의 철학들은 말하지 않아도 마음이 전달된다고 한다. 지금은 비하되어 쓰이지만 원래 '언어도단言語道斷'이라는 말은 언어의 길이 끊겼다는 뜻으로, 불교계에서 최고의 경지에 이른 사람들을 가리킬 때 쓰던 단어였다.

하지만 기독교는 그와 반대되는 입장을 취하고 있다. 침묵하는 하나님이 아니라 말씀하시는 하나님이다. 직접 이 땅에 오셔서 말씀하시는 하나님이다. 그래서 우리도 하나님에 대해 말해야 한다. 예수에 대해서 말하는 것만큼 중요한 것이 없다. 구브로와 구레네 사람 몇도 안디옥에 이르러서 "헬라인에게 **말을 했**

다"(20절).

이렇게 우리가 하는 말은 몇 가지로 나누어볼 수 있다. 먼저 그저 단순하게 초청하는 것이 있다. "우리 교회 한번 놀러와. 우리 교회는 놀러오는 데야. 예수 믿으려고 하지 말고, 그냥 한번 와" 하고 말하는 것이다. 여기서 한 단계 나아가서 '간증'을 할 수 있다. 이것은 어떤 설득을 하는 것이 아니라, 하나님 때문에 나의 인생에 일어났던 변화를 이야기해 주는 것이다. 그리고 여기서 한 단계 더 나아간 것이 '전도'이다. 전도는 예수님에 대해서 잘 설명해 주는 것이다. 이를 위해서는 예수가 왜 그에게 필요하고, 예수께서 우리를 위해서 무엇을 행하셨는지, 어떻게 우리는 그가 행하신 놀라운 일을 받아 누릴 수 있는지 말로 설명할 수 있도록 준비해야 한다.

상황에 따라 어떤 종류의 말이든 할 수 있지만 너무 손쉽게 "교회 다니세요", "예수 믿어야 돼"라고 가볍게 던지듯 말해서는 안 된다. 어떻게 그 귀한 것을 쉽게 던질 수 있겠는가? 예수에 대해 말할 때는 그 사람을 향한 애탐과 안타까움이 있어야 한다.

그러므로 기다려야 한다. 너무 성급하게 말하지 말고 좋은 관계가 형성될 때까지 기다리는 것이 필요하다. 사람을 만날 때마다 예수님을 알리고 싶지만 너무 쉽게 값싸게 전할 수는 없기 때문에 정말 좋은 때가 언제일지 기도하면서 기다리는 것이다. "하나님, 때를 주십시오. 적절한 때를 주셔서 나를 이렇게 변화시키신 예수님에 대해서, 완전하게 전달은 못하더라도, 그냥 간단하게라도 그러나 진실하게 얘기하게 해 주십시오. 그런 기회를 주십시오"라고 기도해야 한다. 사실 그런 기회를 포착하려는 것은 어떤 면에서 그 사람에 대해서 깨어 있는 것이나 마찬가지다.

어느 대학 앞에서 커피숍을 하는 분이 계시다. 원두커피를 볶아서 파시기도 하는데 커피에 아주 매료된 분이다. 그 가게가 조금 멀기는 하지만, 근처에 갈 때마다 일부러 들러서 커피 한 잔 마시고 잠시 이야기 나누다가 오곤 한다. 물론 깊이 있는 이야기는 나누지 못하지만 가끔씩 들러서 이야기를 나눈다. 그렇게 다니기 시작한 지 이 년쯤 된 것 같다. 최근에는 한번 들러서 잠시 이야기를 나누고 있었는데, 그 즈음 손님이 끊겼다. 그러자 그분이 내게 "커피 한 잔 더 하실래요?" 하면서 내 앞에 앉으셨다. 내게는 당시 암 투병 중이시던 아버지가 계셨고, 그분은 암 치료를 한 경험이 있었기에 이런 주제를 시작으로 같이 이야기를 나누게 되었다. 그러면서 왜 사는지, 어떻게 커피숍을 하게 되었는지 등, 속에 있는 이야기를 처음으로 하게 되었다. 그분은 자기가 언제 죽을지 모르기 때문에 자기가 죽더라도 가족들은 잘살 수 있게 하기 위해서 열심히 산다고 하셨다. 그래서 조심스럽게 "가족들은 잘사는데, 그럼 죽은 후에는 어떻게 되나요? 어떻게 생각하세요?" 하고 물어봤다. 그분은 멈칫 하시면서 이렇게 대답하셨다. "생각 안 해 봤어요. 생각 안 하고 살아요. 생각한다고 답이 있나요?"

그 순간 다시 손님들이 들어왔다. 그분은 "잠깐요"라고 하시며 일어섰다. 나는 앉아서 기도했다. "이 손님들이 다 가고 난 다음 이분이 다시 와서 앉으면 복음에 대해 이야기를 할까요?"

라고. 그때 내 마음속에는 조금 더 기다리는 게 좋겠다는 생각이 들었다. 그래서 "사장님, 다음번에 또 올게요. 또 얘기합시다" 하고 그냥 나왔다. 기도하면서 때를 기다리는 것, 정말 필요한 일이다.

모든 사람이 말로 소통을 해야 하나님에 대해 알 수 있다. 그래서 세 번째 요소가 '말'이다.

회심이 일어나는 비결 네 번째: 삶

마지막은 '삶'이다(21, 23-24절). 삶이 따라주지 않으면 말은 공허해진다. 말을 하지 못하는 이유도 삶이 따라가지 못한다고 생각하기 때문이다.

실제로 안디옥에 이르렀던 구브로와 구레네 사람 몇이 예수님에 대해 이야기했을 때 사람들이 예수님을 믿게 된 것은 이들이 말재간이 뛰어나서가 아닐 것이다. 외지인으로 안디옥에 와서 살아가는 모습, 그들이 말하는 것과 비슷하게 살아가는 모습이 도전이 되었을 것이다.

또 예루살렘 교회에서 파송받아 온 바나바가 살아가는 모습도 그들에게 그대로 드러났을 것이다. 바나바는 예루살렘 교회에서 가난한 자들을 위해 자기 밭을 팔아 사도들에게 바친 사람으로 유명했다. 이런 바나바는 안디옥에서도 동일한 방식으로 살았을 것이다. 자기가 가지고 있던 재산들을 절약해서 가난한 자들에게 나눠주고 그들을 섬기는 삶을 계속 살아가고 있었을 것이다.

이런 상황 속에서 많은 사람들이 믿고 주님께로 돌아왔다고 성경은 말한다. 그런데 이들에 대해 '예수님을 믿었다', '교인이 되었다', '교인의 숫자가 늘었다' 같은 표현이 아닌, '주님께로 돌아왔다'고 한 이유가 뭘까? 여기에는 특별한 의미가 있는 것 같다. 이는 그들이 주님이신 예수님의 인격에 감동받고 그분이 한 일에 도전받아, 그분의 사랑을 받아들이고 그분을 사랑하게 되어 그분을 따라가기 시작했다는 것을 의미한다. 이것은 단순히 교인이 되었다는 것이 아니라 예수를 통해서 그들의 인생이 바뀌었다는 것이다. 베드로 사도가 베드로전서 1장에서 말했던 것처럼 그들이 눈으로 보지도 못하는 예수를 이제는 사랑하게 되었다는 것이다(참고. 벧전 1:8). 사람들은 이런 모습을 보고 이들을 '그리스도인(크리스티아노스)'이라는 이름으로 부르기에 이른다.

그러나 오해하지는 말라. 이들이 완벽한 삶을 보여준 것은 아니다. 이는 사실 짧은 기간 동안 일어난 일이었다. 바나바는 물론 성숙한 사람이었겠지만 안디옥에 있었던 사람들은 연차적으로 하나님을 믿게 되었기에 그저 변화되어가고 있는 삶을 살고 있었을 것이다. 이것이 중요하다. 사람들은 우리의 완벽한 삶을 보고 변하는 것이 아니라 변화되어가는 모습을 보고 도전을 받는 것이다.

우리가 우리 삶을 통해 보여주어야 할 것은 어떤 경지에 이른 모습이 아니다. 이 땅에 살면서 어떻게 무슨 경지에 이르겠는가? 그런 것은 없는 것 같다. 그러나 우리는 계속 성장하고 있고 변화하고 있다. 어제의 나와 오늘의 나는 별 차이가 없는 것 같지만 적어도 1년 전, 3년 전, 5년 전의 나와, 지금의 나는 분명히 다르다. 그런 변화가 있을 때 사람들은 변화의 이유가 뭔지 질문하게 되는 것이다.

한 형제에게서 들은 이야기다. 우리 교회에 와서 예수님을 믿게 된 그는 어린이집에서 일하는, 성격이 좀 괄괄하고 직선적이고 아주 적극적인 사람이다. 이 형제의 집은 좁은 골목길에 있었는데, 아시다시피 이런 골목길에서는 주차를 해 놓은 다음 차를 빼주어야 하는 경우가 자주 생긴다. 예수님을 믿고 얼마 되지 않았을 때쯤이었다. 옆집에 사는 새댁이 이 형제의 집 앞에 아주 예의 없이 주차를 해 놓았다고 한다. 그래서 나가서 차를 빼라고 했더니 이 새댁이 뭉기적대며 예의 없이 행동을 해서 이 형제가 험상궂은 표정으로 좀 심한 말을 해 주었다고 한다.

그런데 예수님을 알고 난 다음부터 '그렇게 하면 안 되는 거구나' 하고 생각하고 자기도 바뀌어야겠다는 마음을 먹었다고 한다. 좁은 골목길이니 차를 빼 주어야 하는 일은 여전했다. 가끔 이 형제도 그 새댁 집 앞에 어린이집 차를 세워 놓을 때가 있다고 한다. 그러면 그 새댁이 전화를 해서 차를 빼 달라고 하고, 그 형제의 말에 의하면, 자기는 5초 만에 튀어 나가서 웃는 얼굴로 차를 빼 준다고 한다. 그렇게 결심한 이후부터는 그 새댁에게 친절하게 대한 것이다. 그렇게 몇 년을 지낸 후 어느 날, 그 새댁이 와서 이런 말을 했다고 한다. "저희 애가 어린이집 갈 때가 되었는데, 혹시 아저씨 일하시는 그 어린이집에 갈 수 없을까요?"

예전에 한번 크게 부딪쳤던 사람이었지만 사람이 변한 것을 보고 자기 아이를 이 사람이 일하는 어린이집에 보내고 싶다고 한 것이다. 이런 이야기를 하면서 그 형제가 "목사님, 저도 변했어요!"라고 하는데 내 마음이 정말 기뻤다.

다시 한 번 강조하지만 우리가 보여주어야 하는 삶은 결점이 없는 삶이 아니다. 그분을 사랑하고 그분의 사랑을 받고 있기 때문에 변하고 있는 삶, 달라져가고 있는 삶, 여전히 완전에는 멀지만 바뀌어가고 있는 삶이다. 그럴 때 우리는 개인적으로 디딤돌이 될 수 있다.

디딤돌 공동체, 디딤돌 인생의 비밀

우리가 꿈꾸는 교회가 있다. 그것은 바로 '깸애말삶'이 있는 교회, '깸애말삶'이 중심이 된 개인들이 있는 교회이다. 사람들을 예수님께로 가게 해 주는 디딤돌이 되는 교회이다. 이는 누군가 딛고 지나갈 수 있는 돌들이 모인 공동체다. 오래전 안디옥 교회에서 그러했듯, 사람들이 다른 사람들에게 디딤돌이 되는 일들이 계속 일어나는 공동체다.

나들목교회에서는 교회가 세워지던 날부터 주일 예배에 하나님을 찾는 자들(나들목교회에서는 이를 '찾는이'라 부른다)이 와서 함께 예배를 드릴 수 있도록 예배의 문턱을 낮추었다. 또 교회를 찾은 사람들에게 매달 넉 주 동안 기독교의 기본 진리, 즉 예수님이 우리를 위해서 행하신 일이 무엇인지에 대하여 함께 질문하고 답하는 강좌를 열었다. 나들목교회의 성도가 되기 위한 필수 과정으로 하여, 모든 이가 예수 그리스도의 복음을 바로 들었는지를 점검하였다.

나들목교회에서 시도한 방법이 모든 상황에서 적용될 수 있는 최선이라고 생각지는 않는다. 나들목교회에서 주일에 드리는 〈찾는이와 함께 하는 예배〉나 기독교의 기본 진리를 소개하는 〈풍성한 삶으로의 초대〉* 강좌는 깸애말삶을 서울이라는 도심에 세워진 나들목교회식으로 구현한 것이다. 정말 중요한 것은 교회가 막 시작되었던 시절부터 나들목교회는 잃어버린 자들을 마음에 품으려 했다는 것이다. 그들을 향하여 편견을 깨고 애를 쓰며, 말과 삶으로 나아가려는 시도를 끊임없이 하고 있다는 것이다. 이런 부족한 시도에 주님의 손이 임하셔서 실제로 교회가 세워지고 난 이후 지금까지, 교회 가족이 되는(일반적인 교회 용어로는 '교회 등록을 하는') 성도의 약 30퍼센트가 나들목교회의 사역을 통해서 회심한 사람들이었다.

사람이 사람에게 해 줄 수 있는 가장 귀한 것이 뭘까? 우리 인생에서 사람을 위해 할 수 있는 가장 귀한 일이 무엇일까? 그것은 예수님을 소개시켜주는 것이다. 퍼내도 퍼내도 마르지 않는 생명수 같은 예수님, 끄집어내 써도 부족함이 없는 거대한 보물 창고 같은 예수님! 요즘 식으로 얘기하면 모든 것을 다 갖추고 있는 종합선물세트 같은 예수님! 처음에는 예수 믿는 것이 그냥 구원받고 하늘나라 가는 것인 줄 알았지만 그게 아니지 않은가? 그 정도가 아니라 예수님은 계속해서 우리 삶에 지혜와 감격과

---

* 《풍성한 삶으로의 초대》는 곧 출간될 계획이다.

비전을 주시고, 회복과 치료를 일으키시는 분 아닌가? 그 예수님을 우리가 누리고 알아가기 시작할 때 우리의 삶은 디딤돌이 되는 인생이 되는 것이다.

어쩌면 이런 생각이 들지도 모르겠다. '우리 교회가 그런 교회가 될 수 있을까? 잃어버린 자들에게 진정한 관심은 없고, 말로도 삶으로도 사람들을 예수께로 인도하는 디딤돌이 되지 못하는 우리 교회가 어떻게 바뀔 수 있을까? 나라고 하는 사람도 마찬가지여서, 과연 디딤돌 인생을 살 수 있을까?' 사실 우리의 공동체나 우리 자신을 보면 이런 걱정이 생긴다. 우리는 원래 디딤돌 되기를 원하지 않는 사람들이다. 원래 디딤돌이 될 만큼 희생하는 사람들이 아니다.

그러나 디딤돌이 될 수 있는 비결이 있다. 그것은 성공하는 교회에서 어떤 프로그램을 배워 오거나, 새로운 전도 전략을 계발하여 교인들을 훈련시킨다고 되는 것이 아니다. 오히려 디딤돌 공동체와 디딤돌 인생의 비결은 역사적으로 최초의 디딤돌이 되신 그분에게서 발견할 수 있다. 예수님이 바로 디딤돌이셨다. 우리는 하나님께로 나아갈 수 있는 길이 없었다. 하나님과 우리의 관계는 너무나 멀었다. 그런데 그 사이에 디딤돌이 되어주셔서 우리에게 밟히고 버림받고 죽임 당하심으로 우리로 하여금 하나님께 나아가게 하신 분이 계신다. 그분은 자기 인생을 버리면서까지, 그것을 감수하면서까지도 디딤돌이 되기를 원하셨다. 그분은 지금도 수많은 사람들이 예수님께 돌아오기를 원하고 계신다. 우리는 부족하고 형편없고 아직 성숙하지 않지만, 아직 말과 행동이 다 맞아떨어지지 않지만, 디딤돌이 되려고 할 때 우리와 함께하셔서 도와주시는 분이 계신다. 그분은 역사상 최초의 디딤돌이셨던 예수 그리스도시다.

구브로와 구레네 사람들이 안디옥에 이르러 헬라인들에게 복음을 전할 때를 생각해 보라. 그곳 사람들은 예수라는 사람을 들어본 적이 없다. 안디옥에는 십자가가 하나도 없었다. 그런 상황에서 그들이 복음을 전할 때 주님의 손이 함께하셔서 그들이 예수님께로 돌아왔다. 왜 그랬을까? 주님이 기다리시는 일이었기 때문이다. 자신이 죽으면서까지 사람들을 하나님께로 돌아오게 하려고 했던 그 일이 알려지는 것, 그것이 그분의 마음속에 있는 애탐이었기 때문이다.

주님의 손이 기다리고 계신다. 우리가 디딤돌이 되겠다고 결심하기를, 디딤돌로 살아가기로 애를 써보기로 결심하기를 주님은 기다리신다. 이런 결심을 통해 하나님 없이 살아가던 사람들, 혼돈에 빠져 살아가던 사람들, 방향감 없이 살아가던 사람들, 장난감에 매여 살던 사람들에게 디딤돌 인생이 되려고, 깨어 애쓰고 말과 삶을 통해 증거할 때 우리들을 통해서 예수님은 일하신다.

정말 좋은 교회는 어떤 교회인가? 아무리 좋은 시설, 프로그램을 갖추고 있다 해도 주님의 손이 들어갈 데가 없다면 좋은 교회일 수 없다. 주님의 눈에 좋은 교회는 언제든지 주님의 손이 임하도록 준비하는 공동체이다. 불완전하고 부족하지만, 아직도 온전하게 성숙하려면 멀었지만, 그럼에도 불구하고 디딤돌의 인생을 살겠다고 디딤돌의 공동체를 건설하겠다고 결심한 사람들, 그들이 주님께서 기뻐하시는 건강한 교회이다.

아직도 멀었다고 생각하지만 우리가 되고픈 교회는 바로 디딤돌이 되어주는 교회이다. 예수께로 사람들을 인도하는, 끊임없이 연쇄적으로 회심이 일어나는 그런 교회이다. 디딤돌이 되어주는 교회, 디딤돌이 되려고 애쓰는 사람들이 되고 싶다. 그것은 우리 주님의 꿈이다. 언제든지 개입하려고 준비하고 계신 주님의 꿈이다. 그래서 이 꿈은 우리의 꿈이다.

든든한 디딤돌들로 자라가는 교회 8
_균형 있는 성장

"제자들이 각각 그 힘대로 유대에 사는 형제들에게 부조를
보내기로 작정하고 이를 실행하여 바나바와 사울의 손으로
장로들에게 보내니라." _사도행전 11:29-30

언제부터인가 한국 교회의 이런저런 비리를 보도하는 시사 프로
그램을 거의 정기적으로 만나게 되었다. 신문 지상에도 교회의
문제점들이 자주 등장한다. 교회 세습, 재정 비리, 권력 다툼, 분
열과 상호 비방, 정치 권력과의 유착, 타종교와의 갈등, 세상과
사회를 향한 무례함과 공격성, 그리고 지도자들의 윤리적인 문
제에 이르기까지 그 내용도 다양하다. 이런 이야기들을 접하면
서 우리 마음은 무너져 내리고 깊은 슬픔에 잠긴다.

디딤돌이 되기는커녕 거침돌이 되고 있는 우리 교회들을 보면
서, '도대체 어디에서부터 잘못되어 여기까지 오게 되었는가' 질
문하게 된다. 안타까운 것은 많은 교회의 지도자와 성도들이 이
런 문제는 자신의 문제가 아니라 타인과 타 교회의 문제라고 생
각한다는 것이다. 그래서 사회적 지탄이 난무하지만 자신은 아

니라고, 자신이 속한 교회는 괜찮다고 자위한다.

우리가 성경에서 만나는 안디옥 교회는 어떤가? 이 교회는 도덕적, 사회적으로 위에 열거했던 문제와 무관할 뿐 아니라 그러한 문제들을 차단할 수 있는 특별한 모습을 가지고 있었고 그것은 성경이 가르치고 있는 교회의 매우 중요한 모습이었다. 이번 장에서는 안디옥 교회가 가지고 있는 진정한 교회다움의 본질 중에서 특별히 우리 한국 교회에 필요한 모습에 대해서 살펴보려고 한다. 그것은 어느 한 개인에 의해서 이끌어지는 교회가 아니라 균형 있게 성장하여 든든한 디딤돌이 된 인생들이 모여서 함께 세우고, 함께 사역하며, 함께 이끌어가는 교회의 모습이다.

디딤돌들로 이루어진 안디옥 교회

먼저, 안디옥 교회의 모습을 거시적으로 보기 위해 이 교회의 특징을 몇 가지로 짧게 요약해 보자.

첫 번째로, 안디옥 교회는 **무명의 몇몇 성도들이 세운 교회다**(행 11:19-21). 이름을 알 수 없는 구브로와 구레네 사람 몇이 세운 교회다. 기라성 같은 목사님들, 기라성 같은 그 당시의 사도, 기라성 같은 지도자들을 중심으로 세워진 교회가 아니라는 것이다. 그저 출신지만 알려진 사람들로 인해 시작되었다.

그렇지만 두 번째로, 그들에 의해 교회가 세워졌을 때 **전문 사역자들이 동역하며 성도들을 준비시켰다.**

사도행전 11장 22-24절을 보면 예루살렘 교회는 바나바를 안디옥에 파송한다. 그러자 바나바의 인격과 삶의 모습을 보고 수많은 사람들이 도전을 받고 주께로 돌아오는 일이 일어난다. 교회가 태동하기 시작한 것이다. 이미 몇몇 사람들에 의해 무리가 모여 있었는데, 바나바가 오자 더 많은 사람들이 참여하게 되었다.

그런데 놀랍게도 바나바는 당시 많은 사람들이 회피하고 싶어했던 사울을 찾아간다(행 11:25-26). 알다시피 사울은 회심하기는 했지만 과거 초대교회를 박해하는 데 선봉에 섰던 사람이었다. 바나바는 혼자 해도 충분히 할 수 있는 일이었는지 모르지만, 또 자기보다 어리고 어쩌면 사람들이 회피하고 싶어하는 사람이었을지 모르지만 가르치는 은사가 뛰어난 사울을 데려온다. 그리고 그 사울과 함께 일 년 동안 줄곧 안디옥에서 가르친다. 그러자 사람들이 복음을 받아들이고 성장하기 시작했다. 그러면서 주변 사람들이 처음으로 '그리스도인'이라는 이름을 붙여주게 된다.

뿐만 아니라 당시에는 순회 교사들이 있었다. 교회가 많이 세워지지 않았기 때문에 곳곳에 흩어져 있는 그리스도인들을 위해 예루살렘 교회에서 순회하는 교사들을 보내곤 했다. 이들은 주로 예언자로 표현된다. 안디옥 교회로도 이 예언자들이 내려오게 된다(행 11:27-28).

안디옥 교회는 무명의 몇몇 성도들이 세웠지만 그렇다고 해서 그들이 끝까지 끌고 간 것은 아니었다. 이들을 돕는 전문 사역자들이 나타났다. 여기 나오는 바나바나 예언자들은 신학교를 나오지도 않았고 목사 안수를 받은 것도 아니었다. 하지만 이들은 전임으로 주님의 일을 위해 살아가는 사람들이었다. 그래서 나는 이 사람들을 전임 사역자, 전문 사역자라고 이름을 붙이려고 한다.

무명의 몇몇 사람들이 교회를 세우고 난 다음에는 외부에서 전문 사역자들이 와서 그들과 동역해서 성도를 준비시켰다. 그들을 가르치고 훈련시켜 초신자에서 성장해 나가는 신자로 키워낸 것이다.

세 번째로, 성도들이 성장하여 각자의 역할을 감당하기 시작한다. 그들이 성장했다고 하는 것은 '그리스도인'이라는 별명을 얻은 것에서 알아챌 수 있지만, 특별히 29-30절에서 그들이 성장한 모습을 찾아볼 수 있다. 예언자 아가보가 기근이 들 것이라고 예언한 다음 실제로 기근이 들자 이들은 예루살렘 교회를 돕기로 결정한다.

> [29] 제자들이 각각 그 힘대로 유대에 사는 형제들에게 부조를 보내기로 작정하고 [30] 이를 실행하여 바나바와 사울의 손으로 장로들에게 보내니라(사도행전 11:29-30).

29절의 주어 '제자들'은 '그리스도인'이라는 별명이 생기기 이전에 기독교인들을 지칭하는 데 쓰였던 말이다. 안디옥 교회에서 예수님을 믿은 사람들이 이제 '제자들'이라고 불러도 될 정도의 사람이 되었다. 이렇게 성장한 제자들은 자신들에게 바나바도 파송하고 아가보와 같은 예언자들도 파송했던 예루살렘 교회가 기근 때문에 심한 어려움을 겪고 있다는 소식을 듣고 헌금을 보내기로 작정한다. 각자 자기 형편에 따라서 몫을 정하여 그것을 예루살렘에 보낸다. 이제 제자들은 다른 사람을 돌보는 일, 자기 교회만 아니라 멀리 있는 교회를 돌보는 일까지 감당하게 되었다.

이렇게 성장한 교회는 네 번째로, **다양한 리더들이 이끄는 교회가 되었다**(행 13:1). 이 교회에 다섯 명의 지도자가 생긴 것이다. 처음에는 바나바와 사울 두 명이었다. 그런데 이 전문 사역자들이 열심히 가르친 결과, 사람들이 성장해 가며 자기 역할을 해나가기 시작하면서 이 속에서 리더들이 일어나기 시작했다. 루기오, 마나엔, 시므온이라는 세 명의 리더가 더 생김으로 리더십 그룹이 형성됐다. 이 사람들이 얼마나 다양했는가 하는 것에 대해서는 앞에서 살펴보았다. 바나바는 어떤 면에서 이 교회의 주도권을 잡을 수 있는 사람이었지만 그렇게 하지 않았고, 다양한 리더들이 생겨나 공동체를 이끌어가고 있었다.

그뿐만 아니라 무엇보다 충격적인 것은 다섯 번째로, **그들이 핵심 리더를 파송하고 자립할 수 있었다**는 것이다(행 13:2-3). 다섯 명의 리더가 함께 기도하고 예배하고 있었을 때 하나님께서는 두 명을 따로 세우라고 명하신다. 그 두 사람이 바로 그 교회의 기둥이었던 바나바와 사울이었다. 하나님이 시키시는 일을 위해 이 두 사람을 떠나보내라고 하신 것이다.

이는 우리에게 무엇을 알려주는가? 이제 교회는 핵심 리더를 떠나보내고 자립할 수 있을 정도로 성장했다는 사실이다. 교회의 기둥과 같은 바나바와 사울을 떠나보내고도 자립할 수 있는 교회가 된 것이다. 이것이 2-3년이라는 짧은 기간에 일어난 일이다.

안디옥 교회는 정말 독특한 교회다. 한 사람이 이끌어가는 교회가 아니라, 수많은 성도가 다양한 모습으로 다양한 역할을 가지고 각자 성장해 가면서 함께 이끌어가는 교회다. 안디옥 교회를 보면 정말 가슴이 뛴다. 교회는 이래야 한다는 성경의 가르침을 실제로 역사 속에 구현해 낸 교회이기 때문이다. 적어도 오늘날 우리가 보고 있는 많은 교회와는 다른 교회이기 때문이다.

하나님이 원하시는 교회는 어떤 교회일까? 그것은 목사 한 사람에 의해서 좌지우지되는 교회가 아니다. 초기 단계에는 어쩔 수 없을지 모르지만, 시간이 지나면 지날수록 사람들이 균형 있게 성장하여 세워지고 초기의 리더들을 대체할 수 있는 리더들이 일어나는 교회, 그리고 각자 다른 모양으로 각자의 몫을 가지고 함께 세워나가는 교회, 이것이 성경에서 이야기하는 교회다. 안디옥 교회가 그런 교회였다. 우리가 되고픈 교회가 그런 교회다.

그렇다면 그런 교회가 되기 위해서는 어떻게 해야 할까? 디딤돌들로 만들어진 교회, 다양한 디딤돌들이 모여서 함께 이룬 교회, 그 교회가 되기 위해서 우리는 각각 어떻게 성장해야 할까? 다섯 가지 비결이 있다.

꿈: 디딤돌의 꿈을 꾸라

첫 번째는 디딤돌의 꿈을 꾸라는 것이다. 꿈꾸지 않는 사람은 절대로 아무것도 되지 못하기 때문이다. 사람은 자신이 꾸는 꿈 이상 되지 못한다.

하나님을 만나면 하나님이 우리에게 꿈을 주신다. 그런데 대부분의 꿈은 공중에서 그냥 떨어지는 것이 아니라 누군가를 보고 꾸게 되어 있다. 롤모델을 보며 '나도 저렇게 되고 싶다'는 마음이 생겨나 꿈꾸게 되는 것이다. 안디옥 교회에서 이런 일이 가능했던 것은 너무나 좋은 모델들이 있었기 때문이다.

초기의 안디옥 교회를 한번 상상해 보자. 예수님을 만나서 너무 행복한 사람들이 모여 있다. 예수님을 만남으로 인생이 보이기 시작하고 역사가 보이기 시작한 사람들이 모여 행복해하고 있다. 누구 때문에 그렇게 된 것인가? 구브로와 구레네에서 온 몇 사람들이다. 앞에서 이야기했듯 무명의 용사들이다. 다른 유대인들은 편견에 차서 이방인들을 무시하고 거만하게 대했지만 이들은 겸손하게 예수님을 전해 주었다. 그렇게 예수님을 알게 된 안디옥 사람들이 어떤 꿈을 꾸기 시작했을까? '나도 저 사람처럼 내 주변에 있는 사람들에게 이 좋은 예수님을 전해야겠다'며 디딤돌이 되고 싶은 꿈을 꾸기 시작했을 것이다. 창문이 되고 싶은 꿈을 꾸기 시작했을 것이다. 그랬기 때문에 사람들이 계속해서 그들에게 다가오기 시작했다.

뿐만 아니라 예루살렘에서 바나바가 내려왔다. 바나바가 어떤 사람이었는지는 이미 살펴보았다. 바나바는 격려의 사람, 위로의 사람이었다. 그 앞에 서면 그냥 쓰러져 안기고 싶은 그런 사람이었다. 너무 성품이 푸근한 사람이었다. 이런 바나바를 만난 안디옥 교회 사람들은 어땠을까? 인격적으로 정말 흠모할 만한 사람, 너무 멋있는 사람을 만난 이들은 꿈꾸기 시작했을 것이다. '예수를 믿으면 저렇게 되겠구나. 나, 예수 잘 믿어서 저런 사람이 되어야겠다. 사람을 품는 사람, 격려해 주는 사람, 위로하는 사람, 내가 그런 사람이 될 수 있겠구나' 하는 꿈을 꾸기 시작했을 것이다.

더욱이 바나바는 예루살렘에 있었을 때처럼 어려운 자들을 돕고 격려하는 삶을 살았을 것이다. 이런 바나바를 보고 사람들은 어떤 생각을 했을까? '하나님 믿으면 저렇게 되는 거구나. 물질적인 축복을 받으면 그걸 자기를 위해서 쓰는 것이 아니라 이웃을 위해서 쓰는 거구나. 야, 멋있다. 나도 저렇게 살아야 하는 게 아닐까?' 하는 생각을 했을 것이다. 바나바를 보고 사람들이 꿈꾸기 시작하는 것이다.

또 사울이 합류했다. 당시 사울은 어떤 사람이었을까? 요즘 사람들은 그를 위대한 기독교 사상을 정립한 사람이라 생각할지 모르지만 당시에 그는 박해자로 인식되었다. 기독교를 박해하고 스데반을 죽이는 데 앞장섰던 사람이었다. 아마 사울의 별명은 '과거가 있는 남자'가 아니었을까? 그에게는 치명적인 스캔들이 있었다. 하지만 이 사람은 유대교에 정통한 공부를 한 사람이고 헬라 철학을 마스터한 사람이었다. 이런 그가 가르치는데, 가르치는 것이 바나바와는 비교가 안 되었다. 그는 뛰어난 교사였다.

사람들은 이런 사울을 보고 꿈꾸었다. '나같이 상처 있는 사람도, 나같이 과거가 있는 사람도 하나님이 쓰실 수 있겠구나. 하나님은 과거에 배신했던 사람조차도, 박해했던 사람조차도 쓰시는구나. 나에게도 소망이 있구나.'

뿐만 아니라 사울이 사람들을 가르치기 시작하면 사람들이 잘 깨닫고 하나님 나라의 비밀이 분명히 드러나는 일들이 일어났다. 그러다 보니 그들 가운데서 가르치는 은사가 있었던 사람들은 '나도 사울처럼 가르쳐야겠다. 나도 성경을 열심히 공부해야겠다. 헬라 철학도 열심히 공부해야겠다. 그래서 잘 가르치는 교사가 되어야겠다'는 꿈을 꾸었을 것이다.

꿈꾸는 사람들, 디딤돌이 되겠다는 꿈을 꾸는 사람들이 있을 때 교회는 건강해진다. 안디옥 교회는 그런 교회였다. 안디옥 교회 같은 교회를 바란다면 우리 역시 꿈을 꾸기 시작하면 된다. 지금 당장 뭔가를 이룰 수 없을지는 모르지만, 우리 각자가 살아야 할 삶, 우리 각자 감당해야 할 역할들을 꿈꾸기 시작할 때 하나님은 놀라운 일들을 이루어가실 것이다.

훈련: 든든해지고 다듬어져라

두 번째로 우리는 든든해지고 다듬어져야 한다. 아무 돌이나 디딤돌로 쓸 수 있는 것이 아니다. 튼튼한 돌, 밟아서 깨지지 않는 돌이어야 디딤돌로 쓸 수 있다. 또 그 돌은 다듬어진 돌이어야 한다. 거침돌은 걸려 넘어질 수도 있고 발에 상처를 줄 수도 있다. 디딤돌이 되려면 꿈만 꾸는 것이 아니라 든든해지고 다듬어져야 한다.

그러면 든든해진다는 것은 어떤 것인가? 그것은 다른 사람이 밟고 지나갈 수 있는 돌이 되는 것이다. 나를 이용해서 더 좋은 것을 얻을 수 있을 정도는 되어야 한다. 그것은 '취급 주의fragile' 같은 빨간 딱지는 떼어버린 상태다. 사람들의 오해와 상처를 주는 말, 세상에서 오는 유혹과 핍박을 이겨낼 수 있을 정도로 견고해지는 것이다.

그렇게 든든해지기 위해 우리는 어떻게 해야 하는가? 열심히 배우고 훈련해야 한다. 특별히 말씀을 통해서 서는 법을 배워야 한다. 일주일에 한 번 예배 드리고 설교 듣는 것도 중요하지만 그것은 그리스도인들을 겨우 연명하게 할 뿐이다. 디딤돌이 될 만큼 든든해지고 싶다면 말씀을 스스로 소화하고 말씀을 통해서 스스로 은혜 받는 삶을 배워야 한다. 다시 말해 예수 그리스도가 이루신 일에 기초해서 그분의 능력을 의지해서 살아가는 법을 배우고 그렇게 살도록 훈련해야 한다.

그뿐 아니라 이 디딤돌은 다듬어진 돌이다. 밟아도 안전할 만큼 든든해졌지만 밟기가 겁나는 돌이 있다. 밟으면 다칠 것 같은 돌이 있다. 물론 하나님은 그런 돌들을 통해서도 일하기는 하신다. 하지만 다듬어지지 않았기 때문에 사람들에게 고통을 준다.

자신을 힘들게 하는 시어머니 때문에 억지로 교회를 다니다가 예수님을 믿게 되는 며느리 이야기를 우리는 가끔 듣는다. '저런 분과 함께 하늘나라 가야 한다면 나는 절대로 믿지 않겠다'고 생각했던 며느리가 복음을 듣고 어렵게 예수님을 믿게 되는 경우다. 시어머니가 그 며느리에게 디딤돌이긴 했지만 너무 아프고 힘들게 하는, 그리고 넘어지게 하는 디딤돌이 된 것이다.

예수를 따르게 되면 반드시 예수를 닮게 되어 있다. 신앙은 좋은데 성격은 이상할 수 없다. 우리의 언어 습관과 의사 결정, 그리고 행동 양식 모두에 우리 예수님은 영향을 끼치셔서 우리를 성장하게 하신다. 이렇게 예수님을 따라 성장하면 사람들이 안전하고 편안하게 딛고 지나갈 수 있는, 거친 부분들이 다듬어진 디딤돌이 될 것이다. 그러나 우리의 성품이 예수님을 닮아가지 않는다면, 우리가 아무리 다른 사람들이 딛고 지나갈 만큼 든든한 디딤돌이 되었어도 사람들에게 상처를 입히고 걸려 넘어지게 만드는 거침돌에 가까운 디딤돌로 남아 있을 수 있다.

그러므로 기도하는 시간에 자기를 성찰하고 자신의 관계들을 돌아보고, 말씀을 통해 사람을 사랑하는 법을 배우는 것이 필요하다. 사람을 사랑하기 위해 이해하려 하고 이해하기 위해 경청하고 감정이입 하는 것을 배우는 과정이 반드시 필요하다. 이것은 매일의 훈련 없이는 이루어질 수 없는 덕목이다.

이원론의 극복: 한 걸음 더 성장하라

세 번째로 든든해지고 다듬어지는 것에서 한 걸음 더 나아가 세상 속에서 자신의 역할을 감당할 수 있는 자리로 성장해 나가야 한다. 신앙생활은 교회 공동체 내에서 하는 것이 아니다. 오히려 공동체 속에서 배우고 익혀 그것을 실제 삶의 현장 속에서 드러내는 것이 우리의 진정한 신앙생활이다. 신앙생활은 교회에서 하고 세상에서는 세상적인 방법을 따라 사는 이원론을 극복하는 것이 오늘날 한국 교회에 얼마나 절실한가!

사실 이 이원론을 극복하지 못하면 오늘날 한국 사회에서 경험하고 있는 부조리하고 불합리한 일들이 교회 내에서 버젓이 벌어질 수 있다. 하나님은 우리를 부르셔서 교회 안에서건 사회에서건 하나님의 뜻을 따라 살도록 하셨다.

이원론을 극복하고 한 걸음 더 나아간 성장을 이루기 위해서는 무엇보다도 건전한 성경의 가르침을 배우기만 할 뿐 아니라 그것을 실제 삶 속에 행하는 믿음이 필요하다. 성경을 많이 연구하고 지식을 쌓아도, 여러 훈련을 섭렵해도 그것을 나의 실제 생활 속에 행하는 믿음을 갖지 못하면 그것은 "창수가 나고 바람이 불어 무너져버릴 수밖에 없는 모래 위에 세운 집"(참고. 마 7:26-27)에 불과하기 때문이다.

그러므로 교회의 교사들은 단지 성경의 가르침과 원리만을 가르칠 것이 아니라 실제 삶의 현장에서 우리가 어떤 삶을 살아야 하는지 함께 고민하고 대안을 찾아주어야 한다. 성경 속에서 가르치고 있는 육아법, 자녀 양육, 인간관계론, 리더십, 경영의 원리, 공적 영역에서 정의의 실현, 생태계의 보전과 검소한 삶 등 우리의 삶에 너무도 필요한 주제들을 함께 나누고 고민해야 한다.

한 걸음 더 나아가서 그렇게 삶의 현장에서 고투를 벌이며 성경적 가르침을 따라 주님을 섬기고 있는 성도들의 이야기가, 그것이 실패담이 되었건 성공담이 되었건 함께 나누어져야 한다.

우리의 삶은 늘 그렇게 쉬운 답을 가져다줄 만큼 단순하지 않다. 복잡하고 다양한 삶의 현장 속에서 하나님의 뜻을 이루려고 애를 쓰는 것 자체가 영적으로 균형 있게 성장하고 있는 제자의 모습인 것이다.

다양성: 다른 디딤돌들과 함께하라

네 번째로 우리는 다른 디딤돌들과 함께함으로써 성장할 수 있다. 평범한 돌, 깨진 돌, 특별한 돌, 이런저런 색깔의 돌, 이런저런 모양의 돌 등이 모여서 하나의 건물을 이루기 때문이다.

그러나 다양성은 우리를 고통스럽게 한다. 두 사람이 만나 결혼하는 것을 보면 두 사람이 똑같아서 매력을 느끼는 경우는 거의 없다. 서로 다른 것에 매력을 느껴서 결혼까지 하지만 결혼하면 그 다른 것 때문에 고통스러워한다. 그러나 다른 것을 극복해 가면 부부가 온전해지면서 부부의 삶을 제대로 누리게 된다.

공동체의 경우도 마찬가지다. 다양한 사람들 때문에 서로 부대끼고 아프고 힘이 든다. 그러나 그 다양성이 유익이 되는 시너지를 내는 상황에 이르면 그 공동체는 강력해진다. 바로 그런 모습을 우리는 안디옥 교회에서 보게 된다.

안디옥 교회는 이미 유대인과 헬라인이 섞여 있었다. 1부에서도 자세히 다루었지만 지도자들이 얼마나 다양한 사람들이었는가? 이것이 보여주는 것이 무엇인가? 그것은 교회 회중 자체가 그렇게 다양한 사람들이었다는 것이다. 헬라파가 있고 유대파가 있고, 유색인종파가 있고 왕족파가 있는 것이 아니라 그들이 하나의 공동체를 형성하고 있었다.

서로 다르다는 것은 우리를 부대끼게 하지만, 하나가 될 수 있다면 일반적인 세상에서 볼 수 있는 것과 다른 공동체를 형성할 수 있다. 이를 위해 우리는 다른 디딤돌들과 함께 살아가는 삶을 훈련해야 한다. 무엇보다 나와 다른 이를 사랑하고 이해하는 면에서 성장해야 한다. 하루아침에 이런 성숙한 하나됨을 형성할 수 없지만 교회는 여러 지체를 가졌으나, 한 머리에 이어져 한 몸을 이루고 있는 것을 특징으로 한다. 너무나 다르기 때문에 오히려 하나가 될 수 있는 사람들, 그 디딤돌의 모임이 우리가 꿈꾸는 교회인 것이다(제1부 5장에서 이 주제를 다루었다).

동역: 함께 일하는 법을 배우라

다섯 번째로 각자의 소리와 각자의 역할을 감당하면서 함께 일하는 법을 배우라는 것이다. 그리스도인의 진정한 영적 성장에 반드시 따르는 중요한 덕목이 함께 일하는 것이다.

안디옥 교회에서 예루살렘에 지원금을 보낼 때(행 11:27-30)와 바나바 선교팀을 파송할 때(행 13:1-3), 지도자들이 하나님의 뜻을 분별하고 그것을 모든 성도들과 공유하는 과정, 공동체 전체가 함께 그 뜻을 분별하고 함께 결정하는 모습, 각자가 자신의 몫을 정하고, 자신이 최선을 다해 그 일에 참여하는 전체 과정은 정말로 아름답지 않은가?

진정한 성장을 이룬 그리스도인들은 이렇게 주님께 맞추어서 함께 일할 줄 안다. 그리고 다른 사람이 어떻게 하든 상관치 않고, 내가 공동체에서 감당해야 할 일이 무엇인지 하나님께 질문한다.

내가 아는 한 나이 드신 권사님이 이런 얘기를 하신 적이 있다. 그분은 다니는 교회에서 어떤 비전이 세워지고 그에 따라 헌금을 해야 할 때마다 하나님이 마음속에 이런 부담감을 주셨다고 한다. '필요한 헌금의 1/10은 우리 가정이 맡아야겠다'는 것이었다. 비교적 풍요로운 가정이긴 했지만 그래도 1/10을 담당할 만큼 부유한 가정은 아니었다. 그런데 하나님께서 늘 그런 마음을 주셔서 그 권사님은 그런 자세로 임하셨다고 한다.

또 다른 자매의 경우 경제적으로 여유가 없어 교회 공동체가 행하는 여러 사역을 돕고 싶지만 그럴 수 없어 힘들어했다. 그러다 어느 날 하나님께서 자신에게 원하시는 몫은 경제적인 것이 아니라 교회 사역을 위해서 기도하는 것이라는, 너무도 단순한 사실을 깨달았단다. 그 이후로 자매는 자유로워져서 자신에게 경제적인 축복을 특별히 주시든 않든, 자신에게 있는 은사이며 섬길 수 있는 분야인 기도 사역에 자신을 드리기 시작했다. 나는 그 자매에게 이야기했다. "경제적인 나눔도 중요하지만 기도는 더 중요하지요. 사실 돈보다 시간이 더욱 귀하지 않겠어요?"

사람들마다 각자의 관심사와 역량, 그리고 은사가 다르다. 공동체 속에서 우리 각자가 감당해야 할 몫이 그렇게 다를 수밖에 없다. 하나님께서 자신에게 주신 것을 가지고 함께 일하는 것, 그것이 하나님이 세우시는 공동체의 특징이다. 똑같은 포지션을 가진 사람들끼리는 축구팀을 형성할 수 없지만 다양한 기술과 역량을 가진 사람들이 하나가 되면 환상적인 팀이 되지 않는가! 교회는 이런 다양성이 최대화될 수 있는, 이 땅에서 발견하기 쉽지 않은 공동체인 것이다.

성도들이 자신의 자리를 찾는 교회

나들목교회를 시작할 때, 나는 목회자 중심의 교회에 대하여 심각한 문제의식을 갖고 있었다. 하나님의 공동체가 가질 수 있는 진정성은 성도들이 서로 사랑할 뿐 아니라 그들 안에 어떠한 불필요한 계급도 없이, 각각 부르심을 따를 때 나타난다. 평신도라는 비성서적인 말이 모든 사람들에게 아무렇지도 않게 받아들여지는 상황 속에서 성도들이 자신들의 자리를 되찾는 것이 얼마나 소중한 것인지 마음속에 새겼었다.

그래서 교회의 본질이라 할 수 있는 서로 사랑하는 공동체를 중심으로 교회를 세웠다. 하나의 가정교회에서 시작한 이 공동체는 수많은 성도들이 준비되어가면서 그들이 가정교회를 이끄는 목자들로 세워졌고 2010년 현재, 부부를 합쳐 100명 정도의 목자들이 60여 개의 가정교회를 이끌고 있다. 또한 다양한 사역팀이 존재하고 이제는 성도들 스스로 사역을 위해 새로운 팀을 만들기 시작했다.

나들목교회가 되고 싶은 교회는 성도들이 자신들의 자리를 되찾는 교회이다. 평신도와 사제를 나누는 로마 가톨릭적인 생각에서 벗어나 "모든 사람이 하나님 앞에 선 제사장"이라는 "만인제사장설"의 전통을 우리 시대에 바르게 실현하고 싶다. 나들목교회가 세워지고 난 이후 10년 정도가 지나면서 우리는 이렇게 성도들에 의해서 세워지는 교회가 불가능한 것이 아니며, 실제로 놀라운 결과를 가져올 것이라는 기대감을 가지고 있다. 각 성도들이 "나는 평신도니까!"라는 엉터리 같은 배짱에서 벗어나 자신의 십자가를 지고 주를 따를 것이다.

그러나 '평신도 배짱'에서 벗어나, 전문 사역자들과 동역하는 성도들이 세워지는 것은 쉽지 않다. 각각의 성도들이 균형 있게 성장하지 않는다면 오히려 준비되지 않은 리더가 되어 잡음만 더 많아질 수 있다. 균형 있는 성장은 어떻게 가능할까? 그것은 '하나님 나라의 복음'만이 가능하다. 그래서 나들목교회 초기에, 지난 20년간 제자훈련을 해오며 고민했던 내용을 담아 〈풍성한 삶의 기초〉*라는 12주 제자훈련과정을 만들었다. 이는 하나님 나라의 복음이라는 토대 위에 그리스도인의 삶을 어떻게 세워나갈 것인가에 대한 내용이다. 12주 동안 이끄미와 따르미가 일대일로 만나 훈련을 한다. 과정을 마친 따르미는 이끄미로 성장하여, 자신의 따르미를 찾고 '하나님 나라의 복음'을 전수하는 〈풍삶기〉(〈풍성한 삶의 기초〉의 준말)를 한다. 이렇게 나들목교회에서는 하나님 나라의 복음으로 사람을 세우는 일이 재생산되고 있다. 2010년 현재, 이 훈련을 마친 사람이 500명에 이르고, 이끄미가 된 사람이 200명이 넘으며, 그중에 대다수가 한 번이

---

* 《풍성한 삶의 기초》의 교재는 오디오와 함께 곧 출간될 계획이다.

아니라 거의 매년 〈풍삶기〉를 이끌고 있다. 열 번 이상 〈풍삶기〉
를 인도한 사람도 적지 않다. 사람이 건강하게 세워지지 않으면
동역할 수 없다. 안디옥 교회에서 바나바와 바울이 사람을 세워
다른 지도자들과 동역했던 것처럼, 든든한 디딤돌로 자라가는
교회가 되기 위해서는, 사람을 복음으로 세우는 일이 선행되어
야 한다.

"성도님, 우리 성도님!"

오래전에 방영된 시사 프로그램인데, 부제가 '목사님, 우리 목
사님!'이었다. 한국 교회 목사님들이 보이는 문제점들을 파헤친
것이었다. 이 시대를 살아가는 목사의 한 사람으로 목사들이 그
렇게 지탄받는 위치에 있다는 것이 너무나 괴롭다. 그렇게 밖에
못 사는 우리가 너무너무 불쌍하고 답답하고 두렵다.

그러나 그 비판의 칼날을 우리가 함께 의식할 필요가 있다. 목
사가 그렇다면 성도인 우리는 어떠한가? 성도들은 꿈을 꾸고 있
는가? 성경에서 얘기하는 꿈들을 꾸고 있는가? 디딤돌이 되고자
하는 꿈을 꾸고 있는가? 그 꿈을 위해 다듬어지고 든든해지는
과정을 겪고 있는가? 아니면 꿈도 없이 좋은 교회에서 제공하는
종교적 서비스를 누리고만 있는가? 하나님께서 어떤 일을 하시
려고 할 때 자신의 몫을 감당하기 위해서 하나님께 묻기보다는
다른 욕심들 때문에 집중하지 못하는 그런 우리는 혹시 아닌가?

이 땅의 목사들이 정신 차리고 깨어야 하는 것, 맞는 말이다.
그들이 성도들을 깨워줘야 한다. 그러나 성도들이 깨어날 것을

거부하고 그 자리에 주저앉아 있기만 한다면, 좋은 종교 서비스를 해 주는 더 편한 교회를 바라고 간편하게 신앙생활 하며 자기 인생의 행복을 누리면 된다고 생각한다면, 그들은 한국 교회를 보면서 손가락질할 자격이 없는 이들이다. 미안한 말이지만 그들도 공범이다.

하나님은 우리를 디딤돌로 부르셨다. 우리 한 사람, 한 사람을 그렇게 부르셨다. 목사와 성도는 다만 역할의 차이가 있을 뿐 헌신의 차이가 없다. 성숙의 차이도 없다. 모든 성도들이 함께 균형 있는 성장을 해서 각자의 몫을 감당하는 교회를 하나님께서는 세우기를 원하신다.

한국 교회에 대해서 이야기하며 슬퍼하고 안타까워하고 분노하게 되는 일이 빠른 시일 내에 사라질 수는 없어도 적어지게 되기를 간절히 기도한다. 이 일이 다른 사람의 몫이고 책임이라고 생각하지 말자. 우리가 성도라면 우리 모두가 이 일에 숭고한 책임을 져야 한다. 우리가 아버지 하나님의 명예에 관심을 갖기 시작한, 그리고 그분이 일하시는 방식과 무엇보다도 그분의 마음을 알아채기 시작한 성도들이라면 말이다.

세월이 지나 안디옥 교회와 같이 세상 사람들에게 창문이 되고 디딤돌이 되어준 교회들이 방송과 신문 매체에 알려지는 날이 오게 되기를 꿈꾼다. '성도님, 우리들의 성도님!' 우리가 디딤돌로 균형 있게 성장할 때 그 일은 불가능한 일이 아니기 때문이다.

디딤돌들이 함께 세우는 교회
_진실한 공동체

9

"제자들이 각각 그 힘대로 유대에 사는 형제들에게 부조를 보내기로
작정하고 이를 실행하여 바나바와 사울의 손으로 장로들에게 보내니라."
_사도행전 11:29-30

몇 주 전 한 형제를 만났다. 대학을 졸업한 후 회사에 들어가서
술자리에 불려 가는 것 때문에 그리스도인으로서 굉장히 어려움
을 겪었던, 80년대 후반에 대학을 다닌 형제였다. 그 형제가 한
말이다.

"그리스도인으로서 술자리에 가야 하는지, 가서 술을 마셔야
하는지 말아야 하는지에 대해 굉장히 많이 고민하고, 술자리에
가지 않는 것 때문에 회사에서 왕따 당하며 불이익도 당하고 얼
마나 어려움을 많이 당했는지, 그때 고민하며 상담했던 것 기억
하시죠?… 그런데 세상이 너무 많이 변했습니다.

저는 제가 당한 어려움이 있기 때문에 직원들에게 술을 권하
지 않습니다. 대신 문화 행사를 같이 가자고 합니다. 그래서 부
하직원들에게 뮤지컬을 같이 보러 가자고 했죠. 그런데 회사에

막 들어온 초년생이 '부장님, 저는 그날 못 가는데요, 선약이 있습니다'라고 이야기하지 뭡니까? 이제는 도대체 부하직원 눈치를 봐야 하니, 세상 참 많이 변했죠?"

80년대 중반, 90년대에 이르기까지 그리스도인들은 그야말로 엄청난 술 문화 속에서 그리스도인으로서 정체감을 어떻게 지켜야 하는가의 문제 때문에 술자리에 가지 않기도 하고, 따라가서 안주만 집어먹다 꾸중을 듣기도 하면서 어려움을 많이 당했다.

아직도 이런 건강하지 못한 문화가 남아 있긴 하지만, 이제 세상이 바뀌어서 개인의 의사를 상당히 중요시하는 사회가 되었다. 무조건 따라가야 하는 전체주의적인 분위기는 한국 사회에서 점차 사라지고 있으니 참으로 다행한 일이다. 그러나 이와 함께 문제점들도 있어 보인다. 과거 세대를 무시하거나 감사하는 마음을 갖지 못하고 자기 주장에다 비판만 하는 젊은 세대의 모습에서 우리는 반대편의 문제를 발견한다.

개인주의가 강해지면서 사회의 여러 공동체들이 무너져가고 있다. 예전에는 어떤 권위에 순종하여 일사분란하게 움직이는 것이 몸에 배어 있었는데, 이제는 각 개인의 소리가 존중되는 문화로 새롭게 바뀌고 있기 때문에 어떤 공동체든 어려움을 겪기 시작한 것이다.

가정들도 깨지고 있다. 예전에는 가장에게 잘못이 있다 하더라도 가장을 존중했기 때문에 가정이 유지되었는데, 이제는 가정이 쉽게 깨지고 있다. 가장의 권위가 옛날처럼 존중될 수 없는 상황이 되어버렸기 때문이다. 가장의 권위가 무조건 인정되어야 한다는 뜻이 아니다. 무조건적인 권위는 더 큰 문제점을 야기하는 것을 우리는 알고 있다. 문제는 각자의 소리를 내기에 바쁘고 아름다운 화음을 만들기에는 너무나 어려운 상황이 되어버렸다는 것이다.

한국 교회의 모습도 이와 비슷하다. 과거 한국 교회는 사회적 분위기와 맞물려서 권위주의적이고 전체주의적인 분위기를 따라간 면이 있었다. 목사님이나 교회 지도자들의 말에 모든 성도가 일사분란하게 순종하는, 그래서 한마음이 되어 움직이는 모습을 보였다. 이는 교회 공동체가 하나로 꽉 묶여 있다는 것을 느끼게 하고 실제로 그렇게 일사불란하게 움직인다는 면에서 좋은 점도 있었다.

그러나 여전히 권위주의적 구조를 유지하고 있는 교회들은 현재도 그렇겠지만 앞으로 더 많은 문제를 경험할 것이다. 자신의 의견이 무시되고 소수 또는 한 개인에 의해서 교회가 일방적으로 움직여질 때, 현대인들은 문제를 제기하고 교회를 떠나기까지 한다. 또 교회의 지도자들을 존중하여 그들의 결정이라면 그냥 따른다는 입장을 보인다 해도, 교회 자체의 폐쇄성과 교회의 규모가 커감에 따라 여러 가지 문제가 나타날 가능성이 높아진다. 그래서 요즈음에는 민주적인 정관을 만들어 건강한 교회를 세우려는 운동도 있다. 그러나 정관이 교회를 지켜줄 수 있을지는 의문이다.

이런저런 교회의 문제와 현대의 개인주의적 문화는 많은 성도들로 하여금 교회에 아주 낮은 정도의 소속감을 갖게 만들기도

했다. 적지 않은 사람들이 교회는 불가근不可近 불가원不可遠해야 한다고 본다. 너무 가까워도 안 되고 너무 멀어도 안 된다는 이야기다. 더군다나, 교회의 문제를 이렇게 저렇게 경험하다 지친 성도들은 아예 '가나안 성도'가 되기도 한다. '가나안 성도'란 교회에 '안 나가'는 성도들을 뜻하는, 현대 한국 교회의 슬픈 신조어이다.

이렇게 모든 공동체가 몸살을 앓고 있는 상황 속에서 가정이든, 교회든, 회사든 공동체를 이루는 것이 가능한 일일까? 제각기 모양을 고집하여 울퉁불퉁한 돌들이 모여 있는 것과 같은 모습이 아니라, 잘 다듬어져 여러모로 쓸모 있는 디딤돌의 모습을 갖출 수 있을까? 다르게 표현하자면, 각자 소리를 내어 불협화음을 내는 공동체가 아니라 아름다운 화음을 이루어낼 수 있는 그런 공동체가 가능한가 말이다.

안디옥 교회는 놀랍게도 이런 조화와 화음을 우리에게 보여준다. 어떻게 그렇게 아름다운 화음을 이루어낼 수 있었을까? 이 주제는 한국 교회의 현재 상황에서 너무도 중요한 주제이다.

한 몸에 속하여 함께 살라

안디옥 교회에서 우리가 배우는 중요한 것은 이들이 "함께하고 있었다"는 사실이다. 다시 말해, 공동체에 속해 있었던 것이다. 다음의 성경 구절은 바나바와 사울이 1년간 안디옥 성도들을 가르치며 공동체적인 삶을 살았던 것을 보여준다(1부 4장 참고).

²⁵바나바가 사울을 찾으러 다소에 가서 ²⁶만나매 안디옥에 데리고 와서 둘이 교회에 일 년간 모여 있어 큰 무리를 가르쳤고 제자들이 안디옥에서 비로소 그리스도인이라 일컬음을 받게 되었더라(사도행전 11:25-26).

초대교회 교인들이 우리들보다 신앙생활을 하기에 유리한 점이 있었다면, 그것은 교회 수가 많지 않았다는 것이다. 아이러니하게도 오늘날 교회가 너무 많은 것이 우리로 하여금 신앙생활을 잘하지 못하게 할 수 있다. 이것이 어떻게 문제냐고 반문할지 모르겠다. 문제는 오늘날 교회가 너무 많아서 교회를 쉽게 옮길 수 있다는 것이다.

상당히 오랜기간 안디옥에서도, 예루살렘, 고린도, 에베소에서도 교회는 그 지역에 하나밖에 없었다. 그들이 예수를 믿고 공동체에 속했을 때 그들에게는 다른 대안이 없었다. 갈등이 생기고 불편한 사람이 생겼다 해도 갈 만한 다른 교회가 없었다. 안디옥에 있었던 그리스도인들이 안디옥 교회를 떠나는 것은 신앙을 버리는 것이었다. 그래서 그들은 거기 머물면서 죽으나 사나 같이 사랑할 수밖에 없었다.

그런데 오늘날 그리스도인들은 어떤가? 대안이 너무 많다. 어느 교회에서 신앙생활을 하다가 마음에 안 드는 일, 마음에 안 드는 사람들이 생기거나, 그런 일들이 반복되면 그 교회를 떠나 다른 교회로 가버린다. 그러나 그 옆의 교회도 완벽하지 못한 것은 마찬가지다. 그러면 거기서 또 떠나거나 아예 큰 교회로 가버린다. 이런 현상이 이제는 점점 더 심화되어서 익명성을 보장해 주는 교회에 현대 도시의 그리스도인들은 더 많이 몰린다. 작은 교회에 가면 이것저것 봉사를 시키고 자신의 삶이 노출되기 때문에 아예 큰 교회를 선호하는 것이다.

그러나 나는 주일에 좋은 예배를 제공하고, 그것만 제대로 하면 신앙생활을 잘하는 것이라고 가르치는 교회를 경계해야 한다고 말하고 싶다. 교회는 하나님을 아버지로 모신 실제적인 가족 공동체다. 말뿐인, 개념뿐인 공동체가 아니라 이 땅에서 경험해 보지 못한 진짜 공동체이다. 그렇기 때문에 도시적인 상황에서라도 교회는 자꾸 작아져야 한다. 사람들이 자신을 꾸밈없이 드러내고 서로에게 속할 수 있는 영적인 분위기와 영적인 구조를 가져야 한다.

주일 예배만 드리기 위해 슬쩍 들어갔다 나왔다 하는 것은 교회가 아니라 예배당이다. 교회에 속한 것이 아니라 예배당에 다니는 것이다. 구름처럼 모인 사람들에 감동하지 말라. 공동체가 없이 그렇게 모인 사람들을 교회라 부르기에는 거리가 너무 멀어보인다. 교회는 관계적이며 공동체적이다. 주일에 모인 군중은 교회라기보다는 '주일예배 집단'이라고 부르는 것이 차라리 낫다(이런 표현을 쓴 것을 용서해 주기 바란다). 그러므로 이런 제도적인 교회에 속하는 것을 공동체에 속하는 것이라고 할 수는 없다. 서로가 서로에게 공동체가 되어 더불어 살아가는 사람들, 그렇게 하는 단 하나의 이유가 하나님이 아버지가 되셨기 때문인 사람들, 그들이 교회이다.

그러므로 어떤 교회든, 그것이 가정교회가 되었건, 소그룹 또는 셀, 구역이 되었건, 사람들이 자신의 삶을 드러내고 진정으로 나눌 수 있는 구조가 반드시 필요하다. 그곳에서 내게 주신 사람들을 사랑하는 것이 하나님의 뜻이다. 내가 원하는 사람을 찾아다니거나, 쉽사리 떠나는 것은 하나님의 소원을 모르는 사람들의 모습이다. 하나님이 그토록 원하셨던 것은 하나님의 사랑을 받았기 때문에 그 사랑을 자신의 옆 사람과, 아니 좀 껄끄러운 사람 좀 힘든 사람과도 나누는 것이다. 공동체에 **속해서** 그 속에 있는 사람들을 사랑하는 법을 배워나가는 것이다. 힘들어도 그 길만이 옳은 길이다. 서로 잘 맞는 사람들끼리만 모여 클럽을 만드는 것이 아니다. 자신과 다른 사람, 좀 힘든 사람, 자신을 어렵게 하는 사람조차도 사랑하는, 그래서 예수님이 부활하셨다는 것을 참으로 증거하는, 참으로 증인이 되는 그런 공동체를 하나님이 원하신다.

그러므로 우리에게 무엇보다 필요한 것은 교회에 다니는 것이 아니라, 먼저 하나님의 가족으로서의 교회를 발견하고 그 속에서 형제자매로서 함께 사랑하며 살아가는 것이다(1부 5장에서 이 주제를 좀 더 깊이 다루었다).

함께 하나님을 따르는 공동체

그런데 문제는 이렇게 함께 살아가기가 쉽지 않다는 것이다. 서로 다른 사람들, 서로 모가 난 사람들이 서로 사랑하는 일에 조금 진보가 생기더라도, 아주 사소한 것으로부터 중대한 사안에 이르기까지 공동체가 한마음이 되어서 결정하기가 쉽지 않다. 각자 생각이 있고 취향이 있어 늘 교회에서는 마음이 상하고 분열과 다툼이 생기는 일이 다반사이다. 그래서 아예 민주적으로 투표를 하는 교회도 있다.

안디옥 교회가 우리에게 큰 도전이 되는 것은 놀라운 다양성에도 불구하고, 그들이 결정을 하는 면에서도 아름다운 화음을 이루어내고 있다는 것이다. 이 교회의 모습을 한마디로 요약한다면 '함께 하나님을 따르는 공동체'라 할 수 있을 것이다.

이는 피아노 조율 과정과도 비슷하다. 피아노에는 자그마치 88개의 건반이 있고 그 건반은 250여 개의 줄로 연결되어 있다고 한다. 이 250여 개의 줄이 화음을 낼 수 있는 것은 가장 기본음이라는 A음을 잘 조율하고 난 다음 그 음을 중심으로 나머지 88개의 건반, 정확하게 이야기하면 250여 개의 줄이 소리를 맞췄기 때문이다.

이처럼 다양한 소리를 내는 줄들이 모여 있는 공동체가 건강하려면 기준음이 있어야 한다. 우리에게 그 기준은 다름 아닌 하나님이시다. 건강한 공동체는 기준음이신 하나님을 따르는 공동체이다. 하나님을 따르되 함께 따르는 공동체이다. 그렇다면 그것은 어떻게 가능할까? 이제 구체적으로 그 과정에 대해 살펴보자.

지도자들이여, 하나님 앞에 서라!

건강하고 진실한 공동체에서는 먼저 지도자들이 앞서 하나님을 따르는 모습을 보인다.

피아노 조율 과정을 조금 더 자세히 들여다보자. 피아노를 조율할 때는 먼저 기준음인 A음을 맞추고 그 다음 기본 12음을 맞춘다고 한다. 그러고 나서 그 음들을 기준으로 다른 음들을 맞추기 시작하는 것이다. 마찬가지로 하나님의 공동체에도 A음이 있고, 12음이 있다. A음은 다름 아닌 하나님이시다. 그렇다면 12음은 무엇을 뜻하는 것일까? A음을 중심으로 맞춰진 교회 공동체의 지도자라고 말할 수 있다.

실제로 안디옥 교회에는 다양한 지도자들이 있었다(행 13:1). 이들이 얼마나 다양한 사람들이었는지에 대해서는 앞의 5장에서 살펴보았다. 이렇게 다양한 사람들이 하나가 될 수 있었던 것은 기준이 분명했기 때문이다. A음이 확실했기 때문이다. 이들의 특징은 주님께 조율되어 있었다는 것이다. 지도자들이 모두 주님을 향해 집중하여서 주님을 중심으로 조율되어 있었다.

우리는 우리가 속해 있는 작은 공동체에서 이렇게 주님께 조율되는 훈련을 한다. 나들목교회의 경우에는 작은 공동체로 '가정교회'가 있다. 열 명 남짓 모이는 각각의 가정교회에는 지도자들이 있다. 목자를 중심으로 한 서너 명의 지도자들이 있는데 이들이 하는 중요한 일은 A음이신 예수님께 집중하는 것이다. '예수님의 뜻이 무엇일까? 예수님은 어떤 것을 원하시는가? 예수님은 어떤 원리를 가지고 계시는가? 그리고 구체적인 우리의 상황 속에서 주님께서 뜻하시는 것은 무엇일까?' 하고 묻는 것이다.

이런 기준이 분명한 지도자들이 있을 때 그 공동체는 살아 움직이기 시작한다. 더 큰 공동체의 경우도 마찬가지다. 그 공동체 역시 A음에 분명히 기준을 맞춘 지도자들이 있을 때 살아 움직일 수 있다. 사실 이것은 교회뿐 아니라 가정도 마찬가지다. 엄마, 아빠가 하나님께 집중해서 하나님께 조율되어 있는 집안은 아주 평안하고 아름답고 건강할 수밖에 없다.

그러나 문제는 어떻게 그 기준에 맞춰나갈까 하는 것이다. 급변하는 세상, 우리가 알 수 없는 모호한 현실 속에서 어떻게 계속 이 기준에 맞춰나갈 수 있을까? 안디옥 교회에서 그 비밀을 찾을 수 있다. 사도행전 13장 2절을 보면 다섯 명의 지도자는 "주를 섬겨 금식" 했다고 한다. 그때 성령께서 그들에게 말씀하셨다.

우리가 속한 작은 공동체든, 더 큰 교회 공동체든 간에 건강한 조직을 넘어서 건강한 교회를 만들 수 있는 결정적인 요인이 있다. 의사소통이 자유롭게 이루어지고 민주적인 절차가 갖추어져 있고, 모든 것이 투명하게 움직이면 건강한 조직이라 할 수 있을 것이다. 건강한 교회 역시 조직으로서 이런 모든 특성을 갖는다.

그러나 이런 특성에 더해지는 중요한 한 가지 요소가 있다. 그것은 예배하고 금식하는 것이다. 일반적인 건강한 조직을 넘어서서 건강한 교회가 될 수 있는 요인은 예배와 금식이다. 우리 존재의 근원 자체가 하나님께 있다는 것을 고백하며 그분을 바라보는 예배, 그리고 다른 무엇도 아닌 하나님만을 추구하겠다는 그분에 대한 사랑 고백인 금식이 건강한 교회의 필수 요소인 것이다.

그러므로 지도자들은 공동체가 모일 때 함께 하나님께 예배하도록 이끌어야 한다. 가정교회나 소그룹으로 모일 때, 지도자들은 구성원들이 하나님을 예배하도록 해야 한다. 또 어떤 사역을 위해 모인 팀이라도 하나님의 뜻을 분별하기 위해서 모일 때마다 기도하는 것은 당연한 일이다. 이때 예배의 의미를 다시 한 번 확인하는 것이 필요하다. "우리 팀이 존재하는 이유와 목적은 당신이십니다. 우리 팀이 책임져야 하는 것과 우리 팀을 향한 당신의 뜻을 분별하게 해 주십시오"라고 고백하는 것이 예배다.

뿐만 아니라, 특별한 상황에서는 특별하게 예배하고 특별하게 금식해야 한다. 특별한 어려움이나 큰 문제가 생겼을 때, 그리스도인들이 서로 이야기하기보다는 그 문제를 하나님 앞에 가지고 나아가 기도해야 한다. 그때 실제로 하나님께서 우리 가운데서 일하시는 것을 경험하게 된다.

멤버들 간에 갈등이 생겼을 때, 서로 대화를 나누어 문제의 원인을 살피는 것은 중요하다. 그러나 그 이전에 예배하는 마음을 갖지 않으면, 하나님의 마음으로 문제를 보지 못하기 때문에 결국 적당한 타협이나 나쁜 경우 편 가르기, 정죄하기로 상황이 끝난다. 특별한 일을 결정해야 할 때도, 함께 예배를 드려 하나님께 조율되지 못한다면 개인의 취향과 생각, 그리고 안 되면 투표로 결정될 것이다. 하나님을 예배한다는 것은 단지 형식적인 예배 순서를 진행한다는 의미가 아니다. 그 예배 속에서 우리가 하나님 앞에 철저하게 복종하고, 그 기준점에 자신을 맞추는 것이 우리에게 필요하다.

그러므로 누가 교회의 지도자가 될 수 있을까? 세상에서 성공한 사람, 학식 있는 사람, 인품이 좋은 사람이 아니다. 교회의 지도자는 A음에 맞출 줄 아는 사람이어야 한다. 그분을 잘 아는 사람이어야 한다. 지도자가 되기 위해 여러 가지 훈련도 받지만, 훈련을 받았다고 해서 지도자가 되는 것은 아니다. 교회의 지도자는 자신이 속한 교회를 품고 하나님 앞에서 예배하고, 하나님 앞에서 금식하는 사람들이다. 그들이 진정 교회의 지도자다. 교회를 위해 기도하고, 성벽 위에 파수꾼처럼 서 있는 사람들이 있다면 잘 보이지 않아도 그들이 그 교회의 지도자들이다. 지도자들이 A음에 맞추는 방법은 예배와 금식 외에 다른 방법이 없다. 우리가 본받고 싶은 안디옥 교회의 지도자들이 그러했다.

지도자들에게 보여주신 뜻을 함께 분별하라

지도자들이 그렇게 주님을 따른다면 그 다음은 공동체가 그 지도자를 따라야 한다. 피아노 조율 이야기로 다시 돌아가 보자. A음을 맞추고 기본 12음을 맞춘 다음에는 그 12음에 따라 옥타브로, 즉 아래 '도', 위 '도', 또 그 위의 '도'를 맞춰나가기 시작한다. 물론 여전히 가장 중심적인 기준음은 A음이다. A음을 맞추고 그 A음에 따라 12음을 맞추고, 12음에 따라 나머지 음을 옥타브로 맞춰나가는 것이다. 흥미로운 것은, 그렇게 음들을 다 맞춰놓고 난 다음에는 옆의 음과 비교하면서 확인하는 과정을 거친다는 것이다. 장3도, 단3도 등 화음을 넣어 옆의 음들과 조화를 이루는지 점검하는 것이다. 그러다 틀린 음이 나오면, 틀린 음은 12음을 중심으로, 더 근본적으로는 A음을 중심으로 다시 교정을 해 준다.

교회 공동체도 이와 비슷하다. 중심되는 리더 그룹이 있다면 그 리더 그룹에 맞춰 조율되는 것이 필요하다. 또 지도자들이 어떤 뜻을 분별하고 따라간다면 그 사람들 하나하나와 나머지 사람들이 조화를 이루고 있는지 맞춰보는 것이 필요하다. 그 뜻을 함께 분별하는 것이 필요하다는 것이다. 그렇게 해서 화음을 이루는 것이다.

안디옥 교회는 예루살렘에 헌금을 보낼 때도, 바나바 선교팀을 파송할 때도 함께 하나님의 뜻을 분별하고 따르는 모습을 보여주었다.

> ²⁷ 그때에 선지자들이 예루살렘에서 안디옥에 이르니 ²⁸ 그 중에 아가보라 하는 한 사람이 일어나 성령으로 말하되 천하에 큰 흉년이 들리라 하더니 글라우디오 때에 그렇게 되니라. ²⁹ 제자들이 각각 그 힘대로 유대에 사는 형제들에게 부조를 보내기로 작정하고 ³⁰ 이를 실행하여 바나바와 사울의 손으로 장로들에게 보내니라(사도행전 11:27-30).

> ¹ 안디옥 교회에 선지자들과 교사들이 있으니 곧 바나바와 니게르라 하는 시므온과 구레네 사람 루기오와 분봉왕 헤롯의 젖동생 마나엔과 및 사울이라. ² 주를 섬겨 금식할 때에 성령이 이르시되 내가 불러 시키는 일을 위하여 바나바와 사울을 따로 세우라 하시니 ³ 이에 금식하며 기도하고 두 사람에게 안수하여 보내니라(사도행전 13:1-3).

주후 45년경, 아가보라는 사람이 내려와서 기근이 들 것이라는 예언을 했다. 그리고 실제로 글라우디오 황제 때 기근이 들었다. 역사적인 자료를 보면 글라우디오는 주후 41년부터 54년까지 황제로 있었는데 재위 당시인 주후 41년에 로마에 큰 기근이 들었고 5년 후 주후 46년쯤 이집트에, 그리고 주후 52-53년 그리스에, 그 다음 주후 53-54년 로마에 다시 기근이 들었다고 한다. 수에토니우스라는 당대의 역사가는 이 글라우디오 황제 때는 계속해서 기근이 들었다고 표현하기도 했다.

그러므로 아가보가 와서 예언을 했을 때는 기근이 아직 본격적으로 들지 않고 로마에만 부분적으로 들었을 때이다. 아가보가 예언을 하고 1년 정도 지나고 난 다음에야 이집트에 기근이 들었다. 아프리카 북부 지역인 이집트에 기근이 들었을 때 이는 팔레스타인 지역까지 연결되었을 가능성이 많다. 아가보가 예언을 했을 때는 사람들이 냉소적인 반응을 보였을지도 모르지만 실제로 1년 후에 기근이 들기 시작했다. 이때 안디옥 교회는 '예루살렘 교회 지원 프로젝트'라 할 만한 것을 시작한다.

성경에는 나와 있지 않지만 상황을 파악한 누군가가 먼저 "예루살렘 교회에 구제금을 보냅시다"라고 제안했을 것이다. 아마도 지도자들 가운데 한 사람 혹은 지도자 그룹이 이렇게 말했을 것이다.

"여러분, 우리 안디옥 교회에 도움을 준 교회가 예루살렘 교회 아닙니까? 그런데 예루살렘 교회가 너무 힘들어하고 있는 것 같습니다. 경제적인 어려움을 당하고 있는 것 같은데, 우리가 그들을 돕는 게 어떨까요? 이것이 하나님의 뜻인 것 같습니다. 아가보를 통해 예언하게 하시고 준비시키신 하나님의 뜻인 것 같습니다.”

안디옥 교회의 의사 결정 과정이 어떤 방식이었는지 지금으로서는 알 수 없다. 하지만 중요한 것은 그들이 먼저 이 문제를 함께 고민했으리라는 것이다. 이 일을 어찌할 것인가에 대해서 토론도 하고 의견도 교환하는 시간을 가졌을 것이다. 그러면서 함께 하나님의 뜻을 분별하고 고민하고 결정했다.

바나바 선교팀의 경우도 마찬가지다. 다섯 명이 기도하는 가운데 바나바와 사울, 두 사람을 따로 세우라는 말씀을 들었다. 성경에는 많은 부분이 생략되어 있지만, 다섯 명의 지도자들이 하나님의 인도를 받은 후 공동체 전체가 다 모여 기도하는 가운데 ‘아, 그것이 하나님께로부터 온 것이구나’ 하고 함께 분별했을 것이다. 하나님께서 지도자들, 즉 몇몇 소수의 사람들에게 보여준 뜻을 함께 분별하는 것, 그것이 공동체에 필요하다.

왜냐하면 하나님께서는 공동체를 이끌어가실 때 몇몇 사람들에게 먼저 비전을 보여주시는 방법을 자주 사용하시기 때문이다. 하나님의 뜻을 모든 사람에게 동시에 보여주시는 것이 아니라 몇몇 사람들에게 보여주시고, 그 뜻을 보여주셨을 때 건강한 공동체에서는 그것을 함께 분별하는 과정을 갖게 된다. 그리고 그것이 하나님께로부터 온 뜻이라고 분별되면 그 다음 사람들은 그 뜻에 따라서 함께 움직이게 되는 것이다.

나들목교회도 그런 과정을 배워가고 있다. 나들목교회가 연건동에서 신설동 지역으로 옮겨올 때 우리는 신설동 대광학원 지역에 대한 꿈을 이야기했다. 우리가 대광학원 지역에 가서 해야 할 일들에 대한 이야기들을 나누었다. 그때 교회의 한 사역자가 신설동 지역은 아직도 백 원짜리 아이스케키를 파는, 서울에서 드문 지역이라는 이야기를 했다. 그런 지역에서 우리가 할 일이 있지 않을까 생각하며 나들목의 지도자 몇몇은 특별히 이 문제를 놓고 하나님의 뜻을 구하는 기도를 드렸다.

그러다 먼저 6개월 전쯤 우리 교회 지도자들인 가정교회 목자들과 함께, 이 지역을 위한 사역이 담긴 '안디옥 비전'에 대한 이야기를 나누었다. 아직 모든 것이 확정되지 않은 상황에서 함께 기도하자고 토론하며 이야기를 나누었다. 그리고 2개월 전쯤에는 계속 논의되던 내용을 문구로 정리하여 목자들과 공유했다. 이 자료들을 가지고 목자들이 각 가정교회에서 가정교회 가족들과 나누기를 바랐던 것이다. 그리고 한 달 전에 교회의 전 가족들과 이 비전에 대해 나누었다. 그리고 그때부터 구체적으로 기도하고 함께 결정하며 함께 헌신하게 되었다.

하나님께서 이 공동체의 지도자들에게 비전을 보여주셨을 때, 그 비전을 공동체의 중심이 되는 목자들과 나누고 목자들은 그것을 가지고 기도하고 고민하고 질문했다. 그러고 나서 목자들은 아주 구체적인 자료들을 가정교회의 가족들과 공유하고 같이 기도해 왔다. 그리고 구체적으로 실행했다. 이런 과정들을 통해서 우리가 배우고자 하는 것이 무엇인가? 어떻게 공동체가 하나님의 뜻을 함께 분별하고 걸어갈 수 있느냐 하는 것이다.

사실 우리가 공동체적으로 하나님의 뜻을 분별해 가는 것을 배우기는 쉽지 않다. 특히 공동체의 크기가 성장할수록 더 그렇다.

30-50명 정도일 때는 늘 서로 이야기하기 때문에 문제가 잘 생기지 않는다. 200명까지도 괜찮은 것 같다. 그러나 300-400명이 넘어가면 공동체 지도자들이 조심스럽게 움직여야 한다. 사실, 교회가 작을 때 함께 하나님의 뜻을 분별하고 함께 결정하고 함께 실행하는 훈련을 해야 한다. 그렇지 않으면 커질수록 제도를 의지할 수밖에 없어지니 나중에는 하나님의 뜻을 따라가는 방식을 배우기가 쉽지는 않다.

제도가 아닌 성령을 따르기 위해서는 피할 수 없는 학습 과정이지만 공동체를 향한 하나님의 뜻을 분별해 나가는 것을 배울 때 조심해야 할 것이 있다. 우리 사회가 개인적 취향과 개인적 목소리를 인정해 주는 사회가 되어가다 보니, 자기 소리가 A음에 맞춰져 있는지, 맞춰져 있지 않은지를 고민하지 않고 소리를 내 버리는 경우가 있다. 그러면 불협화음을 낼 수밖에 없다. "교회에서 부정적인 이야기 같은 것들을 함부로 하면 안 됩니다"라는 이야기를 하는 것이 아니다. 정말 건강한 공동체를 세우고 싶다면 자신이 소리를 낼 때 자기의 소리가 A음에 맞춰져 있는지를 생각해 보고 내라는 것이다.

우리가 속한 공동체가 어떤 방향으로 나아갈 때, '그건 아닌 것 같은데'라는 생각이 들 수 있다. 그리고 그것이 하나님이 주시는 마음일 수 있다. 또 "다른 사람은 모르지만 저는 아닌 것 같아요"라고 이야기할 수 있다. 그러나 그럴 때 내 마음을 지배하고 있는 것이 하나님을 향한 열정인지, 아니면 교만인지 잘 들여다봐야 한다. 그리고 자신의 소리를 내기 전에 먼저 기도해야 한다. 공동체에서 아주 중요한 격언이 하나 있다. '기도하기 전에 말하지 말라'는 것이다. '이건 아닌 것 같아'라는 생각이 들 때 가장 먼저 해야 할 것은 기도이다. "하나님, 우리 공동체가 잘못 가고 있는 것은 아닐까요? 우리 공동체 지도자들이 혹시 하나님 뜻을 잘못 분별한 것이 아닐까요?"

그런 면에서 지도자들의 책임은 참으로 막중하다. 지도자들은 성경적 공동체의 원리와 상황에 대한 분명한 이해를 갖고 있어야 하며 이것을 가지고 끊임없이 기도해야 한다. 하나님이 원하시는 바를 잘 분별해야 한다. 그 모든 책임은 지도자들이 질 수밖에 없다. 그러므로 공동체 구성원들은 만약 어떤 길이 하나님으로부터 온 것이 아닌 것 같다고 느껴질 경우에는 지도자들과 그것을 나눠야 한다. 왜냐하면 결국은 지도자들이 하나님 앞에서 공동체를 책임져야 하기 때문이며, 그것이 하나님의 뜻에 맞지 않는다면 그것은 공동체 전체의 짐으로 넘어올 수 있기 때문이다. 그렇기 때문에 지도자들은 그 과정 중에 어려워하는 가족들이 있다면 그들을 돌보아야 한다. 그들의 이야기를 들어주고 그들의 질문에 답해 주고 같이 고민해야 한다. 함께 분별해 나가는 과정, 그 과정 자체가 정말 중요하다.

함께 순종하라

함께 분별했다면 이제 함께 순종해야 한다. 지도자에게 순종하는 것은 틀린 것이 아니다. 예전의 전체주의적인 사회에서는 지도자에게 순종하는 것만 있었다. 목사님에게 순종하는 것이 하나님께 순종하는 것과 등식이었다. 이는 일정 부분 옳은 면이 있긴 하지만, 잘못될 가능성이 얼마든지 있는 위험한 자세다.

안디옥 교회는 이 면에서 그야말로 탁월했던 교회이다. 예루살렘 교회에 구제금을 보낼 때 그들이 구체적으로 어떻게 그 일을 감당했는지가 다음 두 구절에 나와 있다.

> ▬▬▬ ²⁹ 그래서 제자들은 각각 자기 형편에 따라 몫을 정하여 유대에 사는 신도들에게 구제금을 보내기로 결정하였다. ³⁰ 그들은 그대로 실행해서, 바나바와 사울 편에 그것을 장로들에게 보냈다(사도행전 11:29-30, 새번역).

비전을 확인한 다음 그들은 각각 그 힘대로 부조를 보내기로 작정하고 이를 실행하였다. 이들은 우선 '자기 형편에 따라' 이 일에 참여했다. 원어에서 이 표현은 신약에 한 번밖에 나오지 않기 때문에 번역하기가 좀 까다롭다. 그래서 'according to his ability'(NIV, KJV, 각각의 능력에 따라), 'as much as they could'(NLT, 그들이 할 수 있는 것만큼), '그 힘대로'(개역개정) 등 여러 표현으로 번역되었다.

모두 똑같이 헌금을 한 것이 아니라 각자의 형편에 맞게 최선을 다했다는 것이다. 사람들은 저마다 형편이 다르다. 경제적으로 인생 최고의 어려움 가운데 있는 사람도 있고 아주 풍성한 가운데 살아가는 사람도 있다. 그때 중요한 것은 서로를 바라보면서 우리 교회의 교인수가 몇 명이니 한 명이 얼마씩 내면 되겠다고 평균치를 생각하지 않는 것이다. 각자 자기 형편에서 최선이 무엇인지를 발견하고 최선을 다하면 되는 것이다.

또 이들은 '몫을 정했다'고 한다. 이 말은 그냥 순간적으로 즉흥적으로 한 것이 아니라 계획적으로 생각했다는 의미다. 지금 자신들의 경제적인 상황과 앞으로 벌어질 일들을 생각하고 그 속에서 자기 몫을 정했다는 것이다.

그리고 이것을 '각각' 했다고 한다. '각각'이라는 말에는 '각자 하나님 앞에서'라는 의미가 포함되어 있다. 다른 사람에게 "당신, 좀 많이 하십시오"라고 말하지 않았다. 서로 의논하고 서로 합의하지 않았다. 각자 이 예루살렘 교회를 도와야겠다는 비전을 받은 것만큼 자기 능력에 맞게 최선을 다해서 이 일에 참여했다.

그리고 그들은 "그대로 실행해서… 보냈다." 이들은 구제금을 모아 그것을 바나바와 사울 편에 예루살렘으로 보냈다. 그들은 하나님 앞에서 약속한 것을 그대로 실행했다는 것이다. 당시에는 강도들이 많아서 거금을 가지고 여행하는 것은 위험한 일이었다. 그래서 여행에도 익숙하고 지혜롭기도 한 교회의 가장 중요한 두 사람에게 이 거금을 맡겼다. 이렇게 이방인 교회로서 처음으로 예루살렘 교회의 성도를 돕는 귀한 일을 하게 된다.

안디옥 교회는 함께 고민하고, 함께 작정하고, 함께 실행했다. 비전이 주어지자Casting, 함께 결정하고Sharing, 그리고 그것을 함께 실행Executing하는 것이 안디옥 교회가 예루살렘에 구제금을 보낼 때 보인 모습이었다. 이것이 그들의 일상이었음은 바나바 선교단을 파송할 때도 나타난다. 바나바와 사울을 따로 세우라는 말씀을 들었을 때^{Casting} 이들은 금식하고 기도한 후에 안수하고 기도하며^{Sharing} 그들을 떠나보냈다^{Executing}. 두 사람을 세우라는 말씀은 이 다섯 명의 지도자가 기도하는 가운데 깨달았지만, 이 두 사람을 기도하고 보낸 것은 안디옥 교회 전체였을 것이다. 안디옥 교회가 함께 결정하고 함께 보냈다. 안디옥 교회는 이렇듯 조화롭게, 불협화음 없이 함께 하나님을 따랐다. 조화로운 모습이 아닐 수 없다.

지도자들을 주 안에서 순종하라

조화롭게 하나님의 일을 분별해 나가는 일은 많은 복잡한 문제를 가지고 있다. 공동체에서 어떤 결정을 내릴 때 지도자를 신뢰할 수 없다고 느낄 때는 어떻게 해야 할까?

공동체 속에서 우리는 지도자(들)가 A음에 맞추고 있는 한 그지도자를 따라야 한다. 그런데 우리가 순종을 하려 할 때 그 지도자가 A음에 맞추고 있는지를 어떻게 알 수 있는가? 사람은 외모로 판단할 수 없다. 지도자(들)의 경우는 더욱더 그렇다. 기도를 많이 한다고 해서, 학위를 가지고 있다고 해서, 또는 사역의 경험이 많다고 해서, A음에 맞추었다고 할 수 없다.

그것은 시간이 경과되면서 알 수 있다. 공동체 내에서 어떤 결정을 내릴 때 결국 지도자(들)는 비전 공유와 나눔, 또는 문제점 분석과 해결 방안에서 중요한 방향을 제안하게 된다. 지도자(들)의 제안을 성도가 논의하여 결정한다면, 제안의 좋은 점과 문제점을 알 수 있고, 성경적 가르침에 잘 맞는지를 공동체적으로 분별할 수 있다. 이렇게 되면, 시간이 지나서 그것이 제대로 된 결정이었는지, 아니면 하나님 뜻에 부합하지 않았는지가 드러나게 된다. 그러므로 공동체가 함께 살아가게 될 때 지도자(들)가 A음에 맞추고 있는지는 지속적으로 드러날 수밖에 없다.

사실, 지도자나 지도자 그룹이 A음에 제대로 맞추고 있느냐는 눈에 보이지 않는 부분이다. 그리고 지도자는 불완전하기 마련이다. 지도자들에게 불완전한 부분이 없다면 하나님 나라는 이미 이 땅에 도래했을 것이다. 지도자들의 판단과 생각과 의사소통 하는 방식에는 늘 문제가 있다. 그러나 중요한 것은 불완전하더라도 잘못된 것이 아니라면, 그것이 틀린 것이 아니라면 그 지도자를 따라야 한다는 것이다. 이는 매우 중요한 것이다. 하나님께서는 지도자들에게 권위를 위임해 주셨으므로 공동체 구성원들은 그 권위를 따라가야 한다.

성가대를 예로 들어보자. 성가대에서 지휘자는 매우 중요한 역할을 한다. 그런데 성가대에 들어오는 분들은 성가대를 해 본 분들이 많고, 그분들 중에는 성가대 지휘자였던 분들도 있을 수 있다. 그러면 성가 연습을 할 때 그중에 어떤 분이 "어, 그렇게 하는 거 아닌데. 이렇게 하는 게 더 좋은데. 파트 연습 먼저 하죠, 파트 연습" 하고 말한다고 해 보자. 사실, 늘 그런 사람들이 있다. 왜 그럴까? 권위를 인정하지 않는 본능이 우리 가운데 있는 것이다. '나도 지휘해 봤는데, 나도 성가대라면 20-30년 해 봤는데.' 이런 식이라면 제대로 연습할 수가 없다. 지휘자가 불완전하게 보여도 따라줘야 한다. 문제가 있다면 후에 지휘자와 이야기를 나누어 제안하고 그것에 대한 판단은 지휘자에게 맡겨야 한다.

그러나 다시 한 번 말하지만 만약에 약간 다른 것, 최선과 차선의 차이 정도가 아니라, '이건 틀린 것이다'라는 생각이 들기 시작한다면 어떻게 해야 할까? 먼저 기도해야 한다. 기도하고 난 다음에는 담당 지도자와 그 이야기를 나누어야 한다. 찾아가서 문제를 제기해야 한다. 그러면 문제가 해결될 수도 있다. 정보가 충분치 않은 것이 문제라면 그럴 수 있다. 그런데 이해가 되지 않고 분명 잘못된 것인데도 지도자가 계속 고집을 피운다면 어떻게 해야 하는가? 더 많이 기도하고, 비슷한 문제의식을 가진 사람들과 같이 기도하기 시작하라. 험담하기 위해서가 아니라 같이 기도하기 위해서 그들과 만나야 한다. 그리고 그런 문제가 공유되었다면 다시 그 지도자를 만나야 한다. 그들과 함께 집단으로 교회 지도자들을 만나야 한다. 이것은 마태복음 18장의 주님의 가르침을 적용하는 것이다.

그래서 같이 기도하고 이야기하는 가운데 하나님께서 한 마음을 주신다면 가장 좋은 결과이다. 그러나 사람들이 바르게 제시한 문제에 대해서 지도자(들)가 하나님 앞에서 바르게 반응하지 않는다면, 그것은 하나님께서 지도자들을 심각하게 문책하실 수 있는 문제가 될 수도 있다. 그럴 때 지도자들은 경청하는 것이 필요하다. 문제점을 보고 어디가 약점인지를 찾는 것이 필요하다. 그렇게 해 나감으로써 공동체는 함께 마음을 모으고 문제를 해결해 나가는 법을 배우기 시작하는 것이다. 지도자와 한 번 이야기 나누고 해결이 되지 않는다고 해서 그냥 쉽게 다른 교회로 옮겨 가지 말라. 그렇게 한다면 그 교회의 문제는 계속 남아 있을 것이다.

그러나 사실 이것은 아주 어려운 과정이다. 한국 사회 어디에서도 아직 찾아보기 힘든 모습이다. 이럴 때 교회가 누구보다도 먼저 선도하고 나가야 한다. 우리는 그것이 가능하다. 우리에게는 A음이 있기 때문이다. 하나님이 계시기 때문에 그것이 가능하다. 교회는 어떤 한 사람의 기호와 철학과 취향에 따라 움직이는 것이 아니라 하나님께 맞춰질 수 있기 때문에 그것이 가능하다.

하나님의 다스림이 조화롭게 드러나는 곳, 교회

하나님의 공동체, 교회가 어떤 곳인가? 그곳은 하나님의 다스림이 조화롭게 드러나는 곳이다. 건강한 교회일수록 불협화음이 적다. 물론 아주 나쁜 교회에도 불협화음이 없다. 하나의 음밖에 없고, 아무도 다른 소리를 낼 수 없기 때문이다. 이는 건강한 교회가 아니다. 건강한 교회는 다양한 소리를 내지만 그 다양한 소리가 화음으로 나오는 곳이다. 그것이 하나님께서 원하시는 교회이고, 우리가 꿈꾸는 교회이다.

한국에서 가장 유명한 피아노 조율사의 이야기를 들은 적이 있다. 세계적인 피아니스트들이 올 때마다 그분에게 조율을 부탁한다고 한다. 그러면 그분은 기본적인 음을 맞출 뿐 아니라, 연주자에게 맞추어 조율을 한다고 한다. 한국에서 제일 유명한 조율사이지만 세계적인 피아니스트들이 와서 자신이 조율한 피아노를 친다고 생각해 보라. 한 줄만 잘못되어도 안 될 일이다. 최선을 다해서 조율을 하고 연주자에게 맞게 음색까지 다 맞춰 놓고 그 연주자의 점검을 기다리는 순간, 얼마나 긴장이 될까! 그러다 피아니스트가 와서 피아노를 한번 쭉 쳐본 다음 엄지손가락을 높이 들어 올릴 때, 그는 안도의 한숨을 내쉰다. 연주회가 성황리에 끝나고 그 연주자가 팸플릿에 사인을 해서 조율사에게 줄 때 그는 진정 보람을 느낀다고 한다.

우리는 언제 보람을 느낄까? A음에 맞춰진 12음과 그 음에 맞춰진 나머지 88개의 음이, 250개의 줄이 한 마음이 되어, 각각 다른 소리이지만 하나의 조율된 소리로서 완벽한 소리를 낼 때, 12음이라 대표될 수 있는 지도자들이 A음을 따르고 나머지 88음이라고 할 수 있는 온 가족이 12음을 따르는 모습 속에서 우리 주님께서 연주하실 때, 아름답고 조화로운 하모니를 만들어 낼 때, 연주가 끝나고 하나님이 "좋았어"라고 하실 때, 이 땅에 있는 사람들은 아름다운 소리를 들을 수 있을 것이다. 그리고 조화로운 음악을 만들어냈던 우리는 자부심에 가득 찰 것이고 연주하신 하나님은 영광을 받으실 것이다. 우리가 꿈꾸는 교회는 그런 교회이다.

즐겨 드나들 수 있는 교회

10

_안팎의 변혁 I

"안디옥에 데리고 와서 둘이 교회에 일 년간 모여 있어 큰 무리를 가르쳤고 제자들이 안디옥에서 비로소 그리스도인이라 일컬음을 받게 되었더라."_사도행전 11:26

어릴 적 내 별명은 '청개구리'였다. 초등학교 2학년 무렵부터인가 학예회가 열릴 때마다 "옛날에 옛날에 청개구리는…"으로 시작하는〈청개구리〉라는 노래를 불렀기 때문이다. 아이들이 잘 모르는 노래여서 나는 꽤 자랑스럽게 그 노래를 불렀고 친구들은 늘 그 노래를 부르는 내게 '청개구리'라는 별명을 지어주었다. 그러다 사춘기가 되어 약간의 반항의식이 생겨나면서 이 별명을 그대로 따와서 '청와靑蛙'라는 호를 짓기도 했던 기억이 난다.

이 정도 별명은 괜찮지만 별명으로 인해 깊은 상처를 입는 사람들도 있다. 아주 긍정적이고 좋은 의미를 담은, 호감으로 만들어지는 별명도 있지만 비하하거나 무시하기 위해 만들어지는 별명도 있기 때문이다. '탱크 최경주'라든가 '태극 전사' 같은 것들은 긍정적인 별명이다. 반면 외국 사람들이 한국 사람들을 '빨리

빨리'라고 부르는 것이나, 외모에 대해 붙이는 별명들은 나쁜 별명들인 경우가 많다. 특히 어릴수록 이런 별명들로 인해 상처를 받곤 한다.

우리가 살펴보고 있는 이 안디옥 교회의 제자들에게도 별명이 있었다. 이들은 주변 사람들에게서 '그리스도인(크리스티아노스)'이라는 별명을 처음으로 얻게 된다. 앞에서도 언급했지만 이는 그리스도의 사신, 그리스도의 종, 또는 그리스도의 것, 그리스도께 속한 자라는 뜻이다. 이는 그들의 특별한 삶의 모습, 특별한 성격을 바라보면서 아직 하나님을 믿지 않는 사람들이 지어준 매우 영광스러운 별명이다.

그러나 오늘날 한국 교회를 생각하면 마음이 아파 온다. 한국 교회처럼 안티 기독교가 융성한 나라도 많지 않기 때문이다. 우리나라 인터넷 문화가 특별하게 발전되어 있기도 하지만, 안티 기독교 카페가 2010년 현재 40여 개나 있다. 회원 수가 거의 만 오천 명에 달하는 사이트도 있고, 하루에 몇천 명씩 다녀가는 사이트도 있다.

이들은 기독교인들에게 새로운 별명을 지어주었다. 안디옥에서는 '크리스티아노스'(그리스도인, 혹은 기독인)라는 매우 영광스럽고 기쁜 별명을 얻었지만, 오늘날 한국에서 받은 별명은 놀랍게도 '개독교', '개독인'이라는 것이다. 사실 여기서 언급하고 싶지도 않은 단어다. 오늘날 한국 교회는 어쩌다가 그 영광스럽고 호감 있는 좋은 이름이었던 '기독인'이 아니라, '개독교', '개독인'이라는 소리를 듣게 되었는가? 이천 년 전의 좋은 의미의 별명은 어디 가고, 어쩌다 한국 땅에 와서 이런 최악의 별명을 얻게 된 것인가?

이번 장에서는 안디옥 교회가 도대체 어떻게 했기에, 영광스럽고 호감 있는 별명을 얻게 되었는지를 살펴보고자 한다. 이를 통해 우리는 한국 교회가 무엇 때문에 그 영광스러운 별명을 이렇게 치욕적인 다른 별명으로 대체시켰는지 알 수 있을 것이다. 또 우리 한국 교회와 우리 자신을 돌아보며 어떤 삶을 살아야 할지를 발견하게 될 것이다.

> [21]주의 손이 그들과 함께하시매 수많은 사람들이 믿고 주께 돌아오더라. [22]예루살렘 교회가 이 사람들의 소문을 듣고 바나바를 안디옥까지 보내니 [23]그가 이르러 하나님의 은혜를 보고 기뻐하여 모든 사람에게 굳건한 마음으로 주와 함께 머물러 있으라 권하니 [24]바나바는 착한 사람이요 성령과 믿음이 충만한 사람이라. 이에 큰 무리가 주께 더하여지더라. [25]바나바가 사울을 찾으러 다소에 가서 [26]만나매 안디옥에 데리고 와서 둘이 교회에 일 년간 모여 있어 큰 무리를 가르쳤고 제자들이 안디옥에서 비로소 그리스도인이라 일컬음을 받게 되었더라(사도행전 11:21-26).

그리스도인이라는 별명을 얻은 이유

안디옥 교회는 어떻게 '그리스도인'이라는 별명을 얻게 되었을까? 우리는 사도행전 11장 26절에서 힌트를 얻을 수 있다. 26절을 보면 그들이 그리스도인이라 일컬음을 받게 되었다는 말 바로 앞에 사울과 바나바가 안디옥에서 일 년 동안 머물면서 가르쳤다는 이야기가 나온다. 그렇게 가르쳤더니 안디옥에서 처음으로 그리스도인이라 불림을 받았다고 한다. 따라서 이 구절을 보면 그리스도인이라는 별명은 일 년 동안 바나바와 사울이 하나님 나라에 대해서 열심히 가르친 결과로 얻게 된 것처럼 보인다.

그런데 질문이 하나 생긴다. 일 년 동안 성경 공부를 열심히 한다고 해서, 일 년 동안 열심히 배운다고 해서, 사람들이 별명을 지어줄 정도가 될까? 좀 이상하지 않은가? 정말 일 년 성경 공부 한 것으로 이렇게 좋은 별명을 얻을 수 있는 것인가? 이 구절에는 어떤 비밀이 숨겨져 있는 것일까?

실제로 성경에서는 생략이라는 기법을 많이 사용한다. 여기 안디옥 교회의 모습에 대한 설명도 첫 교회인 예루살렘 교회에 대한 설명을 다시 요약한 것으로 일부분을 생략한 것이다. 따라서 안디옥 교회의 모습을 이해하려면 예루살렘 교회에 대한 이야기로 가서 무엇이 생략되었는지를 확인해야 한다. 거기서 우리는 이 비밀을 알 수 있을 것이다.

예루살렘 교회로 한번 가보자. 사도행전 2장 42-47절은 이 세상에 처음 교회가 생겼을 때 그 교회의 삶의 특성이 어땠는지를 요약해서 설명해 주고 있다.

> ⁴²그들이 사도의 가르침을 받아 서로 교제하고 떡을 떼며 오로지 기도하기를 힘쓰니라. ⁴³사람마다 두려워하는데 사도들로 말미암아 기사와 표적이 많이 나타나니 ⁴⁴믿는 사람이 다 함께 있어 모든 물건을 서로 통용하고 ⁴⁵또 재산과 소유를 팔아 각 사람의 필요를 따라 나눠 주며 ⁴⁶날마다 마음을 같이하여 성전에 모이기를 힘쓰고

집에서 떡을 떼며 기쁨과 순전한 마음으로 음식을 먹고 ⁴⁷ 하나님을 찬미하며 또 온 백성에게 칭송을 받으니 주께서 구원 받는 사람을 날마다 더하게 하시니라(사도행전 2:42-47).

안디옥 교회에 대한 설명과 비교하기 위해 먼저 42절 초두에 나오는 "그들이 사도의 가르침을 받아"라는 구절에 밑줄을 그어 놓았다. 이것은 안디옥 교회에서 바나바와 사울이 일 년 동안 줄 곧 가르쳤다는 것과 같은 표현이다. 그리고 중간 구절을 전부 다 지나간 다음, 47절에 나오는 "온 백성에게 칭송을 받으니"라는 표현에 다시 줄을 그어놓았다. 새번역 성경에는 이 부분이 "모든 사람에게 호감을 샀다"고 되어 있는데, 아주 좋은 번역이라고 생각한다. 아직 '그리스도인'이라는 별명을 얻지는 못했지만 모든 사람에게 호감을 샀다는 것이 그들 삶의 결과였다. 안디옥 교회의 교인들도 가르침을 받고 그 가르침에 따라 삶을 살았더니 호감을 사서 새로운 별명을 얻었는데, 그것이 그리스도인이었다.

안디옥 교회에서도 예루살렘 교회와 같은 일이 일어났다. 단지 그 중간에 일어난 일이 사도행전 11장에서는 생략되었을 뿐이다. 이제 그 생략된 내용을 예루살렘 교회에 대한 설명에서 찾아보자.

예루살렘 교회의 경우

예루살렘 교회의 특징은 사도들의 가르침을 열심히 듣고 따랐다는 것 외에 세 가지 정도로 요약할 수 있다. 첫 번째, 초자연적인 기적들이 일어났다(43절). 사람들의 병이 나았고 아주 오래되었던 고통스러운 문제들이 해결되기 시작했다. 가장 큰 기적들 중 하나는 망가졌던 인생들이 회복되는 것이다. 초자연적인 일부터 시작해서 인격이 변화되고 삶이 변화되는 놀라운 일들이 일어나기 시작했다.

두 번째로, 이들이 가지고 있던 집과 밭을 팔아서 그것을 가난한 자들에게 나눠 주는 일들이 벌어지기 시작했다(44-45절). 참으로 놀라운 일이 아닐 수 없다. 이들의 경제 생활이 변한 것이다. 이들이 자신들의 물건을 나눔으로써 이제 예루살렘 교회 내에서 경제적으로 어려운 상태에 있는 사람들이 줄어들기 시작했다.

그리고 마지막 세 번째는, 46절과 47절, 그리고 42절 앞부분에서 알 수 있듯이 그들의 공동체적인 삶이었다. 이들은 모여서 예배드리고 같이 떡을 떼고, 같이 기도하고 하나님을 찬양하는 그리스도인 공동체의 삶을 살게 되었다.

여기에 세 가지 요소가 있다. 하나는 초자연적인 일이었고, 두 번째는 경제적으로 나누는 삶이었고, 세 번째는 그리스도인 공동체적 삶이었다. 그렇다면 이 세 가지 요소 중에서 사람들의 호감을 사게 했던 요소는 무엇이었을까? 사람들은 어떤 모습을 보고 이들에 대해 호감을 가졌을까?

먼저 초자연적인 일들의 경우, 사람들은 보통 그것에 대해 경계심을 갖는다. 기적이 일어나고 사람들의 병이 낫는다고 하면 "와! 기적이다" 하면서 좇아가기보다는, "좀 이상한데? 혹시 광

신자들 아닐까?" 하면서 회의적으로 바라보는 경우가 많다. 또 그리스도인들이 모여서 예배하고 서로 교제하고 성경 공부 하고 자기네들끼리 모여 있는 것을 볼 때 사람들은 "당신들의 천국" 이라고 이야기할 뿐이다.

그런데 사람들이 호감을 느끼는 일이 있다. 그리스도인들이 경제적으로 다른 종류의 삶을 살기 시작할 때이다. 그들은 자기들이 가지고 있었던 밭과 집을 팔아서 공동체에 있는 가난한 사람들에게 나눠 주기 시작했다. 여기 밭과 집이라는 단어는 기술적인 특별한 전문용어로서 잉여의 밭과 집을 뜻한다. 그리스도인들이 자기 물건을 다 팔아버렸다는 것이 아니라, 소유해야 할 가장 기본적인 것을 남겨놓고 나머지 것들을 팔아서 가난한 이들을 도왔다는 것이다.

사실, 이 돈이라는 것은 예나 지금이나 우리 삶에 매우 막대한 영향을 끼친다. 많은 경우 돈에 의해 자기가 누구인지가 거의 결정된다. 돈을 얼마나 가지고 있는가가 자의식, 자기 정체감, 자존감에 영향을 끼치는 것이다. 말로는 그렇지 않다고 하지만 대부분 사람이 돈의 영향을 받는 것이 사실이다.

뿐만 아니라 돈이 있으면 즐거움을 살 수 있다. 또 돈으로 우리의 안전을 보장한다. 그렇기 때문에 예나 지금이나 사람들은 돈 문제에 대해 동일한 자세를 취한다. '다다익선多多益善'이라는 것이다. 많을수록 나의 자존감이 높아지고 많을수록 더 많은 즐거움을 살 수 있고 많을수록 나의 안전을 보장할 수 있다. 아무리 모아도 부족한 게 돈 아닌가?

그런데 이 예루살렘 교회 사람들이 반란을 일으키고 있다. 모두 다 축적하기를 원하고 모두 다 가능한 한 잉여의 재산을 늘리려고 혈안이 되어 있는데, 이들은 그것을 처분해서 그들 가운데 있는 가난한 자들에게 나눠 주기 시작했다. 당시는 교회의 경계가 그렇게 확실하지 않았기 때문에 사실은 그 근처에 있었던 믿지 않는 가난한 사람들에게도 영향력은 흘러갔을 것이다.

사람들이 보고 놀라기 시작했다. 도대체 이들이 왜 이러는가? 그리고 그 놀라움은 칭송으로 바뀌었다. 예루살렘 교회에서도 그랬고 안디옥 교회에서도 그랬다. 사람들은 그들에게 '크리스티아노스'라는 별명을 지어 준다.

좋은 예와 나쁜 예

하지만 좋은 일만 일어난 것은 아니었다. 한번 생각해 보자. 공동체에 속한 누군가가 잉여의 재산을 팔아서 헌금하는 일들이 반복해서 일어난다. 많은 사람이 그렇게 하고 있다. 당신이라면 어떻게 하겠는가? 좀 난감하지 않겠는가? 사실 이런 일들이 일어났을 때 초대교회에는 문제가 일어났다. 좋은 예도 있었지만 나쁜 예도 있었다.

먼저, 이 경제적인 나눔의 좋은 예는 바로 바나바의 경우였다 (행 4:34-37). 당시 예루살렘 교회에는 자기 밭과 집을 판 사람들이 많았는데 바나바도 그들 중 하나였다. 그런데 왜 다른 사람이 아닌 이 바나바의 이야기를 기록했을까? 그것은 그가 후에 안디옥 교회의 중심인물이 되고 사울을 발탁해서 함께 선교여행을 떠난 아주 중요한 인물이었기 때문인 것 같다. 또 재미있는 것은 격려의 아들, 위로의 아들이라는 별명을 가진 바나바가 안디옥에 가서 사람들을 가르치니 그들이 또 '그리스도인'이라는 별명을 얻었다는 것이다. 좋은 별명을 가진 사람이 좋은 별명을 가진 무리를 만들어낸 것이 아닌가!

여기서 우리가 주목해야 할 또 다른 중요한 요점은 바나바가 밭을 판 다음 했던 행동이다. 그는 밭을 판 돈을 가져다가 자기가 나눠 준 것이 아니라 사도들 발 앞에 내려놓았다. 자기가 주도권을 가지고 그것을 나눠 줄 수도 있었을 것이다. 그러나 그렇게 하면 자신이 드러나기에, 초대교회 교인들은 그렇게 하지 않았다. 재산을 팔아서 사도의 발 앞에 두고 사도가 그것을 모아서 교회 내의 가난한 이들에게 나눠 주었다. 사람들은 밭 판 돈을 사도들의 발 앞에 놓음으로써 그것을 하나님께 드린다는 자세를 보였다. 그렇게 함으로써 개인의 영광을 드러내지 않을 수 있었고 도움을 받은 사람이 빚진 마음을 갖는 일도 생기지 않았다. 매우 지혜로운 방법이 아닐 수 없다.

그러나 이런 본들을 보며 스트레스를 받는 사람들도 있었다. 재산을 가진 사람들 중 일부는 불편해지기 시작했다. 그러다 보니 아나니아와 삽비라와 같은 사람이 등장했다. 바나바에 대한 설명 바로 다음에 이 아나니아와 삽비라 부부의 이야기가 나온다.

■■■■■■ ¹아나니아라 하는 사람이 그의 아내 삽비라와 더불어 소유를 팔아 ²그 값에서 얼마를 감추매 그 아내도 알더라 얼마만 가져다가 사도들의 발 앞에 두니 ³베드로가

이르되 아나니아야 어찌하여 사탄이 네 마음에 가득하여 네가 성령을 속이고 땅 값 얼마를 감추었느냐 *땅이 그대로 있을 때에는 네 땅이 아니며 판 후에도 네 마음대로 할 수가 없더냐 어찌하여 이 일을 네 마음에 두었느냐 사람에게 거짓말한 것이 아니요 하나님께로다(사도행전 5:1-4).

사실 사람들에게 각자의 재산을 팔라고 이야기한 사람은 아무도 없었다. 교회의 많은 사람들이 자발적으로 자기 재산을 팔아서 가난한 자들을 돕는 일에 동참했다. 모든 교인에게 그렇게 하라고 가르치지도 않았고 그 판 것을 전부 갖다 바쳐야 하는 것도 아니었다. 이 모든 일은 자발적으로 이루어지고 있었다.

그런데 아나니아와 삽비라는 옆의 사람을 생각하기 시작했다. "바나바도 그랬대! 누구도 그랬대! 우리도 그래야 하지 않겠어?" 그래서 그들은 밭을 팔아서 일부를 숨겨놓고는, 마치 전부 다 바치는 것처럼 그것을 사도들 발 앞에 갖다 놓았다. 하나님께서는 베드로에게 통찰력을 주셔서 아나니아의 그릇된 마음을 보게 하셨다. 베드로는 아나니아에게 이렇게 말했다.

"아나니아여, 왜 이렇게 했습니까? 당신은 지금 나를 속이는 것이 아닙니다. 당신은 성령을 속였습니다. 하나님을 속인 것입니다."

두 번이나 다르게 표현하지만 같은 이야기다. 사람을 속인 것이 아니라 성령을 속인 것이고 하나님을 속인 것이라는 말이다. 그런 말씀을 듣고 난 다음 아나니아는 즉사한다. 그리고 그 이후에 들어온 그의 아내 삽비라 역시 같은 이유로 또다시 죽임을 당한다.

이런 일은 하나님의 역사에서 자주 일어나는 일이 아니다. 자주 일어난다면 그것은 두려운 일일 것이다. 교회에서는 장례식이 끊임없이 일어날지도 모를 일이다! 이런 특별한 사건은 하나님의 공동체가 망가지는 것을 막기 위해서, 즉 하나님이 그것을 경계하기 위해 상징적으로 온 교회들을 위해 주신 사건이다. 이런 일들을 통해서 초대교회에서는 이제 사람들에게 보이기 위해서, 옆 사람과 비교하면서 눈치 보면서 헌금하는 일들이 없어지기 시작했을 것이다. 자기 이름을 내고 자기의 경건을 드러내 보이고 자기의 헌신을 보여주기 위해서 헌금하는 일들이 사라지게 되었을 것이다.

안디옥 교회는 예루살렘 교회를 통해서 이런 삶을 배웠다. 예루살렘 교회가 경제적인 나눔을 실천하고 있었을 때 그 중심에 섰던 사람이 바나바였고, 그 바나바가 안디옥에 와서 그들을 일년 동안 가르쳤기 때문에, 그 가르침을 받아들인 자들은 자신들에게 필요한 물질을 남겨놓고 나머지 것들을 가난한 자들을 위해서 자발적으로 나누기 시작했을 것이다. 그들은 자신에게 주어진 축복을 이웃들에게 나누어 줌으로써 자신들이 어떤 것을 추구하고 살아가는지를 스스로에게, 그리고 주변 사람들에게 보여준 것이다. 이것이 그들이 '그리스도인'이라는 명예로운 이름을 얻은 이유다.

이 모습을 보면서 생각하게 된다. 이 시대 우리 교회들은 안디옥 교회의 교인들이 가졌던 '그리스도인'이라는 이름의 명예를 어떻게 되찾을 수 있을까? 그들이 자신의 것을 기꺼이 내어 줌으로써 얻게 된 그리스도인이라는 그 영광스러운 이름을 어떻게 회복할 수 있을까? 교회들이 이렇게 엉망이 되어서 도무지 상상할 수도 없는 그런 이름으로 불리고 있는 지금, 어떻게 하면 그리스도인이라고 하는 이름의 명예를 다시 찾을 수 있을까?

드나들 수 있는 공동체

그러기 위해서는 첫 번째로, 우리 교회들이 이웃들과 세상 사람들이 드나들 수 있는 공동체여야 한다. 이것은 사실 이 본문을 볼 때는 잘 드러나지 않지만 당시 사회적인 정황을 보면 잘 알 수 있다.

오늘날 그리스도인들과 교회는 대부분 세상과 담을 쌓고 폐쇄적인 공동체를 이루고 있지만 초대교회는 그렇지 않았다. 당시의 사회적인 상황 때문에 그럴 수 없었다. 예루살렘 교회의 경우에는 성전에서 모였는데, 그곳에는 예수가 메시아임을 믿지 않는 많은 유대교인들도 같이 있었다. 그럼에도 불구하고 성전 한쪽 구석에서 예수를 메시아라고 주장하는 사람들이 모여 예배를 드린 것이다. 당시 기독교는 갑작스럽게 숫자가 늘어난 하나의 작은 종파 정도였다. 이렇게 그들의 예배 현장은 하나님을 믿지 않는 자들과 유대인들에게 공개되어 있었다. 대부분의 유대인들이 그리스도인들이 성전에 모여 예배 드리는 것을 보았고 그들의 가르침을 들었고 그들 삶의 모습을 관찰할 수 있었다.

안디옥 교회는 어땠을까? 이들이 모였을 때도 교회 건물을 세울 생각은 하지 못했을 것이다. 사람들이 많이 모이는 곳이 필요했기 때문에 회당 같은 곳을 빌려 썼는지는 모르겠다. 그런데 그곳은 다른 사람들도 왕래가 있는 곳이다. 빨간 십자가가 세워져 있어 세상 사람들이 들어오기 부담스러운 곳이 아니라 누구나 왔다 갔다 하는 공간이었다. 그런 공간에서 바나바와 사울이 일 년 동안 성경을 가르쳤다. 그로 인해 안디옥 교회 사람들의 인생이 바뀌기 시작했고, 주변 사람들이 그것을 관찰할 수 있었다.

오늘날 많은 교회의 문제는 드나들 수 없는 곳이 되어 있다는 것이다. 그래도 이웃을 향해 열린 교회들이 점점 많이 생겨나고 있다는 사실은 아주 기쁜 일이다. 그것이 원래 교회의 모습이기 때문에 그렇다. 교회는 원래 그리스도인들끼리 모여서 그리스도인들끼리 잔치하는 곳이 아니었다. 세상 사람들이 언제든지 들락날락하면서 볼 수 있도록 열린 공동체였다. 교회에 공식적인 핍박이 오고 난 다음부터는 어쩔 수 없이 지하로 숨어들어 가면서 그때부터 폐쇄적인 공동체로 바뀌긴 했지만, 핍박이 오기 전까지 교회는 개방된 공동체였다.

이렇게 사람들이 드나들게 되면, 그리고 우리가 그 속에서 하나님을 진실되게 믿고 있다면, 사람들은 하나님을 느끼게 된다. 대학교 시절, 어릴 적 친구들과 함께 성경 공부를 한 적이 있다. 그중에는 당시 하나님을 믿지 않았지만 성경 공부 모임에 참여하던 친구가 하나 있었다. 어느 날 성경 공부가 끝나고 집에 가면서 그 친구는 아주 의미 있고 재미있는 말을 했다. 내 마음에 깊이 남아서 30년이 지났지만 아직도 잊어버리지 못하는 말이다.

"야, 너희는 하나님이 정말 있는 것처럼 믿더라!"

지금 그 친구는 우리 교회의 가족이 되었다.

공동체가 열려 있을 때, 그리고 그 속에서 우리가 진실성 있게 하나님을 찾기만 한다면 사람들이 하나님을 보게 된다. 이 시대 우리가 '그리스도인'이라는 영광스러운 이름을 되찾기 위해 해야 할 첫 번째 중요한 것은 드나들 수 있는 공동체가 되는 것이다.

공동체 구성원들이 즐겨 드나드는 공동체

두 번째로, 우리 교회들은 누구보다도 공동체에 속한 가족들이 즐겨 드나드는 공동체여야 한다. 다른 사람들보다도 우리 자신이 그리스도인의 모임과 예배에 오는 것을 즐거워해야 한다. 이곳에 오면 우리의 여러 가지 필요가 채워지기 때문이다.

무엇보다도 우리의 영적인 필요가 채워진다. 주일 예배에 오는 사람들 중에서 하나님을 예배하고 싶어서, 하나님을 정말 기쁘시게 하고 싶어서 찾아오는 이들이 얼마나 될까? 20퍼센트 혹은 30퍼센트 정도나 될까? 우리들 대부분이 아직도 우리에게 도움이 된다고 생각하기 때문에 교회에 온다. 물론 평생 그렇게 산다면 문제가 되겠지만 이것 자체가 나쁜 것은 아니다. 우리에게 도움이 되는 것도 사실이다. 내가 가치 없는 사람인 것 같고, 하나님이 날 사랑하시는 것 같지 않았는데, 함께 예배드리는 가운데 하나님이 나를 사랑하고 계시고 나를 가치 있다고 하시는 말씀을 다시 듣는 것이다. 하나님이 우리를 사랑하고 계시고, 하나님이 우리를 향한 놀라운 뜻을 가지고 지금도 일하고 계시다는, 들어도 들어도 질리지 않는 그 이야기를 듣고 또 들으며, 그것을 통해서 우리가 회복되는 것이다.

또 우리가 함께 모일 때마다 우리 속에 있는 영적인 필요뿐 아니라 정신적인 필요가 채워진다. 우리는 부족하고 실수도 하고 잘못을 저지르기도 하지만, 교회 공동체 속에서 서로 존중해 주고 서로 사랑할 때 우리 속에 있었던 열등감들이 치유된다. 물론 교회 안에도 사람들을 못살게 굴고 미워하고 소외시키는, 아직 세상에서 하던 버릇을 못 고친 사람들이 있긴 하다. 그런 사람들 때문에 상처를 받으면 상처가 두 배가 될 수도 있지만, 대부분의 사람은 서로를 품고 섬기고 사랑하려고 애를 쓴다. 그리고 그것을 통해서 우리가 회복되기 시작한다.

우리들 가운데 얼마나 많은 사람들이 수면장애와 우울증 등으로 고통당하는지 모른다. 열등의식은 기본이다. 그런 일들이 있을 때 그것을 가지고 같이 기도하고 같이 안타까워하고 같이 고민하는 사람들이 있다면 많은 사람들이 절망 가운데 살지 않고 그것을 넘어갈 수 있지 않을까?

인간관계에서도 얼마나 많은 어려움이 있는지 모른다. 부부 간에 어려움이 있을 때, 고부 간에 어려움이 있을 때, 부모님과 자식 간에 어려움을 겪을 때, 직장 상사와 어려움을 겪을 때, 이런 것들을 어디 가서 이야기하고 그 문제를 해결할 지혜를 얻을 수 있는가? 만약 교회 공동체에서 그런 필요가 채워진다면 공동체 구성원들은 누구보다도 먼저 이곳을 즐겨 드나들게 될 것이다.

또한 이렇게 영적이고 정신적인, 손에 잡히지 않는 것뿐만 아니라 손에 잡히는 경제적인 문제에서도 우리가 도움을 얻을 수 있다면 그런 공동체를 누가 마다하겠는가? 정말 형제자매를 사랑하는 마음이 있다면 이는 경제적인 면으로까지 확장된다. 내가 사랑하고 관심을 갖고 있는 형제가 어려움을 겪고 있는데 그의 경제적인 문제에 대해서 무관심하면서 어떻게 공동체라 말할 수 있겠는가? 그것은 스스로를 속이는 것이다.

나들목교회에는 '지정헌금'이라는 것이 있다. 이 헌금은 가족들 가운데 경제적으로 어려움을 겪고 있는 사람이 있을 때 그에게 직접 돈을 주면 그도 부담스럽고 주는 나도 부담스럽기 때문에, 이것을 사도들의 발 앞에 내려놓듯이 교회에 헌금을 하고 교회에서 그것을 지정된 사람에게 전달해 주는 방법이다. 2010년의 경우, 한 해 동안 약 1억 5천 7백만 원의 지정헌금이 드려졌다. 수혜자는 약 670명이었으니 일 년 동안 한 사람당 평균 25만원의 지정헌금을 받은 것이다. 매달 1천 3백만 원이 지출된 것이다. 교회의 정식 가족을 650명쯤으로 산술적으로 계산하면 매달 모든 성도가 서로 2만 원씩 주고받은 것이다.

나도 지정헌금을 받아본 적이 있는데 얼마나 기뻤는지 모른다. 그때 사랑을 받는다는 느낌이 들었다. 그것은 단순한 돈의 문제가 아니라 사랑이 전해지는 것이었다.

또 '바나바기금'이라는 것이 있다. 지정헌금이 내가 아는 형제의 어려움을 섬기는 것이라면, 바나바기금은 어려움을 겪고 있는 사람이 누구인지 모르지만 자신의 힘만으로 해결할 수 없을 정도로 어려움을 겪고 있는 형제자매들, 교육비나 의료비, 생계와 관련하여 어려움을 겪고 있는 이들을 돕기 위해 만든 것이다. 그들의 상황을 잘 아는 가정교회의 목자가 신청하면 교회 바나바기금 운영위원회의 심사를 거쳐 그들을 돕게 된다. 이것은 무이자로 무기한 빌려 주는 형태를 취한다. 훗날 경제적으로 상황이 좋아졌을 때 다시 바나바기금으로 돌려달라는 뜻이다. 그래서 또 다른 사람을 도울 수 있도록 말이다. 이를 위해 성도들이 헌금한 십일조의 십일조를 바나바기금으로 사용한다. 2010년 한 해 바나바기금은 6천 1백만 원이 지불되었다.

이 두 가지를 합하면 한 해 동안 2억 2천만 원 정도가 교회 공동체 내부의 형제자매들의 필요를 위해서 쓰여진 것이다. 나는 이것이 그렇게 많다고 생각하지도 않지만, 적다고 생각하지도 않는다. 2억 2천만 원이면 교회 예산의 15퍼센트가 넘는 금액이다. 떠들고 자랑하고 다닐 일은 아니지만 나는 이것이 우리의 생활 방식이 되기를 바란다. 이렇게 실제적으로 사랑을 주고받기를 간절히 바란다. 이런 일들이 벌어지기 시작했을 때 당연히 우리는 그 다음 단계로 넘어가게 될 것이다.

사회적 약자들이 즐겨 드나드는 공동체

세 번째는, 사회적 약자들이 즐겨 드나드는 공동체가 되는 것이다.

한국 사회에서 교회와 세상 사이의 간격은 너무 크다. 그래서 어떤 교회는 아예 벽을 없애 버리고 건물을 짓기도 한다. 나들목교회가 택한 방법은 학교와 건물을 공유하는 것이었다. 초대교회처럼 구조적으로라도 사람들이 편하게 드나들게 하고 싶어서였다.

하지만 그것이 전부가 아니다. 교회가 있는 그곳에서 우리가 애를 써야 할 부분이 있다. 그곳에서 우리 이웃들의 필요를 보기 시작해야 한다. 잘 살고 있는 사람들이 아니라, 먼저 경제적인 도움이 필요한 사회적인 약자를 돌아보기 시작해야 한다. 그들의 필요가 무엇인지 살피고 그들을 어떻게 도울지 연구해야 한다.

그래서 우리 교회에서는 어린이집을 시작했고, 작은 북카페와 함께 어린이 도서관을 시작했다. 어린이집을 세운 이유는 아직 우리 성도들이 이 지역에 많이 살고 있지는 않지만 어린이 교육이 오늘날 심각하게 왜곡되었다는 염려 때문이다. 어릴 때부터 경쟁적인 교육에 밀려들어 가고 있어 전인적인 교육이 사라진다는 걱정 때문이다. 기독교적 표현은 뒤로 숨겨졌지만 어떻게 아이들을 기독교 정신으로 키워낼 수 있을까? 이 시대의 경쟁 논리 속에 누구보다도 먼저 희생되고 있는 약자인 어린이들을 섬기는 일이 필요하다고 생각했다.

나들목 가족 도서관을 세운 것 역시, 어릴 때 좋은 그림책을 많이 보고 누군가 좋은 책을 많이 읽어주어야 하는데, 방치되는 아이들이 많고 책보다는 TV와 게임에 이미 길들여지는 아이들이 많기 때문이다. 아이들에게 책을 가까이 하게 하는 일에 부모를 움직여야 하니 가족 도서관을 세운 것이다. 2010년 현재 천 명이 넘는 회원이 있는데, 그중 나들목교회 가족들은 20퍼센트도 채 되지 않고, 지역 주민들과 아이들이 즐겨 찾고 있다. 이곳에서 주말마다 격주로 좋은 책과 관련된 공연도 하고 또 아이들을 건강하게 키우고 싶은 어머니들의 모임도 생겨났다.

몇 년 전부터는 나들목교회가 세워져 있는 대광고등학교 아이들 가운데, 여건이 어려운 아이들을 위한 '꿈틀 공부방'이 세워졌다. 일주일에 네 번, 우리 교회 가족들이 만들거나 제공하는 음식을 아이들이 먹는다. 아이들이 공부하는 장소인 생활관에서 음식 냄새가 날 때, 마음속에 깊은 감사가 생겨난다. 집에 가도 저녁 밥도 제대로 먹지 못하는 아이들 30여 명이 여기서 따뜻한 밥을 먹는다. 그리고 자원 봉사 선생님들의 수고로 공부도 하고 인생 멘토링도 받는다. 난 이 아이들이 우리 세미나 룸에 들어가 마구 피아노를 치고, 탁구대를 펼쳐놓고 탁구를 치고 주방에서 라면을 끓여먹고 할 때 정말 기쁘다. 뭐가 자꾸 망가지니 걱정이 아주 없는 것은 아니지만, 이 아이들이 여기를 자신의 집처럼 여긴다고 생각하니 기쁨이 솟아오른다.

이 세상의 문제를 우리가 다 해결할 수는 없지만 적어도 하나님이 주신 사랑을 가지고 우리가 머무는 지역에서 할 수 있는 일이 무엇인지는 계속해서 찾아봐야 한다. 공부도 하고 실험도 하면서 우리 이웃들이 쉽게 들락날락할 수 있는 상황을 만들어야 할 것이다. 우리 각자의 관심사에 따라 마음이 움직이는 곳을 따라 아이디어들을 모으고 자발적으로 모여 함께 공부하면서 계속 움직여야 한다.

우리 교회는 신설동에서 다함께 모이기 때문에 이 지역에서 어린이집과 도서관을 시작했다. 하지만 이것은 첫 번째 사례일 뿐이다. 우리에게는 꿈이 있다. 서울 각 지역에 사는 교회 가족들이, 작은 가정교회라는 그룹으로 모이는 우리 가족들이, 자신이 사는 지역의 이웃들을 위해 고민하면서 그곳에서 이웃들, 특히 사회적 약자들이 드나들 수 있는 센터를 만드는 것이다. 어린이집이 될지, 도서관이 될지, 공부방이 될지, 노숙자들을 위한 밥집이 될지 아니면 물물장터 같은 것이 될지 잘 모르겠다. 하나님께서 우리들 가운데 이런 꿈을 가진 사람들을 일으키셔서 그 지역에 필요한 모습으로 곳곳에 이런 센터들이 생겨나기를 꿈꾼다.

우리의 소망은 세상 사람들이 쉽게 즐겨 드나드는 공동체가 되는 것이다. 와서 도움을 얻고 유익을 얻고 돌아갈 수 있는 그런 곳이 되는 것이다.

급진적인 나눔의 삶을 살기

이렇게 하기 위해서 우리에게 꼭 필요한 것은 급진적인 나눔의 삶을 사는 것이다. 앞에서도 언급했지만 이것은 자신의 것을 포기하고 나눌 때에만 가능하다. 단순히 돈을 나누는 것뿐만 아니라 우리의 시간을 나누는 것을 말한다. 우리의 재능을 나누는 것을 뜻한다. 다시 말해, 우리 인생을 나누는 것이다.

"주님, 다른 사람은 모르겠는데, 저는 한번 해 보겠습니다. 제가 준비해 보겠습니다. 저의 시간 중에서 일부를 떼어놓겠습니다. '독서치료'를 제대로 배워서 어린이 도서관에 가서 일주일에 몇 시간씩 독서치료 봉사를 하겠습니다."(이런 식으로 독서치료를 배워 아이들을 가르치는 자원봉사를 하는 가족이 있다.)

"저는 어린이집에 일주일에 몇 시간씩 가서 자원 봉사로 미술을 가르치겠습니다."(이렇게 어린이집에서 미술이나 음악으로 봉사하는 가족이 있다.)

"집에 가도 밥을 못 먹는 중학생들이 있다고요? 우리 가정교회에서 한 달에 한 번은 따뜻한 밥 한 끼 만들게요."(이렇게 꿈틀공부방 아이들은 저녁을 먹는다.)

"우리 지역에 노숙자들이 많다고요? 그들에게 일주일에 한 번이라도 따뜻한 밥을 제공할 수 있으면 얼마나 좋을까요? 제가 그렇게 해 보겠습니다."(이렇게 해서 실제로 '바나바하우스 밥집' 사역이 시작되었다.)

"우리 지역에 외국인 유학생들이 많은데, 그리고 다문화 사회가 되어가는데, 제가 영어(또는 중국어)를 좀 하니 외국인들을 위하여 사역을 시작해 보겠습니다."(이렇게 해서 '다문화 사역'이 잉태되었다.)

이런 예는 앞으로 더욱 많아질 것이다. 그렇다. 우리가 할 수 있는 것은 굉장히 많다. 그 일들은 특별한 기술이 있어야 할 수 있는 일들이 아니다. 누구나 할 수 있다. 하나님은 우리의 삶을 쓰시기를 원하신다. 우리의 작은 봉사를 통해서 이 땅에서 고통받고 있는 어려운 사람들을 돕기를 원하신다.

재정의 문제도 마찬가지다. 하나님이 우리에게 비전을 심어주셨다면, 하나님이 우리 마음을 움직여주시는 만큼 나의 것을 뚝 떼어서 비범하게 헌신하는 것이 필요하다. 꿈을 가지고 시작해 보라. 먼저 꿈을 꾸라. 그것이 하나님께서 주신 꿈인지 한번 살펴보라. 그리고 그 꿈의 전모가 다 보이지 않아도 작은 첫걸음을 떼어놓으라. 그렇게 한걸음을 떼어놓으면 그 꿈은 더 선명하게 보일 것이다.

우리 교회에서 어린이 도서관을 시작하면서 헌금을 할 때 이야기다. 한 형제가 이런 나눔을 했다. 그 형제는 기도할 때마다 하나님께서 자기에게 집을 팔라는 마음을 주셨다고 한다. 전셋집에 사는 그 형제에게는 집이 없는 데도 말이다. 도대체 어떻게 하라는 건지, 그 형제는 계속 기도하면서 결국 하나님이 주신 깨달음에 따라 하나님께 이런 고백을 드렸다고 한다.

"하나님, 제가 일 년 동안 제 월급을 헌금하겠습니다."

맞벌이를 하며 사는 그 가정은 경제적으로 넉넉하지 않았다. 그러나 하나님이 주신 깨달음대로 비범한 헌신을 했다.

모든 사람이 똑같이 이런 삶을 살아야 한다는 것은 아니다. 우리가 조심해야 할 것은 아나니아와 삽비라 같은 사람이 되어서는 안 된다는 것이다. 다른 사람이 어떻게 하느냐는 상관없다. 우리 각자의 상황에 맞게 하나님이 우리 각자에게 주시는 꿈에 맞게 헌신을 하면 되는 것이다. 기도하면서 하나님께 물어보라.

"하나님, 이 땅의 교회가 개독교라고 불리고 있습니다. 개독인이라고 불리고 있습니다. 그리스도인이라는 그 영광스러운 이름이 이제는 추잡한 별명으로 바뀌었습니다. 하나님, 우리가 이 땅에서 작아도 한구석에서라도 빛과 소금이 되기를 원합니다. 하나님, 제가 담당할 몫은 무엇입니까?"

하나님께서 우리에게 꿈을 주기 시작하신다면 마음을 다해서, 뜻을 다해서, 우리의 시간을, 우리의 물질을 드릴 수 있을 것이다. 하나님은 과부의 두 렙돈을 귀하게 여기시는 분이다.

이러한 삶, 도대체 어떻게 가능한가?

그렇지만 이런 급진적인 나눔의 삶은 어떻게 가능할까? 정말 이게 가능한 일인가? 어떻게 오늘날 현대 교회에서는 잘 보이지 않는 모습이 예루살렘 교회와 안디옥 교회에서는 일어날 수 있었을까? 이런 일이 우리에게도 가능할까? 우리같이 평범한 사람들, 여전히 나만 생각하고 있는 사람들, 우리들 속에서도 이런 일들이 가능할까? 아니면 이것은 성경에만 아주 예외적으로 있었던 사건으로 우리와 상관이 없는 것일까?

예루살렘 교회와 안디옥 교회가 이렇게 비범한 헌신을 할 수 있었던 이유는 단 한 가지였다. 그들도 우리와 비슷한 사람이었다. 그들은 우리보다 성경 공부를 더 많이 하지 못했는지도 모른다. 교육 수준이 더 좋지 않았는지도 모른다. 그러나 그들은 부활하신 예수님을 진심으로 믿었다. 예수의 부활이 그들에게는 상징이 아니었다. 초대교회 교인들에게 예수님의 부활은 새로운 시대가 열렸다는 것을 의미했다. 오늘날 그리스도인들은 그리스도라는 말의 역동적 혁명성을 잃어버렸지만, 초대교회 교인들에게는 그렇지 않았다.

그리스도라는 말은 메시아라는 히브리어의 그리스어 번역이다. 그렇기에 그리스도인이란 메시아께 속한 자들, 작은 메시아들, 메시아의 것이라고 보아야 한다. 그렇다. 예수님의 부활로, 그들은 메시아의 나라가 임한 것을 믿었고 이제 곧 그 메시아가 다시 오셔서 새 하늘과 새 땅을 가져오실 것이라는 종말론적 비전을 가지고 있었다.

예수님의 부활로, 이 땅에서 우리의 삶은 잠깐 있다가 끝나는 삶이라는 것을 그들은 정말 믿었다. 죽음 이후에 진정한 삶이 시작된다는 것을 정말 믿었다. 이 땅에서의 삶은 그 이후의 삶을 위하여 준비하는 것이고, 그 이후의 삶을 바라보면서 그 그림자 밑에서 살아가는 것임을 정말 믿었다. 메시아의 새로운 시대가 시작되었고 그가 다스리는 나라가 이미 임했음을 믿었기에, 영원히 영광스러운 삶을 사는 것을 위해 이 땅에 있는 것을 절약하고 그것을 이웃들과 나누며 그것을 통해서 하나님께서 일하시는 것이 정말 가치 있는 일이라고 믿었다.

부활하신 메시아이신 주님께 우리의 소망이 있다. 메시아이신 예수를 정말 믿는 사람들은 다른 꿈을 꾸기 시작한다. 다른 시각이 생기기 시작한다. 평범한 사람들이지만 헌신할 수 있는 마음가짐과 의지력 없는 사람들이지만 부활의 주님을 따를 믿음으로 그들은 평범함 속에서 벗어나 비범한 삶을 살 수 있다.*

부활하신 메시아이신 주님을 따라가는 삶을 살자! 상징으로,

---

* 메시아와 하나님 나라는 매우 중요한 주제이다. 마가복음 1장 15절 "이르시되 때가 찼고 하나님의 나라가 가까이 왔으니 회개하고 복음을 믿으라 하시더라."는 말씀을 가지고 마가복음에 나타난 하나님 나라의 복음에 대해 설교한 책《청년아 때가 찼다》(죠이선교회)를 참고하라.

교회에 박제되어서 죽어 있는 예수가 아니라 지금 부활하신 새로운 메시아이시며, 그의 나라를 여신 그분, 우리 인생 가운데 오셔서 세상을 변화시키기를 원하시는 그분, 우리의 인생을 책임져주시겠다고 약속하신 주님을 따라가는 삶을 살자!

돈으로 보장받지 않아도 되는 인생, 그런 인생을 메시아이신 주님께서 살게 하신다고 믿고 우리가 그분을 따라가게 되기를 간절히 원한다. 부활하신 메시아이신 그분이 우리 가운데 계시기에, 우리가 이런 급진적 나눔의 삶을 살 수 있는 것이다. 우리의 내면이 바뀌면 밖으로 드러나는 것은 피할 수 없는 결과이다.

조국 교회를 섬기는 교회
_안팎의 변혁 II

"제자들이 각각 그 힘대로 유대에 사는 형제들에게
부조를 보내기로 작정하고."_사도행전 11:29

이 거대한 세상 속에서 나는 무슨 의미가 있는가? 내가 사는 이유는 무엇인가? 이렇게 사는 게 과연 의미가 있는 일인가? 가끔씩 우리 머릿속을 스쳐 지나가는 질문들이다.

사실 자신의 삶에 잘 적응하고 어지간히 해내고 있는, 또는 승승장구하는 사람들에게는 이런 문제가 그렇게 크게 다가오지 않을지도 모르겠다. 가끔씩 허탈감 같은 것으로 다가오는 정도일 것이다. 그러나 이 세상은 모든 사람을 승자로 만드는 세상이 아니다. 실제로 대부분의 사람은 세상에서 인정도 받지 못하고 그러다 보니 자신의 삶 자체가 그렇게 의미 있는 것 같지도 않고 너무나 작아 보이고 무의미해 보인다고 생각할 때가 많다.

신앙생활도 비슷하다. 우리가 애써서 신앙생활 열심히 하는 것이 이 엉망인 세상 속에서 무슨 의미가 있는가 하는 생각이 들 때가 있다. 그러다 보니 신앙을 통해 마음의 위로와 평안을 얻는 정도만 바랄 뿐, 그 신앙이 나의 삶에 영향을 끼칠 거라고는 거의 기대조차 하지 않는 사람들이 대부분인 것 같다.

워낙 개인주의적인 신앙관이 사람들 속에 자리를 잡아서, 교회는 자신에게 영적 유익을 주는 기관 이상이 아닌 것 같다. 기껏해야 교회가 부흥해서(사실, 이 말은 대부분 '교인의 숫자가 늘어서'라는 뜻의 비성경적인 표현인데!) 선교와 구제를 많이 하는 교회가 되면 되겠다는 생각 정도를 하는 것 같다. 상황이 이러하니 내가 속한 교회를 통해서 꿈을 꾸고, 소명을 찾아 인생을 드리고 싶다는 성도들을 만나는 일은 참 희귀한 일이 되어버린 것이 아닌가 싶다.

안디옥 교회 성도들은 그렇지 않았다. 메시아이신 예수를 아는 사람이 전무한 안디옥이라는 도시에서 예수를 처음 믿고 따르기 시작한 그들은 세상 전체가 하나님을 모르고 돌아가는 상황이었지만 자신들의 가치를 폄하하지 않았다. 오히려 그들은 단지 안디옥뿐만 아니라 시리아와 아시아, 헬라 지역 전체에 이르기까지 예수가 이 세상의 소망이라는 사실을 알리는 교두보와 같은 역할을 감당했다. 어떻게 각 개인과 공동체의 삶이 이 광대한 세상과 거대한 역사 속에 이렇게 귀한 흔적을 남길 수 있었을까?

²⁷ 그때에 선지자들이 예루살렘에서 안디옥에 이르니 ²⁸ 그중에 아가보라 하는 한 사람이 일어나 성령으로 말하되 천하에 큰 흉년이 들리라 하더니 글라우디오 때

에 그렇게 되니라. [29]제자들이 각각 그 힘대로 유대에 사는 형제들에게 부조를 보내기로 작정하고 [30]이를 실행하여 바나바와 사울의 손으로 장로들에게 보내니라(사도행전 11:27-30).

안디옥 교회, 예루살렘 교회를 돕다

예루살렘 교회가 시작되었을 당시, 예수님을 따르는 이 도道는 유대인들의 한 종파일 뿐이었다. 예수는 유대인들이 기다리던 메시아에 불과했다. 그저 한 민족의 종교적인 지도자였던 것이다. 그러나 하나님은 예수 그리스도로 이 땅에 오셔서 유대인들에게만 자신을 알려주려고 하신 것이 아니었다. 유대인들을 먼저 택하셨던 것은 땅 끝에 있는 모든 사람에게 자신을 알리고 싶으셨기 때문이다.

그런데 유대인들 스스로가 유대인들과 세상 사람들 사이에 벽을 만들어놓았다. 당시 심각한 문제는 하나님이 세상 모든 사람에게 생명을 주시기 위해서 그 아들을 이 땅에 보내시고 희생시키기까지 했는데 이 놀라운 소식이 유대인이라는 벽 속에 갇혀 있었다는 것이다. 우리가 살고 있는 세상에도 여러 종류의 벽이 있지만, 이 벽은 어떤 벽보다도 위험하고 악질적이었다. 왜냐하면 예수 그리스도에 대한 이 놀라운 소식은 세상 모든 사람들에게 삶의 의미를 주고, 특별히 하나님과 관계를 회복하게 하는 능력을 가지고 있었기 때문이다.

신약 성경을 읽어보면 유대인과 이방인 사이의 장벽은 초대교회의 심각한 문제였다는 것을 알 수 있다. 로마서의 중요한 주제

중 하나가 바로 그것이다. 로마서의 주제절이라 할 수 있는 로마서 1장 16절에서 바울 사도는 이렇게 말한다.

내가 복음을 부끄러워하지 아니하노니 이 복음은 모든 믿는 자에게 구원을 주시는 하나님의 능력이 됨이라. 먼저는 유대인에게요 그리고 헬라인에게로다.

이 구절은, 복음이 모든 믿는 자에게 구원을 주는 것이라고 말한다. 그런데 그 뒤에 "먼저는 유대인에게요, 그리고 헬라인에게로다"라고 나와 있다. 유대인과 헬라인의 장벽, 그 장벽이 없다는 것이다.

바울은 이 주제를 로마서 9-11장에서 다루는데, 더 구체적으로 로마서 10장 11-12절은 이렇게 말한다.

성경에 이르되 누구든지 그를 믿는 자는 부끄러움을 당하지 아니하리라 하니 유대인이나 헬라인이나 차별이 없음이라. 한 분이신 주께서 모든 사람의 주가 되사 그를 부르는 모든 사람에게 부요하시도다.

바울은 여기서 하나님의 사랑은 민족적 차별이 없고, 하나님은 유대인과 헬라인을 동등하게 사랑하신다고 말하고 있다. 갈라디아서 3장 28절에서는 한 걸음 더 나아간다.

너희는 유대인이나 헬라인이나 종이나 자유인이나 남자나 여자나 다 그리스도 예수 안에서 하나이니라.

참으로 놀라운 이야기다. 성경이 이야기하는 복음, 예수님을 알게 하고 하나님을 알게 하는 이 복음의 놀라운 결과가 이것이다. 민족적인 장벽("유대인이나 헬라인이나"), 사회적인 장벽("종이나 자유인이나"), 지금까지도 완전히 벗어나지 못하는 성적 장벽("남자나 여자나")을 다 무너뜨리고 그들이 모두 그리스도 안에서 하나라는 사실, 곧 차별이 없음을 알리는 것이다.

복음은 원래 이런 것인데 유대인들에게 이 벽을 깨는 것은 여전히 힘든 일이었다. 이런 벽을 깨고 안디옥 교회가 시작되었고, 복음이 헬라인들에게 전파되고 있었지만 유대인들 속에 있는 그 장벽이 무너지는 일은 쉽지 않았다.

이런 문제를 피부로 느끼고는 있었지만 아직 심각한 문제로 대두되지 않은 상황에서, 안디옥 교회는 예루살렘 교회가 경제적으로 극심한 고통을 겪고 있다는 이야기를 듣고 예루살렘 교회가 자신들에게 베푼 사랑에 보답하기로 결정한다.

실제로 예루살렘 교회의 몇몇 사람이 안디옥 교회를 세우는 데 도움이 되었고, 또 안디옥 교회 사람들이 예수님을 믿게 되었을 때 예루살렘 교회는 바나바를 파송해서 이 교회에서 가르치도록 했다. 예루살렘 교회의 직간접적 도움으로 자신들의 교회가 세워졌기 때문에, 이들은 자신들을 도왔던 예루살렘 교회가 어려움을 당하고 있을 때 당연히 경제적으로 도와야겠다고 생각했다. 그래서 자기 형편에 맞게 구제금을 만들어서 이 구제금을 예루살렘 교회에 보내게 된다.

이는 중요한 의미가 있는 행동이었다. 사실 그들은 이 행위를 단순히 자신들이 받았던 사랑에 대한 보답 정도로 생각하고 있었지만, 이것은 하나님의 역사 속에서 특별히 중요한 의미와 역할을 가지고 있었다.

당시 교회가 가지고 있었던 가장 큰 사명 중의 하나는 유대인과 이방인 사이에 다리를 놓는 것이었기 때문이었다. 다시 말해, 유대인과 이방인 사이에 있는 벽을 허물어버리는 것이었다. 이것이 허물어져야 예수님에 대한 놀라운 소식이 하나의 민족 종교가 아니라 전 세계 모든 사람에게 전파될 수 있었기 때문이다.

안디옥 교회가 이것을 알았는지 몰랐는지는 알 수 없다. 성경에서 설명해 주지 않기 때문이다. 그러나 이들이 처음으로 비유대인 지역에 세워진 이방 교회로서 유대인의 중심지에 있는 예루살렘 교회를 돌보았다는 것은, 그것도 여전히 유대인들이 이방인을 짐승처럼 여기는 상황에서 이들이 거꾸로 예루살렘 교회를 돌보았다는 것은, 유대인 교회와 이방인 중심의 교회가 대등하게 서는 일, 그리스도 예수 안에서 어떠한 차별도 없다는 것을 드러내는 일이었다. 실제로는 예루살렘 교회가 했어야 하는 일을 안디옥 교회가 먼저 하고 있는 것이다.

시대적 사명을 감당했던 장대현교회

우리도 안디옥 교회처럼 이 시대 속에서 일하고 계시는 하나님의 일에 참여하기를 원한다. 큰 그림을 다 알 수 없다 할지라도, 아는 것만큼은 참여하기를 원한다. 이 시대 우리 조국 교회에 필요한 교회가 되기를 원한다. '조국 교회'라는 표현이 다소

생소하게 들릴지도 모르겠다. 우리 할아버지 나라의 교회, 대대 손손 살아온 이 나라의 교회라는 의미다. 그렇다면 이 조국 교회, 이 땅에 있는 교회의 가장 중요한 필요는 무엇일까? 그것은 다름 아니라 건강한 모델 교회라고 생각한다.

어느 시대에나 그 시대의 필요가 있다. 그리고 그 시대에 조국 교회의 역할이 있기 마련이다. 그 역할 속에서, 그런 사명 속에서 작은 지역 교회 하나하나의 역할이 있다. 모델 교회란 어떤 교회인가? 교인들이 많이 모이는 교회? 좋은 사업을 많이 하는 교회? 예산이 풍부하고 해외 선교사를 많이 보내는 교회? 그럴 수도 있다. 그러나 진짜 모델 교회는, 그 시대의 필요를 보고 그 시대의 필요 속에서 자기의 사명이 무엇인지 알고 그 일을 감당하고 있는 교회다.

안디옥 교회가 그런 교회였다. 그 교회는 아무도 하나님을 알지 못하는 안디옥에서 '그리스도인'이라는 별명을 얻었을 뿐 아니라, 당시의 시대적 사명 곧 유대인과 이방인 사이의 벽을 허무는 사명을 감당했다.

한국의 초대교회는 당시의 시대적 사명을 감당하는 교회였다. 한국 교회가 시작될 무렵, 장대현교회라는 교회가 있었다. 이 교회는 1893년, 마펫 선교사가 소수의 사람들과 함께 세운 교회다. 구한말 조선의 운명이 다해서 이 땅의 백성들이 소망을 잃었을 때 평양에 이 교회가 세워졌다. 그리고 10년이 지난 1903년에 장대현교회는 남문외교회를 분립시키고, 다시 2년 후에는 사창골교회를, 다시 1년 후에는 산정현교회를 세우고, 다시 3년 후에 서문외교회를 세웠다. 자기 교회를 포함하여 평양에 다섯 개의 교회를 세운 것이다. 그리고 15년 동안 전국에 39개의 교회를 세운다.

상황을 잘 모르는 사람들은 그냥 교회 간판을 많이 세운 것이라 생각할지도 모르겠다. 그러나 조선 말 이 시대에 우리 백성이 살아날 수 있는 길은 하나님을 아는 길 외에는 없다는 것이 그들의 생각이었다. 열강 사이에서 소망을 잃어버리고 거의 강탈당하듯이 나라를 빼앗긴 상황이었다. 치욕적이고 고통스러운 상황 속에서 조선 백성들에게 필요한 유일한 것이 있다면 그것은 어떤 군사력도 외세도 정치력도 아니고, 하나님을 아는 것이었다. 하나님을 앎으로 말미암아 뿌리로부터 소망을 얻고 변화되기 시작하는 것, 그것이 장대현교회의 마음에 다가왔던 생각이었다. "이 땅에 하나님을 알려야 한다. 하나님을 모르는 조선 백성들에게 하나님을 의지해서 이 땅을 살릴 수 있는 길들을 보여줘야 한다."

통계에 의하면, 장대현교회가 세워진 다음해인 1894년에 평안남북도 전체에는 교인이 52명 있었다고 한다. 그런데 10년이 지나고 난 다음 평안도와 황해도에만 10,000명의 그리스도인이 생겨났다. 10년 사이에 말이다. 그들은 열심히 하나님에 대해서 전했다. 이들은 신앙생활을 오래 하고 훈련을 많이 받은 사람들이 아니었다. 이 땅에 복음이 들어온 지 몇 년 되지 않을 때였다. 그저 그들이 알았던 하나님, 그들이 믿었던 하나님, 그들이 믿었던 예수를 열심히 전했다. 그것만이 이 땅이 살 길이라고 생각했기 때문이다. 장대현교회와 나머지 네 교회는 힘을 합하여 평양을 복음화하기 위해 애를 썼다. 이렇게 장대현교회는 초기 한국 교회의 모델 교회가 되었다.

우리에게는 이런 교회가 필요하다. 그러나 한국에 그렇게 교회가 많지만 건강한 모델 교회들이 그렇게 많지만은 않은 것 같다. 참으로 안타까운 일이다. 그 이유가 뭘까? 우리 시대에는 왜 건강한 모델 교회가 많지 않은 걸까?

모델 교회가 부족한 이유

두 가지 이유가 있을 것 같다. 하나는 성경의 가르침을 무시하는 것이고, 또 하나는 상황에 대한 이해가 부족한 것이다.

교회는 단순한 인간들의 집단이 아니라 하나님께서 세우신 공동체이다. 그렇기 때문에 성경에서 이 교회에 대해서 어떻게 가르치는지, 그리스도인의 삶에 대해서 세상 속에서의 역할에 대해서 어떻게 가르치는지가 아주 중요하다. 성경의 원리가 무시되고 있을 때 교회는 그리스도인 클럽으로 바뀔 수밖에 없다.

안디옥 교회의 중요한 특징 중 하나는 성경을 열심히 공부하는 것이었다. 교회가 세워지고 난 다음, 바나바와 사울이 일 년 동안 성경을 가르쳤다. 성경의 원리를 중요하게 여겼던 것이다. 한국의 초기 교회도 그랬다.

한국의 초기 교회에는 '사경회'라는 것이 있었다. 이는 1890년대에 시작된 기독교의 독특한 문화로, 매년 농한기를 잡아서 열흘에서 보름 정도 성경을 공부하는 특별 집회였다. 영하 20도가 되는 그 추운 겨울에 100-300킬로미터가 떨어진 곳으로부터 사람들이 자신들이 먹을 쌀을 이고 평양으로 몰려왔다. 호텔은 물론 여관도 없었을 때였다. 이들은 그냥 마당에서 추위를 피하면서 밥을 해 먹고 성경을 배웠다.

1907년 1월 2일에 있었던 사경회에는 1,500명이 참석했다. 너무나 많은 사람이 전국 각지에서 성경을 배우러 몰려와 예배당 수용 인원을 넘어섰기 때문에 평양에 있는 교인들은 낮 집회에는 참여하지 못하게 했을 정도다. 이 사경회는 철저하게 한국 교회를 섬기기 위해서 만들어진 것이었기에, 저녁 집회에만 평양 시내에 사는 교인들이 참여할 수 있었다. 여자들은 가까운 지역으로 흩어져서 따로 성경 공부 모임을 가졌다. 그들은 이렇게 성경을 공부하고 난 다음에는 각자 자기 마을로 돌아가서 거기서 작은 사경회를 열었다.

왜 이렇게 성경을 열심히 공부했을까? 성경 속에서 만난 하나님만이 이 민족의 소망이 될 것임을 알았기 때문이다. 성경이 가르치는 삶의 원리가, 공동체에 대한 가르침이 무엇보다도 중요하다는 것을 알았기 때문이다.

오늘날 건강한 모델 교회가 없는 이유는 성경을 열심히 공부하지 않기 때문이다. 성경을 공부하여 성경이 가르치는 소중한 하나님의 뜻을 배워 익혀 그렇게 살려고 애쓰지 않기 때문이다.

혹 이렇게 반발할지도 모르겠다. "무슨 말씀이십니까? 저희가 성경을 얼마나 열심히 공부하는데요?" 일면 맞는 말이기도 하다. 그러나 그렇게 성경을 열심히 공부하는 이유가 '나에게 무슨 위로가 되는가, 나에게 무슨 도움이 되는가'에 주로 초점이 맞추어져 있지는 않은가? 물론 그것이 아주 틀린 것은 아니다. 필요한 일이다. 그리고 실제로 성경을 공부하면 우리 자신에게 큰 위로가 되고 도움이 되는 것이 사실이다. 그러나 성경을 연구할 때 우리 자신에게 필요한 것에만 과도하게 집중하는 것은 사실 죄의 본질과 맞닿아 있는 것임을 잊어서는 안 된다. 죄란 모든 것의 중심에 나를 놓는 것이다. '하나님의 뜻이 무엇인가?'보다 '나에게 도움이 되는가?' 하는 것이 모든 것의 기준이 된다면 그것은 위험한 자세가 아닐 수 없다.

교회는 허공에 세워진 것이 아니라, 구체적인 역사, 사회, 문화, 그리고 영적 상황 위에 세워져 있다. 그런데 성경을 공부하면서 어떻게 개인적인 데만 관심을 둘 수 있는가? 하나님을 알아가면, 하나님이 어떤 일을 하고 계신지를 알아가면, 하나님이 세상을 향해서 가지고 있는 마음을 알게 되고 그렇기 때문에 세상에 대해서 더 깊이, 더 온전히 알아가고자 하는 시도가 자연스럽게 일어나게 된다.

그렇게 될 때, 상황에 대한 인식이 깊어지고 이에 따라 하나님의 뜻도 선명하게 드러날 수 있다. 역사가 어떻게 흘러가고 있는지 고민이 없으면 탈역사적인 교회가 되고, 사회에 대한 민감함이 사라지면 무례하고 독선적인 기독교가 드러난다. 문화에 대한 이해가 깊지 않으면 그 속에 사는 사람을 이해하지 못하고 우리의 메시지는 적절하지 못하게 되며, 이 모든 것의 총합이랄 수 있는 영적 상황에 대한 무관심은 영적 나태로 이어져 결국은 아사상태에 이르게 될 수밖에 없다.

이것이 건강한 모델 교회가 없는 이유다. 성경의 가르침을 있는 그대로 받아들이기보다는 개인적 유익에 경도되어 공부하고, 그러다 보니 우리가 살고 있는 세상에 대한 이해가 얄팍해진 것이다. 성경과 상황이 만나지 않고, 하나님의 뜻과 세상의 현실이 만나지를 못한다. 이런 상황 속에서 개개인이 성공하는 문제, 복받는 문제, 어떻게 잘살 것인가에 대해만 집중하지, 이 깨어진 세상 속에서 하나님께서 무슨 일을 하시고, 우리에게 어떤 일을 맡기셨는지에 대해서는 무관심하고 무지하다.

이 시대에 필요한 교회가 있다. 그 교회는 성경에서 이야기하는 원리가 무엇인지 잘 살펴보고 그것이 오늘날 우리가 살고 있는 상황 속에 어떻게 적용되는지를 고민하면서 만들어진 교회라고 나는 믿는다. 그런 모델이 되는 교회가 이 땅에 필요하다. 장대현교회처럼 마치 조국 교회의 어머니가 되어 자신의 역할을 감당하는 교회가 필요하다. 유대인과 이방인 사이의 벽을 깨뜨리는 사명을 감당했던 안디옥 교회 같은 교회가 필요하다.

그렇다면 우리 시대에 모델 교회가 감당해야 할 사명은 무엇일까? 나는 네 가지 사명이 있다고 생각한다.

이 시대 교회의 사명

먼저, 이 시대 교회의 가장 중요한 일은 교회가 늘 해 왔던 것처럼 **복음을 사람들에게 알리는 일이다**(참고. 7장).

우리가 살고 있는 세상은 불완전하고 위험한 곳이다. 전쟁과

각종 사고, 자연재해 소식이 끊이지 않는다. 이런 세상 속에서 교회의 사명은, 하나님이 살아 계시고 사람들이 하나님께 돌아올 때 이런 세상 속에서도 의미 있는 삶, 가치 있는 삶을 살 수 있다는 것을 스스로 경험하고 하나님을 세상 사람들에게 소개하는 일이다. 그것은 어느 시대에나 동일한 보편적인 사명이다.

오늘날 모델 교회라면 그 교회는 반드시 복음을 전하고 있는 교회여야 한다. 전할 뿐만 아니라 효과적으로 전해서 그 복음이 하나님을 알고자 하는 이들에게 다가가서 그들이 하나님을 알게 되는 놀라운 역사가 일어나야 한다. 진정한 회심이 지속적으로 다양하게 일어나야 한다.

또 교회는 **진정한 공동체의 모습을** 회복해야 한다(참고. 9장). 오늘날 교회는 주일예배 집단으로 전락했다. 원래 교회는 주일예배 집단이 아니다. 주일에 모여 예배 드리는 것은 그 공동체의 한 부분일 뿐이다. 성경에 나타난 교회는 절대로 주일에 한번 모이고 산산이 흩어져서 일주일 내내 연락을 끊고 살다가 다시 모이는 사람들이 아니다. 오늘날 우리에게 필요한 모델 교회는 진정으로 사랑하는 사람들, 서로의 약함과 부족한 것들을 쥐고 함께 사랑하는 사람들, 좀 과장해서 말한다면 목숨 걸고 사랑하는 사람들, 하나님이 아버지가 되셨기 때문에 비록 다르고 싫어도 품고 살아가는 사람들, 그들의 공동체이다.

한 가지 더 있다. **성경에서 배운 대로 세상에서 실천하며 사는 교회가** 필요하다(참고. 8장). 오늘날 그리스도인들은 아주 많지만, 그들이 있는 곳에서 영향력을 끼치는 사람은 많지 않다. 왜 그럴까? 신앙생활은 교회 안에서만 하면 된다고 잘못 배웠기 때문이다. 신앙생활이란 교회 안에서 배운 것을 가지고 교회 밖에 나가 신앙으로 살아내는 것이다. 실패할지라도 세상에 나가서 우리가 믿는 신앙으로 살아내는 것이다. 성경적 가치관을 가지고 정치를 해야 한다. 성경적 가치관으로 교육을 해야 한다. 성경적 가치관을 가지고 사업을 해야 한다. 그래서 실패한다면 실패해야 한다. 실패하더라도 그렇게 하는 사람이 나와야 한다. 성공하는 것이 우리의 목적이 아니기 때문이다.

오늘날 필요한 모델 교회가 있다면 그 교회는 성도들로 하여금 교회 내에서 열심히 배우고 성장해서 그것을 가지고 세상에서 살라고 가르치는 교회일 것이다. 그렇다면 그런 교회는 당연히 내부적으로 성장할 뿐만 아니라, 그 성장 내부에 있는 여러 가지 동력들과 축복이 교회 밖으로 나가서 교회가 몸담고 있는 **사회와 문화에 영향을 끼치게 될 것이다**(참고. 10장).

영향을 끼친다는 것이 대단한 센세이션을 일으키지는 않는다. 작게는 개인적인 나눔에서 시작할 것이다. 자기가 가지고 있는 것을 어려운 자들과 나누는 일이 더 활발히 일어날 것이다. 집을 크게 세우는 데 관심을 갖기보다는 일정량이 확보되었다면 이제는 그것을 나누는 쪽에 애를 많이 쓰는 사람이 될 것이다. 뿐만 아니라 사회 구조나 교육이 잘못된 것을 발견한다면 문화와 사회 구조를 바꾸는 일에까지 기독교적 정신을 적용하려고 할 것이다.

나는 이러한 것들이야말로 이 시대 교회가 가지고 있어야 할

네 가지 가치라고 생각한다. 계속해서 복음을 전하는 교회가 필요하다. 목숨 걸고 사랑하는 일이 중심이 되는 공동체가 필요하다. 교회 안에서만 신앙생활 하는 것이 아니라 세상 밖으로 나가서 신앙생활 하는 사람을 키워내는 교회가 필요하다. 자기들끼리만 축복받는 것이 아니라 자신들이 받은 복을 세상 사람들과 나누는 교회가 필요하다. 나들목교회가 꿈꾸는 네 가지 중심 가치인 '찾는이 중심', '진실한 공동체', '균형 있는 성장', '안팎의 변혁'은 이렇게 만들어진 것이다. 어떤 사람들에게는 이것이 단순히 구호처럼 들릴지 모르지만, 이 네 가지는 시대를 바라보면서 눈물을 흘리며 고통스럽게 만들어진 중심 가치다.

나들목교회를 개척하여 세울 때, 교회가 이렇게 많은 상황 속에서 꼭 개척을 해야 하는가 하는 질문 앞에 나온 답변이 만약 이 세대의 관행을 깨고 성경적 가르침에 충실한 교회라면 개척할 필요가 있다는 확신이었다. 그래서 지난 20년 넘는 신앙생활을 하면서 예리하게 품고 있었던 한국 교회의 문제점을 살펴보았다. 그것은 기복주의, 이원론적 영성, 개인주의적 신앙, 그리고 교인 중심이었다. 슬프게도 성경에서 가르치고 있는 바와 반대였다.

하나님은 우리가 교인 중심이 아니라 하나님을 찾고 있는 자들인 '찾는이 중심'이길 원하시며, 나의 영적 성장을 추구하는 개인주의적 신앙이 아니라 하나님의 '진실한 공동체'에 속해 살아가도록 뜻하셨고, 신앙생활은 교회에서만 하는 것이 아니라 '균형 있게 성장'하여 삶의 모든 영역에서 그리스도를 드러내길 기대하시며, 복을 받기만 하는 것이 아니라 안으로 받은 복을 밖으로 나누는 '안팎의 변혁'을 꿈꾸셨다. 그래서 이 네 가지가 나들목교회의 중심 가치가 되었다.

최선을 다하는 개개인이 필요하다

그러나 가치를 이야기하는 것으로 끝나서는 안 된다. 어느 시대건 그 시대에 필요한 교회가 되려면 **깨달은 만큼, 문제의식을 느끼는 만큼 최선을 다하는 개개인이 필요하다.** 이런 말 저런 말 하는 사람은 별 도움이 안 된다. 말하기는 쉽다. 모델 교회가 세워지려면 말이 아니라 깨달은 만큼 하나님 앞에서 그 일을 행하는 사람들이 있어야 한다. 하나님의 일은 늘 그렇게 진행되었다.

장대현교회에는 '조사助事'들이 있었다. 이는 조력자라는 뜻으로, 당시 선교사들과 목사들을 도와서 교회를 섬기는 사람들이었다. 이들은 보수를 받지 않고 방방곡곡을 다니며 일을 했다. 또 '권서勸書'가 있었다. 이들은 성경을 등에 지고 산골과 오지를 다니면서 성경을 나눠 주고 사랑방에서 성경을 가르치는 사람들이었다. 놀랍게도 이 권서는 '날 연보'라는 것에서 시작되었다고 한다.

예전에는 '헌금'이라는 말을 쓰지 않고 '연보'라고 했는데, '날 연보'란 구한말 돈이 궁했던 이들이 부흥회나 사경회가 있을 때 헌금으로 드릴 돈이 없어 '날'을 드린 것이다. 일주일 중에 하루, 혹은 이틀을 내어 그 날은 나가서 복음을 전하든, 교회에 와서 청소를 하든, 하나님과 관련된 일을 하며 보냈다. 적지 않은 사람들이 하나님을 알리고 다니다가, 성경을 전해 주는 것보다 효과적인 일이 없다는 것을 발견하고 여기서 권서가 생기게 된다. 이만열 교수의 권서에 대한 연구에 따르면, 초기 한국 교회에는 수천 명의 권서가 있었다. 중국, 인도 등 큰 대륙의 권서 수와 비슷한 숫자였는데, 얼마나 많은 사람들이 이 작고 보잘 것 없어 보이는 일에 헌신했는지 알 수 있다.

이렇듯 그 시대에 필요한 교회가 되려면 깨달은 만큼 최선을 다하는 한 사람 한 사람이 필요하다. 그들의 공동체가 필요하다. 우리 한국 교회들이 이런 교회 공동체가 되었으면 좋겠다. 그렇다면 이를 위해 우리가 구체적으로 할 일은 무엇일까?

첫 번째, 나 중심의 신앙생활에서 벗어나는 것이 필요하다. '나에게 얼마나 도움이 되는가', '나에게 얼마나 위로가 되는가'에 집중하는 태도에서 벗어나야 한다. 그것은 이 시대가 우리 그리스도인들에게 가져다준 병이다. 기독교는 나에게 얼마나 도움이 되는가, 나에게 얼마나 위로가 되는가를 계산하며 좇는 종교가 아니다. 그것이 진리이기 때문에, 그분은 하나님이시기 때문에 우리가 좇는 것이다. 그분이 불의한 하나님이라 해도 어쩔 수 없이 좇아가야 하는지도 모른다. 자애롭지 못한 신이라 해도 좇아가야 할지도 모른다. 안 좇아가면 큰일 나니까. 그러나 우리가 좇는 하나님은 진리이시며 공의로우시며 자애로우신 분이시다.

너무 좋으신 분이다 보니, 그리스도인들은 그분의 사랑과 위로 그리고 관용만 기대하고 있다. 그 하나님이 이 깨어진 세상을 바라보시면서 안타까워하시는 마음에 무관심한 것이다. 그렇게 자신만 들여다보면 작고 보잘것없고 모순투성이인 나 자신만 보인다. 그렇게 자기만 들여다보고 있는 사람들, 나 중심적인 신앙인들은 절대로 그 다음 단계로 넘어갈 수 없다. 내 속을 들여다보고 있는 한 답이 나오지 않는다. 나는 내 속을 들여다보면 답답함을 느낀다. 이렇게 많이 배우고 이렇게 많이 훈련받고 이렇게 많이 가르치는데 내 속에는 아직도 그다지 건강하고 아름다운 모습이 많지 않고 여전히 부족하기 때문이다.

그러나 이런 우리를 부르시고, 귀하다고 하시고, 사랑한다 하시고, 함께 일하자고 하시는 하나님을 바라보기 시작할 때 우리는 다른 종류의 삶을 살 수 있다. 하나님은 우리의 베이비시터가 되기 위해 오시지 않았다. 깨어지고 망가진 세상을 품에 안고 괴로워하시며 이것을 치료하고 회복하시기 위해서 우리를 부르셨다. 우리가 칭얼대는 것 안아주고 얼러주기 위해 우리를 부르신 것이 아니다. 신앙생활 초기에는 하나님이 우리를 얼러주시고 안아주시지만 예수 믿은 지 2년, 3년, 5년, 30년, 40년이 되었는데도 여전히 얼러달라고 한다면 그것은 하나님을 잘못 안 것이다. 나 중심의 신앙생활은 우리를 영적 아이의 수준에 머무르게 한다.

두 번째는, 앞에서 언급한 네 가지 핵심 가치를 품으라는 것이다. 이 네 가치는 나들목교회의 핵심 가치만이 아니라, 성경에서 가르치고 있는 중심 가치가 아닌가? 다르게 표현하여도 좋다. 문제는 성경에서 가르치는 원리와 가치를 우리의 마음과 삶의 중심에 두는 것이다.

무엇보다도 필요한 것은 이 네 가지 중심 가치를 품고 누리는 것이다. 복음을 전하고 싶은 어떤 한 사람을 마음에 품고 그를 위해 기도하고, 그 한 사람이 회심하는 것을 위해서 하나님 앞에서 금식하고, 애쓰고, 만나서 밥 사주고, 기다리고, 필요한 책을 선물하고, 그들과 대화하는 그 모든 일이 이 시대의 사명이다. 우리가 그 사람 하나를 섬기는 것이 이 땅에 더 이상 복음을 전하지 않고 있는 교회 속에서 모델 교회가 되는 첫 번째 길이라는 것을 잊지 말자. 이것이 '찾는이 중심'의 삶이다.

같은 공동체에 속했지만 마음에 안 드는 친구 때문에 교회를 떠날까 하는 마음이 들 때, 혹은 리더와의 갈등 때문에 '이제 이 교회 그만 나가야지' 하는 마음이 들 때, 물론 요즘은 교회를 옮길 수 있다. 그러나 그런 마음이 들 때 그것이 이 땅의 교회의 문제라는 것을 발견하고 "나에게 주신 사람을 생명을 걸고 한번 사랑해 보겠습니다. 그를 위해서 기도해 보겠습니다" 하고 뛰어드는 것이 이 시대 모델 교회가 되는 길이다. 이것이 '진실한 공동체'를 세우는 삶이다.

이 깨어지고 망가진 세상, 공의라는 것은 찾아볼 수 없는 약육강식이 판치는 세상 속에서 "주님, 제가 하나님의 가치관을 가지고 살겠습니다. 주님, 도와주십시오. 저를 성장시켜주십시오. 저를 성경적 가치관으로 무장시켜주시고, 그 속에서 살아낼 수 있는 용기와 근력을 키워주십시오"라고 기도하며 세상 속으로 나아가는 것, 그것에 한국 교회의 미래가 달렸다는 것을 잊지 않는다면 우리는 모델 교회를 세울 수 있는 사람들이 될 것이다. 이것이 '균형 있는 성장'을 하고 있는 사람의 모습이다.

우리가 받은 놀라운 축복들이 있을 때 그 축복을 가지고 나 혼자만 잘살겠다고 끊임없이 계획을 세우던 방식에서 벗어나, 이제는 나에게 주신 축복을 어떻게 세상에 나눌 것인가를 계획하는 패턴으로 바뀌기 시작한다면, 그래서 그 복이 우리를 통해 흘러 나가는 일들이 벌어지기 시작한다면, 그러면 우리는 모델 교회를 세우기 시작하는 사람이 될 것이다. 이것이 '안팎의 변혁'을 추구하는 사람의 모습이다.

마지막으로, 우리가 하나님의 큰 그림 속에 있음을 기억하고 기대하는 것이 필요하다. 우리가 하고 있는 작은 섬김이 하나님의 놀라운 일에 쓰일 수 있다는 사실을 잊지 말자. 모르고도 행했던 안디옥 교회, 장대현교회, 한국의 초대교인들처럼 우리는 하나님의 큰 그림 속에 있다.

깨어진 세상 속에서 우리는…

세상에서는 끊임없이 사고가 일어난다. 언론도 이런 끔찍한 이야기들을 계속 보도한다. 이러한 소식들을 들을 때 우리는 어떻게 반응하는가?

"쯧쯧쯧쯧, 말세야, 말세!"

"아휴, 사람들이 왜 그렇게 악할까?"

"뭐, 세상 곳곳에서 이런 일들이 계속 일어나니, 무서워 살겠나?"

"우리 아이들과 가정은 안전할 걸까?"

이런 생각이 들지 않을까? 이렇게 깨진 세상이 우리가 살고 있는 세상이다. 병적인 사람과 건강하지 못한 문화가 만들어낼 수밖에 없는 깨진 세상이 우리가 살고 있는 세상이다. 세상이 이렇게 깨어져 있는 한 사건사고는 앞으로도 계속될 것이다.

그런데 이런 일을 보면서 무슨 생각을 하는가? 혹시 우리는 우리의 안위만을 생각하고 있지 않은가? 오히려 이런 세상 속에서 우리가 드려야 할 기도는 이런 것이 아닐까?

"하나님, 이런 곳이 우리가 살고 있는 세상입니다. 당신은 얼마나 안타까우십니까? 이 땅을 회복하고 치유하려 하시는 하나님, 저 같은 자도 쓰실 수 있으십니까? 여전히 나 자신만 바라보고 내 생각만 하는 나 같은 자도 쓰실 수 있으십니까? 여전히 부족하고 한계가 드러나 보이는 이 작은 공동체도 하나님, 혹시 쓰실 수 있으십니까?

하나님을 바라보면서 오늘, 제게 주신 이들, 제가 잘 돌보겠습니다. 제가 만나는 사람들에게 사랑을 베풀겠습니다. 저에게 주신 사람을 사랑으로 품겠습니다. 말씀 공부와 세상 공부를 좀 더 열심히 해서 세상 속에서 살아남는 그리스도인이 되겠습니다. 작은 섬김으로 최선을 다하겠습니다."

우리가 이렇게 기도할 수 있다면, 세상에서 여러 비극적인 일들이 반복될 때마다 우리는 냉소주의에 빠지지 않고 자기 모멸과 자기 보호에만 빠지지 않고 반대로 과대망상에도 빠지지 않으면서 자신의 삶을 한 걸음 한 걸음 살아갈 수 있을 것이다. 우리가 하는 작은 일들이 하나님의 큰 역사 속에서 어떻게 해서든지 사용될 것이라는 믿음을 가지고 말이다. 우리 한 사람 한 사람이 그런 믿음을 가지고 살아간다면 우리의 교회들은 훗날 어떤 모양일지 모르지만, 조국 교회를 섬기는 교회가 되어 있을 것이다. 1세기 중엽에 세워진 안디옥 교회가 자기 시대의 사명을 완수했음을 기억하라. 20세기 초 나라와 함께 모든 소망을 잃었던 이 땅에 세워진 장대현교회가 소중한 역할을 감당했음을 기억하라. 나의 인생, 우리 교회는 어떻게 역사 속에 기억되기를 원하는가?

진정한 누림이
있는 교회

12

"오, 하늘 아버지, 이 백성의 아버지
당신의 귀한 아들 보내신 높은 사랑
오, 하늘 아버지, 이 백성의 아버지,
하늘가족 교회 통하여 이 땅의 백성 고치소서."
_〈하늘가족 우리 교회〉 중에서

얼마 전 나는 매우 즐겁고도 의미 있는 시간을 가졌다. 오랜만에
여섯 명의 형제자매와 함께 자전거를 탄 것이다. 함께 남산을 한
바퀴 돌고 동대문운동장 뒤에 있는 음식점에서 설렁탕을 먹은
다음, 다시 자전거를 타고 청계천을 한 바퀴 돌았다. 그러고 나
서 청계천 변에 있는 어떤 커피숍 발코니에 앉아 커피를 마시며
이야기를 나누었다. 한 분이 "서울이 참 좋은 곳이구나" 하는 이
야기를 하셨는데, 정말 그렇다는 생각이 들었다.

잘 찾아보면, 깨끗하고 걸어볼 만한 곳이 얼마나 많은지 모른
다. 또 크고 작은 산들도 참 많다. 북한산, 관악산, 남산, 도봉산,
수락산, 불암산, 북악산, 인왕산, 안산, 백련산, 삼성산, 청계산,
대모산, 구룡산, 우면산, 아차산, 용마산, 천마산, 청량산, 노고
산, 봉화산, 배봉산, 호암산, 우장산, 낙산, 응봉산. 다 서울에 있

12. 진정한 누림이 있는 교회 259

는 산이다. 강은 한강 하나 있지만, 중랑천, 정릉천, 성북천, 우이천, 청계천 등 하천들도 아주 많다. 요즘은 재개발되어 생태하천으로 회복되는 천도 많다. 뿐만 아니라 30-40년 된 맛집들도 곳곳에 흩어져 있다. 서울은 마음만 먹으면 누릴 수 있는 것이 너무나 많다.

그러나 많은 사람들이 서울을 누리지 못한다. 서울을 잘 모르기 때문에 누리지 못하면서, 오히려 서울을 떠날 생각들만 한다. 서울만이 아니라 자기가 사는 고장이 얼마나 좋은지, 무엇을 누릴 수 있는지 잘 모르는 사람들이 대부분이다. 그런데 사실 그리스도인들도 이와 비슷하지 않은가? 그리스도인으로 살면서도 그리스도인으로서 누려야 할 것이 무엇인지 모르는 사람들이 많지 않은가?

세상에서 가장 좋은 그리스도인 공동체는 하나님께서 주신 것을 제대로 누리는 공동체이다. 아니, 하나님 그분을 누리는 공동체이다. 하나님께로부터 오는 것들을 누리는 공동체, 하나님이 해 주신 무엇이 아니라 하나님 자신을 누리는 공동체, 그 공동체야말로 이 땅에 있는 가장 귀한 공동체일 것이다. 사람들이 바라는 공동체가 바로 그런 공동체일 것이고, 그것은 아마도 하나님께서 가장 기뻐하시는 공동체이기도 할 것이다. 우리에게도 하나님에게도 소중한 공동체인 것이다. 안디옥 교회가 그랬던 것 같다.

2부의 마지막이 될 이번 장에서는 이 안디옥 교회가 어떻게 진정으로 누리면서 살았는지에 대한 이야기를 나눌 것이다. 그 진정한 누림이란 다름 아닌 예배로 표현될 수 있다.

우리를 불러주신 은혜

첫 번째, 안디옥 교회는 그들을 불러주신 은혜를 누렸다(행 11:19-21). 안디옥에 있는 그리스도인들은 후에 그리스도인이라는 이름을 받기까지 했지만 처음에는 하나님과 아무 관계도 없던 사람들이었다. 유대인들은 이 이방인들을, 심하게 말하면 개처럼 여겼다. 이들과는 상종조차 하지 않았다. 그래서 그들이 만난 하나님, 그들이 경험한 예수 그리스도에 대한 놀라운 소식을 이들에게 알려주지 않았다. 이들은 부름을 받을 수 없었던 사람들이었다.

그런데 스데반의 일로 흩어졌던 몇몇 사람이 이 편견을 깨고 놀라운 예수 그리스도를 이 헬라인들에게도 전해 주었다. 그들은 그제야 온 우주를 지으신 하나님이 계시다는 사실을 알게 되었고, 그 하나님이 그들 하나하나를 너무너무 사랑하신다는 사실을 깨닫게 되었다. 그들을 통해서 하나님이 이 땅에서 놀라운 일들을 행하기 원하신다는 사실도 알게 되었다. 그들은 '나 같은 사람을 하나님이 어떻게 부르셨는가? 우리 같은 이방인들, 유대인도 아닌 우리들을 어떻게 부르셨는가?' 하며 감격했다. 이들은 하나님이 자신들을 불러주신 그 은혜를 깨닫고 또 누리고 있었다.

그러나 오늘날의 많은 그리스도인들이 서울에 살면서도 서울을 잘 모르고 잘 누리지 못하는 사람들처럼, 우리를 불러 주신 하나님의 은혜에 대해 잘 모르고 사는 것 같다. 우리는 하나님에 대해서 너무 가볍게 생각하는 경향이 있다. 하나님을 요술램프에서 나오는 지니처럼 생각한다. 필요할 때 잘 매만지면 램프에서 나와서 내 이야기를 들어주고 내가 못 이룬 꿈을 들어주는 그런 존재 말이다. 그러나 하나님은 그런 분이 아니시다.

구약성경을 읽다 보면 특히 우리에게 낯설고 재미없는 부분이 있다. 하나님께 제사 드리는 방법이나, 어떻게 성막을 건축해야 하는지 등에 대해 설명하는 부분이 그렇다. 또 열왕기상 6장부터 시작되는 성전 건축 이야기도 마찬가지다. 거기에는 성전에 필요한 재료부터 각 방의 구조는 물론, 성전에 둘 여러 가지 도구들을 어떻게 만들어야 하는지 자세하게 안내되어 있다. 놋쇠 대야, 놋쇠 받침대, 또 금으로 만든 단, 언약궤를 두기 위해 순금으로 만든 방, 그 속에 만들어놓아야 하는 그룹들 등에 대한 아주 재미없는 이야기들이 있다. 왜 이런 이야기들이 기록되어 있는 것일까?

성경은 이를 통해 우리로 하여금 하나님이 어떤 분이신지를 엿볼 수 있게 해 준다. 하나님이 얼마나 존엄한 분이신지, 인간이 감히 그 앞에 나갈 수 없을 만큼 얼마나 높고 위대하시고 거룩하신 분이신지를 그 성전의 모양을 통해서 보여주고 있는 것이다. 성전 가장 안쪽을 순금으로 만든 것은 화려한 것을 좋아해서가 아니라 글도 잘 읽을 줄 모르고 하나님도 잘 모르는 이스라엘 사람들에게 하나님이 어떤 분인지 보여주기 위해서였다. 이렇게 구약의 이스라엘 사람들은 하나님이 어떤 분인지 알았다.

사실 우리 중에 그 누구도 하나님 앞에 나아가서 그분을 아버지라 부를 자격이 없다. 우리가 어떻게 감히, 천지를 지으신 하나님 앞에 나가서 기도하면 하나님께서 그 기도를 들으실 것이라 생각할 수 있는가? 하나님은 우리가 그렇게 쉽게 생각할 분이 아니다. 하나님은 위대하시고 높고 크신 분이다.

그런데 그 하나님이, 이 땅의 먼지 같은 우리를 부르셨다. 천지를 지으신 하나님께서 이 땅의 먼지 같은, 대양의 물방울 하나밖에 되지 않는 우리를 찾아오셔서 하나님이 어떤 분이신지 알려주실 뿐 아니라, 우리를 살리기 위해서 우리 같은 인간을 위해서 죽으셨다. 그 크신 하나님이 이 작은 우리를 위해서 이 땅에 오셔서 죽으셨다는 사실을 들었을 때 우리 마음속에는 기쁨이 넘쳐날 수밖에 없다.

나를 불러주시고 사랑받을 자격이 없는 자를 사랑하셔서 사랑받는 자로 바꿔주신 은혜의 하나님, 내가 기도 드리면 내 기도를 들어주신다고 내 신분을 바꿔주신 하나님, 내가 이 땅에 있는 고통과 아픔을 가지고 신음 소리를 내며 안타까워할 때 그 소리에 귀 기울여 주시는 하나님, 우리가 이런 하나님을 만났다.

그렇다면 이런 은혜를 좀 누리며 살아야 하지 않겠는가? 이번 장에서는 중간중간 찬양 가사를 실었다. 독자들도 잠시 멈추어 찬양을 부르며 혹은 찬양 가사를 묵상하며 은혜를 누리는 시간을 가졌으면 하는 바람에서다. 또 간략한 기도문도 실었다. 이 장을 읽는 것 자체가 예배이며 기도, 진정한 누림이 되기를 기대하기 때문이다.

하나님께서 십자가에서 우리를 위해서 어떤 일을 행하셨는지,

우리를 어떻게 바꾸셨는지, 하나님께서 우리를 불러주신 은혜를 잘 설명하는 다음의 찬양을 묵상해 보라.

> 십자가에서 그는 내 이름 바꾸셨네
> 십자가에서 그는 내 이름 바꾸셨네
>
> 고아에서 아들로 거절에서 용납으로
> 죄인에서 의인으로 바꾸어주셨네
>
> 십자가에서 그는 내 이름 바꾸셨네
> 십자가에서 그는 내 이름 바꾸셨네
>
> 저주에서 축복으로 원수에서 연인으로
> 창기에서 신부로 바꾸어주셨네
>
> 십자가에서 그는 내 이름 바꾸셨네
> 십자가에서 그는 내 이름 바꾸셨네
>
> _〈십자가에서〉, 조준모

"오, 하나님, 우리가 하나님을 가볍게 여기는 시대 속에 살지만, 하나님을 참 우스꽝스러운 존재로 만들어버린 세상 속에서 살지만, 하나님은 절대로 그렇게 대접받으실 분이 아니십니다. 그런 하나님께서 이 땅의 먼지 같은, 대양의 그저 물방울 하나 같은 우리를 부르셔서 자신의 자녀요, 자신의 연인이요, 자신의 신부로 세우셨습니다. 부름 받을 자격이 없는 자들을 부르셔서 그의 사랑하는 자로 삼아주신 하나님의 이름을 찬양합니다."

그리스도인들이, 하나님께서 불러주신 은혜를 잊어버린다면 그때부터 그들 삶 속에 남아 있는 것은 **아무것도** 없다. 그들의 경건도 그들의 수많은 봉사도 아무런 의미가 없다. 하나님은 우리 자신에게 관심이 있으신 것이지, 우리에게 어떤 일을 시키시는 데 관심이 있으신 것이 아니다. 하나님은 우리를 부르셔서 하나님과 교제하게 하고, 우리가 하나님을 더 사랑하게 되기를 원하신다. 우리가 하나님 품 안에 안겨서 살아가는 그 축복을 누리기를 바라신다. 이것이 진정한 그리스도인들이 누릴 수 있는 복이다.

다른 사람에게 임한 하나님의 은혜

두 번째는, 다른 사람들에게 임한 하나님의 은혜를 누리는 것이다(행 11:22-24). 안디옥 교회에 도착한 바나바의 기쁨을 상상해 볼 수 있겠는가? 모든 장벽에도 불구하고 몇몇 사람들이 예수님에 대한 소식을 알렸을 때 안디옥의 사람들이 하나님께로 돌아왔다. 바나바가 예루살렘 교회에서 파견되어 그들에게 갔을 때 그는 그곳에 임한 하나님의 은혜를 바라보면서 기뻐하였다.

그리스도인들이 누리는 두 번째 은혜는, 나에게 임한 하나님의 은혜를 누리는 것을 넘어서서 다른 사람에게 임하는 은혜를 바라보고 기뻐하는 것이다. 나에게 은혜를 주셨던 그 하나님께서 나같이 평범한 사람, 나같이 좌절한 사람, 나같이 쓸모없는 사람에게도 찾아오셔서 그에게도 동일한 은혜를 주시는 것을 볼 때 우리는 그 은혜를 보고 감격한다.

나들목교회에서 세례식이 있을 때마다 마음속 깊숙한 곳으로부터 감사와 기쁨이 흘러나온다. 나들목교회에서는 세례식 때마다 세례자의 간증을 성도들과 함께 나누고, 그 간증들이 설교의 예화로 등장한다. 그러면 적지 않은 자들이 함께 기뻐하고 감격하며 눈물을 흘리기도 한다. 바나바가 누렸던 기쁨을 우리도 누리고 있는 것이다.

'나도 저와 같았는데, 나도 저와 같이 절망 속에 있었는데, 나도 저와 같이 종교적 껍질 속에 살았었는데, 하나님께서 저들에게 찾아가셔서 저들에게 생명을 주셨구나. 너무나 놀랍다. 하나님께서 그 가운데서 일하시는구나' 하면서 사람들은 하나님의 일하심에, 하나님의 은혜에 눈을 뜨기 시작하는 것이다.

'하나님은 나만 이렇게 보살피는 분이 아니라, 하나님의 영광을 수많은 사람들에게 드러내시고 하나님의 나라를 선포하셔서 눈먼 자들을 눈뜨게 하시고 저는 자들을 걷게 하시는 분이구나'라고 깨닫고 마음속에 소망이 생기기 시작하는 것이다.

예배는 이렇게 하나님께서 사람들 가운데 오셔서 베푸신 은혜를 보고 함께 기뻐하는 것이다. 그 가운데서 나에게 주셨던 은혜를 다시 생각하고 나를 불러주신 하나님을 다시 기억하고 또 다른 사람을 부르실 하나님을 소망하는 것, 그것이 예배다. 이것은 개인의 영역을 벗어나서 하나님이 하나님 나라를 이 땅 위에 펼치시는 것을 기대하는 것이다.

안디옥 교회에 내린 그 은혜를 바라보며 바나바가 기뻐했던 것처럼 우리도 우리 각자와 주변의 사람들을 통하여 일하셨던 하나님을 함께 기뻐하고, 하나님의 나라와 하나님의 영광을 마음속에 품는 찬양을 드리자.

> 주님의 영광 나타나셨네
> 권능으로 임하셨네
> 죽음에서 날 살리신 주 성령
> 놀라우신 주 하나님
> 할렐루야 주의 나라가(눈먼 자는 눈을 뜨며)
> 할렐루야 임하소서(저는 자는 걷게 되리)
> 나는 선포하리, 만왕의 왕 예수
> 주의 나라 임하시네
> _〈주님의 영광 나타나셨네〉, 데이비드 펠링엄

"오, 하나님! 우리에게 오셔서 이렇게 놀라운 일을 행하신 주님, 우리의 창조자이시고 구원자이시고 치료자이시고 우리의 목자 되신 주님, 주님께서 우리에게 주신 은혜가 우리에게만 머물러 있는 것이 아니라 우리 주변에 있는 수많은 사람에게도 내리는 것을 우리가 보기를 원하고 그것을 기뻐하게 되기를 원합니다. 우리가 만난 주님, 주님이 없었으면 우리 인생이 어떻게 되었을까를 생각합니다. 평범한, 아니 평범 이하의 삶을 살 수밖에 없었던 우리를 찾아오셔서 삶의 의미와 목적과 이유를 알게 하여 주신 주님, 그 주님께로부터 오는 은혜가 우리가 사랑하는 사람들에게도 동일하게 임하게 되기를, 그리고 우리가 그것을 누리게 되기를 소원합니다."

하나님을 알아가는 은혜

세 번째는, 하나님을 알아가는 은혜를 누리는 것이다(행 11:25-26). 바나바는 당시에 가장 뛰어난 선생이었던 사울을 데려와서 함께 안디옥 교인들을 일 년 동안 가르쳤다. 일 년 동안 무엇을 가르쳤을까? 그들이 만난 예수님을 가르쳤을 것이다. 그들은 그 예수님을 통해서 하나님을 알아가기 시작했다. 그들에게 임한 은혜는 시간이 가면 갈수록, 하나님을 알아가면 알아갈수록 점점 더 깊어졌다. 서울 시내를 조금씩 알기 시작하면 그것을 즐기는 것이 점점 깊어지는 것처럼, 하나님을 알아가는 것이 점점 많아지면 은혜도 함께 자라간다.

당신은 예수님을 아는가? 예수님을 경험했는가? 그렇다면 그 예수님을 알아가면서 갈수록 은혜가 더 깊어지는가, 아니면 어느 날부터 박제된 예수, 나에게 아무런 의미도 없는 예수로 남아 있는가? 예수님은 퍼내도 퍼내도 마르지 않는 샘물과 같은 분이다. 그분은 우리 인생에 가장 소중하신 분이다. 그분에 대해서 이론적으로 이야기하는 것을 자랑하지 말자. 그분을 누리는 사람들만이 진정한 누림을 갖는 사람들이다. 예수님에 대해서 아무리 얘기해도 예수님으로 말미암은 은혜를 경험하지 못한다면 그들은 참으로 불행한 사람들이다.

사도 요한은 요한복음 1장에서 이렇게 말한다.

> ███████ [14]말씀이 육신이 되어 우리 가운데 거하시매 우리가 그의 영광을 보니 아버지의 독생자의 영광이요 은혜와 진리가 충만하더라… [16]우리가 다 그의 충만한 데서 받으니 은혜 위에 은혜러라(요한복음 1:14, 16).

예수 그리스도에 대해 극히 일부분만 알고 예수 그리스도에 대해 알았다고 말하지 말자. 그렇게 가볍고 일천한 그리스도인들이 되지 말자. 예수님은 무한하신 분이다. 그 속에 은혜와 진리가 충만하신 분이다. 우리가 그 충만한 데서 선물을 받는다("우리는 모두 그의 충만함에서 선물을 받되", 16절, 새번역). 그것은 은혜 위에 은혜가 쌓이는 것과 같다.

그분을 알아가기 시작하면 사람들은 점점 고백하기 시작한다. "당신 없이는 살 수 없어요. 당신이 내 인생의 전부입니다." 그리고 조금 더 깊이 그분을 알게 되면, "저 이제 죽어도 괜찮아요. 더 안 살아도 돼요, 하나님. 당신을 얻은 것으로 다 얻은 것이에요. 당신께 조금이라도 더 가까이 가고 싶습니다"라는 고백이 나오기 시작할 것이다. '은혜 위에 은혜', '하나님을 알아가는 은혜'를 누리는 것이 그리스도인의 삶이다.

특별히 인생이 곤고하고 어려울 때 우리는 이 예수 그리스도를 깊이 경험한다. 고통이 없을 때는 하나님을 진지하게 찾지 않

는 것이 우리 모습이다. 어려움 가운데, 눈물 가운데 있을 때에
야 우리의 마음이 가난해져서 예수님께 더 가까이 갈 수 있다.
마음에 번드르르하게 기름이 껴 있을 때는 주님을 잘 찾지 않는
다. 우리는 이런 여러 가지 삶의 굴곡을 통해서 예수 그리스도가
객관적이고 역사적인 진리라는 것을 넘어서서 나에게 주관적이
며 체험적으로 다가오는 분이시라는 것을 알아가기 시작한다.
그분이 정말 좋은 것이다. 그러니 우리가 이런 찬양의 고백을 드
릴 수 있다.

> 오직 주님만
> 나의 맘의 갈급함 채우네
> 오직 주께만
> 더 가까이 가기를 원하네
> 주님만 내 갈급함 채우네
> 주만 내게 새 생명 주네
> 주만 기쁨 내 안에 주시네
> 나의 기도 응답하시네
> _〈오직 주님만〉, 앤디 파크

"오, 하나님! 우리가 이 땅을 살면서 어려운 일도 겪고 좋은 일도
겪습니다. 정신을 못 차릴 정도로 기쁘다가도 숨쉬기 어려울 정
도로 어려운 일이 닥치기도 합니다. 그것이 이 땅을 사는 우리네
인생입니다. 이런 삶의 현장에서 우리는 예수님, 당신을 알아갑

니다. 당신만이 우리 속에 있는 이 끊임없는 갈급함을 채워주시며, 당신만이 재처럼 타버려 죽어 있는 우리의 마음속에 새 생명을 불어넣어 주시며, 한숨밖에 없는 우리 마음속에 기쁨을 채워주시고, 우리 마음 깊숙한 곳으로부터 터져 나오는 소리를, 그 신음 소리를 들어주십니다. 당신이 우리의 영원한 유산입니다. 주님, 이 주님을 더 알아가는 은혜 위에 은혜를 경험하는 우리들이 될 수 있도록 도와주시옵소서."

우리를 통해 흘러가는 은혜

마지막은, 그 은혜를 나누는 은혜다(행 11:27-30; 13:1-3). 안디옥 교회는 자신들이 받은 은혜를 나누었다. 그것도 말로 나눈 것이 아니라 실제로 지갑을 열어서 나누었다. 또 가장 중요한 지도자 두 명을 하나님이 원하시는 곳으로 떠나 보냈다. 이는 실로 안디옥 교회가 큰 손해를 보는 것이며, 그 존재 자체에 대한 위협으로 느껴질 수 있을 정도의 아주 대단한 포기였다. 그러나 그들은 자신들의 은혜를 나누었다.

하나님께서 우리를 부르셔서 은혜를 주시고, 우리 주변에 있는 사람들을 부르셔서 그들에게도 은혜를 주시고, 우리가 인생을 살아가면서 하나님을 더 알아가고 은혜 위에 은혜를 경험하게 될 때 우리 속에 당연히 나타날 수밖에 없는 하나의 마지막 결과는, 우리에게 주신 은혜를 다른 사람과 나누고 싶어지는 것이다. 우리가 받은 것이 너무 크기에 혼자 움켜쥐고 살 수 없다. 그래서 그리스도인 공동체 속에서 그런 나눔이 자연스럽게 일어나기 시작하는 것이다.

이것은 시대를 역행하는 것이며 문화를 거스르는 일이다. 나를 위해서 나의 미래를 보장하기 위해서 나를 보호하기 위해서 수많은 안전장치를 만들어야 한다고 가르치는 이 시대 속에서 그것을 거슬러가며 거부하는 것이다. 왜? 우리는 우리의 보호자가 되시는 예수 그리스도를 발견하였고 그 예수 그리스도를 따라 살 때 우리 인생을 그분이 책임지실 것이라는 믿음을 갖게 되었기 때문이다. 그래서 그리스도인들은 자유롭게 나눌 수 있다. 대가를 바라지 않고 줄 수 있다. 그것이 진짜 그리스도인들이다. 그것이 나누는 은혜다.

여기서 나들목교회의 이야기를 조금 나누고 싶다. 나들목교회는 대학로의 작은 소극장에서 시작하였다. 그러다 예수를 믿는 자들이 많아지고 숫자가 늘어 그 소극장으로는 부족하여 옮겨 갈 곳을 찾다가, 신설동에 있는 대광고등학교가 사용 가능하다는 이야기를 들었다. 앞서 이야기했듯이 우리가 옮겨 갈 이유가 충분히 있다고 분별되었을 때, 우리는 우리가 가지고 있었던 전 재산에 일부를 덧붙여서 10억 원을 만들어 학교 식당을 짓는 일에 참여하고, 생활관을 증축하는 일을 하기로 하였다. 학교 공간을 지어 함께 쓰고자 함이었다. 교회 건물 공간이 비효율적으로 사용되는 것이 안타까워 온 성도가 힘을 합하여 그렇게 하였다. 나누고 싶었기 때문에 당시 우리의 전 재산을 학교에 기부한 셈이었다.

나들목이 대광학원으로 장막터를 옮긴 지 몇 년이 지나서, 학교에서 60주년 기념관을 지을 예정인데 동참하지 않겠냐는 제 안을 했다. 20억 원 규모를 우리가 감당해 주기를 바랐다. 우리 는 대광초중고를 위해서뿐 아니라, 우리가 지역 사회를 위해서 할 수 있는 일을 위해서 이 일의 가능성을 검토했다. 신설동 지 역에 어린이를 위한 도서관이 필요하다는 것과 나들목교회가 지 역민들과 소통을 자유롭게 하는 공간이 필요하다는 생각에 이르 렀고, 대로변에 위치한 곳에 세워지는 60주년 기념관의 1층을 우리 교회가 지역 사회를 위해서 사용한다는 취지로 이 일에 참 여하기로 결정했다. 우리가 감당해야 할 액수는 20억 원이었다.

당시 교인들은 청년들이 대부분인 데다 특별한 재력가가 많은 상황도 아니었다. 일 년 예산이 12억 원에 불과한 교회가 20억 원을 헌금한다는 것은 불가능한 일이었다. 게다가 우리의 필요 를 채우기 위한 공간이 아니라 지역 사회를 위해서, 그것도 25년 간의 사용권만을 갖는 공간을 위해서 이렇게 큰 액수를 성도들 이 헌금하려고 할까?

각자 기도하고 각각 헌금액을 정했던 안디옥 교회를 따라 우 리도 그렇게 하기로 하였다. 사실 나는 '아마도 10억 원이 조금 넘는 작정액이 나올 것이다. 그래도 실망하지 말고, 꾸준히 이 일을 위해서 우리 성도들이 자기 지갑을 열게 해야겠다'고 마음 을 먹었다. 그런데 기도하고 작정한 금액이 발표되었을 때 깜짝 놀랐다. 19억 2천만 원이 작정된 것이었다. 그날 우리 모든 가족 들은 일어나 이런 놀라운 마음을 주셨던 하나님께 큰 박수를 올 려드렸던 것을 기억한다. 나에게 있어 19억 2천만 원보다 더 중요한 것은 우리의 것을 이웃들과 나누겠다는 성도들의 마음이었다. 안디옥 교회를 본받아 각각 헌금을 작정하고, 한국의 초대교회 교인을 본받아 '날 연보', '날'을 드리듯이, 기도와 사역에 동참하는 형제자매들이 일어날 때, 그것은 참으로 놀라운 기쁨이었다. 하나님이 주신 기쁨이었다. 이후 작정액에 늘 모자라게 모금이 된다는 불문율을 깨고, 늘어난 예산 규모에 맞게 25억 원을 모금하였다. 대광중고에 들어오면 왼쪽에 아름다운 60주년 기념관이 세워져 있고, 1층에는 지역 사회를 위한 '나들목 센터'가 자리잡고 있다. 지역 사회의 어린이들과 부모들을 위한 '나들목 가족도서관'이 여기서 사역하고 있다. 80퍼센트 이상이 나들목 가족이 아닌, 지역 주민들이 사용하는 도서관으로, 나들목 가족들이 여러 은사와 봉사로 섬겨 예수님을 간접적으로 증거하는 문화 공간으로 사용되고 있다. 또한 나들목 센터에는 지역사회의 영유아 교육을 위한 '아뜰어린이집'이 들어서 있다. 이 센터를 통해 나들목교회는 지역 사회의 청소년, 외국인 유학생, 지역 주민, 노숙자들을 향하여 하나님의 은혜를 흘러가게 할 것이다.

하나님께서 왜 우리를 부르셨는가? 옛 어른들이 "공부해서 남 주냐?" 하는 말들을 하셨다. 자신에게 도움이 되니 공부 열심히 하라는 말이다. 그러나 우리는 남 주기 위해서 공부한다. 남 주기 위해서 복 받는 것이다. 이것이 그리스도인들의 삶이다. 주님은 우리를 빛과 소금으로 부르셨다. 그런데 빛이 자기를 태우기 전에는, 소금이 자기 형질을 잃어버리기 전에는 빛과 소금이 되지 못한다. 우아하게 모든 것을 다 갖고 빛과 소금이 될 수는 없다. 하나님의 사랑을 받았기 때문에 내가 가지고 있는 것을 태우면서 빛을 내는 것이다. 내가 가지고 있는 형질이 사라지면서 짠맛을 내는 것이다. 그것이 이 땅의 교회이고, 이 땅의 그리스도인들이다.

그런 모습을 볼 때 사람들은 하나님의 영광을 보기 시작한다. 하나님이 정말 살아 계심을 깨닫고 하나님께로 돌아오기 시작한다. 하나님에 대해 궁금증을 가지고 하나님에 대해 추구하기 시작한다. 그렇게 예수님을 만나게 된다.

우리는 이 시대에 하나님이 살아 계시다는 것을 정말 말하고 싶다. 그리고 하나님만이 우리의 소망이라는 것을 보여주고 싶다. 사람들이 기독교에 대해서 비난하는 말들을 마구 내뱉는 현실 속에서, "꼭 그렇지는 않아. 이런저런 교회를 봐. 꼭 그렇지는 않아"라고 얘기할 때 이런저런 교회 속에 우리가 포함되기를 소원한다. 이 땅에 있는 사람들에게 돌아오라고, 하나님께로 돌아오라고, 당신들 영혼의 아버지에게로 돌아오라고 이야기하는 그런 교회가 되고 싶다.

여기 소개하는 찬양은 나들목교회가 처음 세워질 때 품었던 찬양이다. 이것이 우리의 기도이고 우리의 정체성이며 우리의 소망이다.

우리는 주의 거룩한 보혈로 세워진
살아 숨쉬는 교회
예수를 주로 섬기며 살아가네

우린 주님 안에 한 가족
하늘 아버지 우리 안에 계시네
우린 그날 향한 하늘가족
아버지여 우릴 도우사 사랑하게 하소서
주의 영광을 보네, 우린 하늘의 가족

오, 하늘 아버지, 이 백성의 아버지
당신의 귀한 아들 보내신 높은 사랑
오, 하늘 아버지, 이 백성의 아버지
하늘가족 교회 통하여 이 땅의 백성 고치소서

이 땅의 교회 치유와 회복, 하나됨을
경험하게 하소서, 드러내게 하소서
하늘가족 교회 통하여 이 땅의 모든 백성
깨달을 수 있도록 돌아오게 하소서

오, 하늘 아버지, 이 백성의 아버지
당신의 귀한 아들 보내신 높은 사랑
오, 하늘 아버지, 이 백성의 아버지
하늘가족 교회 통하여 이 땅의 백성 고치소서

_〈하늘가족 우리 교회〉, 김형국

"오 하나님! 우리에게 주신 은혜가 너무 커서 우리는 무슨 말로 당신께 찬양과 감사를 올려야 할지 모르겠습니다. 우리가 가진 것이 많지 않고 능력도 부족하지만, 여전히 우리는 가진 것이 있고 능력도 있습니다. 주님이 주신 은혜와 사랑이 우리를 강권하니, 우리의 작은 것이라도 주님께 드리기를 원합니다. 주님께 드리는 것이 바로 세상의 소자들을 섬기는 것이라고 주님께서 가르치셨으니, 주여 우리로 하여금 우리 주변의 소자를 찾아 섬기게 하소서. 당신께서 우리에게 퍼부어주신 은혜가 우리를 통하여 그들에게 흘러가게 하소서. 그 놀라운 축복의 궁극적인 열매가 우리 속에서가 아니라 깨어지고 상한 세상 속에서 맺어질 수 있도록 저희들을 이끌어 주옵소서."

우리를 왜 부르셨는지 잊지 말자. 하나님은 이 세상을 다스리시는 분이며, 이 땅을 회복하고 치유하기를 원하시는 분이다. 먼지와 같은, 물방울 같은 우리를 부르셔서 우리에게 삶의 의미를 주시고 왜 살아야 하는지, 어떻게 살아야 하는지 보여주신다. 그리고 우리가 받은 복을, 그것이 재능이 되었든 시간이 되었든 물질이 되었든 이웃들과 나누라고 말씀하신다. 하나님이 살아 계신 것을 보여주라고 말씀하신다. 그것이 이 땅에 하나님께서 세우신 교회의 목적이며 교회의 영광이다.

세상에서 가장 좋은 교회는 누림이 있는 교회이다. 누림에도 많은 종류가 있다. 세상이 어떻게 돌아가든 나만 잘 사는 법을 알려줄 수도 있다. 세속적 탐욕을 영적인 추구로 둔갑시킬 수도 있다. 세상도 얻고 하나님도 얻을 수 있는 묘수를 가르칠 수도 있다. 그러나 성경에서 발견한 진정한 누림은 그런 것들이 아니다. 비천한 자들을 부르셔서 자신의 자녀로 삼아주신 은혜, 주변 사람들에게 독특하고 특별하게 내리는 은혜, 그리스도를 알아가는 것이 세상에서 가장 소중하다고 고백하는 은혜, 이렇게 받은 은혜를 혼자 누릴 수 없어 세상의 작은 자와 나누는 은혜. 이런 은혜가 바로 주님이 이 세상을 온전히 회복하실 때까지 우리가 누릴 축복이다. 우리는 교회를 꿈꾸며 자라가고 있다. 그러니 이 또한 은혜가 아니겠는가!

1세기 중엽에 세워진 안디옥 교회가
자기 시대의 사명을 완수했음을 기억하라.
20세기 초 나라와 함께 모든 소망을 잃었던 장대현교회의
소중한 역할을 기억하라.
나의 인생, 우리 교회는 역사 속에 어떻게 기억되기를 원하는가?

2011년,
그리고 그 이후

안디옥 교회는 출발할 때부터
건강한 교회 DNA를 가지고 있었다.
위대한 교회 공동체를 세우는 유일한 방법은
얄팍한 교회 성장 방법론이 아니라
안디옥 교회에서 발견하는 생명력이다.
나들목교회는 이 꿈과 부르심을
놓치지 않고 성숙해 나가길 소망한다.

안디옥 교회를 벤치마킹하며 세워졌던 나들목교회는 10년 동안 조용히 성장했다. 10년의 기간 동안 우리는 교회를 꿈꾸며 교회를 세웠다. 이제 이후에 우리는 어디로 가야 할까?

다시 안디옥 교회로 돌아가 보자. 성경에서 보여주고 있는 안디옥 교회는 이렇게 영감을 불러일으키는 모습이었다. 안디옥에서 처음으로 '크리스티아노스'라는 이름을 얻고, 아직 어린 교회인데도 불구하고 안디옥 교회를 세우는 데 도움을 주었던 예루살렘 교회를 경제적으로 돕고, 또한 이방인 선교의 전초기지가 된다. 이 도시를 기반으로 지중해 연안의 여러 도시에 복음이 전파되고 복음의 공동체가 세워진다.

그런데 이후, 하나님의 역사 속에서 안디옥 교회는 어떻게 영향력을 끼쳤을까? 안타깝게도 성경은 안디옥 교회의 이후 행적에 대해서 자세히 기록하고 있지 않다. 하지만 교회 역사를 통해 안디옥 교회의 흔적을 발견할 수 있다.

교회 역사에 따르면 베드로가 안디옥에 와서 11년 동안 감독으로 지냈다. 바울은 교회를 세우는 데 중심적인 역할을 하고, 베드로가 그 이후 성장하는 데에 영향을 끼쳤던 것이다. 그래서 안디옥 교회에서는 유대인을 위한 사역과 이방인을 위한 사역 두 가지가 이루어졌던 것으로 보인다. 마태복음과 갈라디아서가 안디옥에서 쓰여졌을 가능성이 높고, 누가복음도 여기서 쓰여졌다고 주장하는 학자들도 있다. 조그만 교회였지만 성경이 쓰여지고 이방인 선교를 지속적으로 감당하는 교회였다.

또한 안디옥은 디오클레시안 황제의 박해 때, 많은 순교자가 나온 순교의 중심지였다. 이러한 어려움을 극복하고 안디옥 교회는 주후 200-300년을 지나가며 안디옥 학파를 형성시켰다. 안디옥 학파는 알렉산드리아 학파와 함께 초대교회의 성경 해석에 있어서 양대 학파였다. 후자가 좀 더 유추적이며, 상징적으로 성경을 해석하였다면, 안디옥 학파는 성경을 문법적이고 역사적으로 해석하는 학파여서 현대 성서 학자들이 볼 때 성경을 더욱 정확하게 해석한 것으로 보고 있다. 바질, 크리소스톰과 같은 여러 교부들이 이 학파에서 배출한 인물들이다.

주후 390년, 그러니까 교회가 세워지고 350년 정도가 지난 후에 이 도시는 거의 기독교화되었다고 한다. 물론 로마가 기독교를 공식적으로 공인한 것도 도움이 되었겠지만 안디옥 교회는 오랜 기간 동안 안디옥이라는 도시 자체에 영향을 끼치며, 초기 기독교 교회 역사에 중요한 역할을 감당한다. 이후 5세기 말에 이단들이 등장하고 네 번의 큰 지진이 발생하여 25만 명이나 희생되는 일을 겪고, 6세기에는 페르시아의 공격으로 인해서 도시 자체가 몰락하게 된다. 도시와 함께 안디옥 교회도 역사 속으로 사라지게 된다.

한 교회가 500년 가까운 세월을 지나며 자신의 역할을 감당했던 놀라운 사실을 우리는 역사 속에서 희미하게나마 발견한다. 우리가 주님이 세우시는 교회를 꿈꾼다면 단지 나의 생애 동안이 아니라, 세월이 흐르고 시대가 변하여도 존속할 뿐 아니라, 그 시대 시대마다 자신의 역할을 감당하는 교회가 되어야 하지 않을까?

교회에서 일어나는 부흥이 한 세대에 불과하다는 이야기를 들을 때 마음이 슬프다. 어찌 주님의 교회가 한두 사역자가 사역하는 동안만 활동력이 있다가 세월이 지나면서 그토록 쉽게 사그라든다는 말인가? 주님의 손이 함께하는 교회라면 주님이 허락하시는 한, 생명력 있게 존재하며 자신의 역할을 감당할 것이다. 사도행전 이후의 안디옥 교회는 이런 역할을 감당하고도 남음이 있었던 교회였다.

겨우 10년이 지난 나들목교회이지만 처음부터 안디옥 교회를 벤치마킹하였으니 역사 속에서 선한 영향력을 끼치는 일에도 안디옥 교회를 닮고 싶다. 어떻게 그런 교회가 될 수 있을까? 이미 살펴본 사도행전 11장과 13장에 그 비밀이 숨겨져 있다. 우리 자신이 꿈을 꾸는 사람들이 된다면, 그리고 우리가 함께 그 꿈을 이루어나간다면 어린 나들목교회도 언젠가 자신의 역할을 감당한 오백 살 먹은 교회가 될 수 있지 않겠는가? 그 전에 주님이 오시지 않는다면 말이다.

어린 교회였지만 안디옥 교회는 출발할 때부터 건강한 교회 DNA를 가지고 있었다. 이것이 바로 우리 주님이 가르치셨던 교회이며 바울이 꿈꾸었던 교회가 아니겠는가? 이 시대에도 교회를 '꿈꾸는 사람들', 함께 꿈을 이루는 공동체를 소망하는 사람들이 있다면, 그들이 이 '위대한 공동체'를 세울 수 있는 유일한 방법은 얄팍한 교회 성장 방법론이나 세미나가 아니라, 안디옥 교회에서 발견하는 생명력 있는 DNA이다. 나들목교회는 이 꿈과 부르심을 놓치지 않고 세월과 함께 성숙해 나가길 소원한다. 10년쯤 지나서, 다시 10년간의 열매를 나눌 수 있는 날이 오길 기도하면서….

한국 교회가 많이 아프다. 하지만 여전히 교회를 꿈꾸고 교회를 세우는 사람들이 있다. 그분들에게 이 책을 바친다. 2,000년 전 안디옥 교회로부터 배운 진리, 20여 년간 마음속에서 자라났던 꿈, 그리고 지난 10년간 나들목에서 실험해 본 진리에 대한 내용을.

예수 그리스도가 마지막으로 선언하신 "내가 다 이루었다"는 말씀은 여전히 유효한가? 팔레스타인 지역에서, 척박한 현실, 앞이 보이지 않는 상황 속에서 선언하신 이 말씀은 교회의 생명력을 통하여 지난 2,000년 교회 역사와 100년을 훌쩍 넘긴 한국 교회사 속에 그 유효함을 드러내 왔다. 그렇기에 오늘도 교회를 꿈꾸고 함께 이루는 사람들에게 "내가 다 이루었다"는 말씀은 여전히 유효하다.

교회를 꿈꾸는 사람들을 위한
삶으로 말씀 읽기

    책을 읽는 것도 유익하지만 읽은 내용에 대해 함께 이야기를 나누며 그 유익을 극대화할 수 있다. 책에서도 강조하였지만, 지식은 아는 것을 넘어 몸에 담아 실천해 내는 것이 더 중요하다. 자신의 삶이 하나님 보시기에 가치 있게 사용되길 원한다면, 교회에 실망했지만 여전히 건강한 교회를 꿈꾼다면, 다음의 토론질문을 사용하면 좋겠다. 이를 위해서 몇 가지 조언을 덧붙인다.

    먼저, 전체를 다 읽고 이야기를 나누면 피상적인 토론이 될 가능성이 높다. 가능하면 각 장이 끝날 때마다 이야기 나누기를 추천한다. 그렇게 하면 전부 12주가 소요된다. 또 매주 두 장을 소화할 수도 있는데, 그럴 경우는 토론 시간이나 만나는 횟수를 늘려서, 각자의 속 이야기를 충분히 할 수 있는 시간을 갖도록 한다.

    둘째, 함께 이야기를 나눌 그룹(2-8명)을 만들어라. 그리고 정기적인 모임 시간과 장소를 정하라. 각 장은 3-4명의 그룹일 때, 최소 30분의 토론 시간이 필요하다. 인원수가 8명이 넘지 않도록 하고, 숫자가 많아지면 그만큼 시간을 길게 갖는 것이 좋다. 혼자 책을 읽었다면 토론질문에 대해 혼자 생각하고, 그 내용을 적는 것이 유익하다. 교회의 부서나 성경공부 그룹에서 다같이 이 책을 읽고 각각의 상황에 맞게 안디옥 교회를 연구한다면 매우 바람직한 일이라 할 수 있다. 반드시 책과 함께 성경을 읽고 깊이 생각한 후에 나눔을 가지도록 서로를 격려하자.

셋째, 토론이나 성찰 이후에는 마음속에 새긴 것을 가지고 하나님 앞에 나아가 기도하는 시간을 가져라. 머리에만 들어간 지식은 사람을 살리지 못하지만, 머리로 들어가 마음을 거쳐 입술로 하나님께 토해 놓은 지식은 살아 움직여 우리의 손과 발로 세상에 하나님을 드러내기 때문이다. 각 토론질문마다 마지막에는 기도제목을 물었다. 반드시 함께 또 홀로 기도하라.

'삶으로 말씀 읽기'를 통해 이 책을 읽은 모든 분들이 자신의 삶에서 하나님의 말씀을 읽어내어, 스스로 이야기를 만들어가는 사람이 되기를 기도한다.

서론과 1장_역사의 기획자와 연출자를 아는 사람들

1. 나에게 있어서 교회는 무엇인가? 교회 하면 떠오르는 이미지는 무엇인가? 교회에 대한 각자의 소망과 실망을 나누어보자.
2. 길을 잃어버렸던 경험이 있는가? 어떤 느낌이었나? 나는 인생의 방향을 제대로 잡고 걸어가고 있다고 생각하는가?
3. 하나님이 역사의 기획자일 때, 인간의 역사에 대해 어떤 큰 그림을 가지고 있다고 생각하는가?
4. 1장 본문에서 이야기하는 사도행전의 흐름을 살펴보고, 하나님이 어떻게 역사를 이끌어가셨는지 이야기해 보자.

5. 역사의 기획자이며 연출자를 아는 사람들의 다섯 가지 특징을 정리해 보자.
6. 다섯 가지 특징 중에서 나에게 꼭 필요한 것은 무엇인가? 이를 위해서 다음 한 주 동안 무엇을 마음에 품고 구체적으로 실행해 볼 수 있을까?
7. 기도제목을 나누어보자. 우리가 역사의 기획자와 연출자를 알고 따라가는 삶을 살도록 서로를 위해서 기도하고 일주일간 중보기도를 하자.

2장_무명의, 그러나 잊혀질 수 없는 사람들

1. 내가 죽어서 나의 장례식이 진행된다면, 조문객들이 나를 어떻게 회상하기를 기대하는가?
2. 나는 혹시 세상에서 세뇌한 성공을 쫓거나, 그렇지 못해서 열등감에 빠져 있는가? 어떤 사람을 하나님께서 알아주실까?
3. 준비된 자가 되기 위해서 내게 필요한 것은 무엇이라고 생각하는가?
4. 하나님께 사용되기 위해서 내가 극복해야 할 고정관념은 무엇인가? 자신의 가치를 무엇으로 평가하는가?
5. 자신에게 맡겨진 작은 일에 충성하는 것이 어떤 면에서 힘든 일인가? 또 어떤 의미가 있는가? 본문에 제시된 '기숙학원 화재' 사건에서 하나님이 책임을 물으실 사람들에 대해 생각하면서, 내가 맡은 작은 일들 가운데 가볍게 여기지 말아야 할 일을 점검해 보라.

6. 사람들에게 인정받지만 하나님에게 잊히는 인생을 살고 싶은 가? 아니면 사람들에게 인정받지 못해도 하나님께 인정받는 인생을 살기 원하는가? 이를 위해서 나에게 가장 필요한 것 은 무엇인가?

7. 기도제목을 나누어보자. 서로를 위해서 기도하고 일주일간 중보기도를 하자.

3장_성장의 비밀을 아는 사람들

1. 내가 시도했던 일 중에서 준비가 부족해서 또는 제대로 성장 하지 않아서 실패한 경험을 나누어보자.

2. 에베레스트 등정에서 고소순응이 가장 중요하다면, 그리스도 인의 성장에 있어서 가장 중요한 부문은 무엇일까?

3. 나는 주님께 진정으로 돌아온 사람인가? 언제 그런 일이 일 어났는지 각자의 소중한 이야기를 나누어보자. 주께 돌아온 것이 혼란스러운 사람이 있다면, 다른 이들이 복음의 진리를 나누어주라. 이보다 중대한 일은 없기 때문이다.

4. 흔들리지 않는 마음으로 주께 붙어 있다는 것은 무엇을 의미 하는가? 나는 주님께 의리가 있는 사람인가? 내가 동요한다 면 이유가 무엇인가?

5. 나는 예수 그리스도를 배워가는 사람인가? 최근에 또는 이 책을 통해서 예수님에 대해 새롭게 알게 된 것은 무엇인가?

6. '나는 왜 변하지 않는가?'라고 말하는 사람은 대부분 연습하 지 않는 사람이다. 앞으로 1년 동안 아침마다 '한 장의 벽돌

'쌓기'를 해보겠다고 결심하지 않겠는가? 언제 어떻게 한 장의 벽돌을 쌓을 것인지 이야기 나누어보자.

7. 기도제목을 나누자. 서로를 위해서 기도하고 일주일간 중보 기도를 하자.

4장_사람을 세우는 사람들

1. '사람을 딛고 가는 리더'의 다섯 가지 특징을 가진 리더가 있었는지 이야기를 나누어보라. 험담이 아닌 케이스 스터디를 하듯이 이야기를 나누자(험담을 통해서 배우는 것은 없다. 그러나 부정적 케이스를 제대로 비평할 때, 우리는 긍정적인 예를 얻을 수 있다).

2. 바나바가 안디옥 교회에서 볼 수 있었던 부정적인 요소들을 이야기해 보자. 그럼에도 바나바가 보았던 것은 무엇이고, 이를 통해 내가 배워야 할 점은 무엇인가?

3. 저자는 격려를 어떻게 정의하고 있나? 격려의 사람이 되기 위해서 내게 무엇이 필요한가?

4. '착하다' '성령 충만' '믿음 충만'에 대하여 저자는 어떻게 정의하는가? 내가 잘못 배웠거나 오해했던 부분이 있다면 무엇인가? 저자는 이를 위해서 기도와 말씀이 중요하다고 말한다. 요즈음의 나는 기도와 말씀을 통해 주님을 깊이 만나고 예배하고 있는가?

5. 바나바와 초대 교인들은 사울을 대하는 태도가 어떻게 달랐나? 바나바에게 배울 수 있는 점은 무엇인가?

6. 나는 '함께' 잘되는 방식을 택하는 사람인가? 윈-윈할 수 있었던 사례나, 자신의 가정, 직장, 그리고 무엇보다 교회에서 윈-윈할 수 있는 가능성을 상상해 보자.

7. 기도제목을 나누어보자. 사람을 세우는 사람이 되기 위해서 서로 기도하고 일주일간 중보기도를 하자.

5장_서로 달라서 하나가 될 수 있는 사람들

1. 직장이나 가정, 학교에서 나와 다른 사람 때문에 어려웠던 경험을 이야기 나누어보자.

2. 안디옥 교회 리더들의 구성을 다시 짚어보자. 다섯 명의 차이점을 생각해 보고, 그들이 하나의 팀이 되는 것이 얼마나 어려운 일이었을지 이야기해 보자. 또 서로 어떤 어려움이 있었을지 상상해 보자.

3. 300년이 넘는 역사에서 선한 영향력을 끼친 안디옥 교회와 오늘날의 교회를 비교하면 어떤 생각이 드는가?

4. 서로 다른데도 하나가 될 수 있는 비결은 무엇이었나? 이 비결을 우리 교회에 어떻게 적용할 수 있겠는가?

5. 서로 다른 이들이 모인 데는 특별한 목적이 있다. 내가 속한 교회의 특별한 목적은 무엇인가? 그것이 나의 목적인가?

6. 나는 내가 속한 '악단'의 지휘자를 바라보고 있는가? 갈등이 생겼을 때, 지휘자를 바라본다는 것은 무엇을 뜻하는가? 구체적인 예를 가지고 이야기해 보자.

7. 기도제목을 나누어보자. 서로를 위해서 기도하고 일주일간

중보기도를 하자.

6장_우리 시대, 우리 공동체가 요청하는 리더

1. 잘 알려지지 않았지만 좋은 공동체를 생각해 보고(가정, 교회, 회사, 동아리, 아니면 학교의 학급이든), 이런 공동체에 반드시 있는 지도자에 대해 이야기 나누어보자.

2. 성경에서 이야기하는 교사와 선지자의 특징과 자질을 설명해 보라. 나는 삶의 원리와 상황을 잘 아는 지도자인가? 이를 위해서 내게 꼭 필요한 것은 무엇인가?

3. 내가 진정 추구하는 내용을 담아 "나는 … 이다"라고 소개해 보자. 자기 정체감은 무엇에 기초하고 있는가? 안디옥 교회 지도자들의 자기 정체감은 어떤 것이었나? 여기서 무엇을 배울 수 있는가?

4. 나는 하나님의 인도하심을 어떻게 깨달았나? 성경과 기도는 하나님의 살아 있는 인도하심을 받는 데 어떤 영향을 끼치는 가? 나는 깨달은 내용을 어떻게 행하는가? 지불해야 할 대가가 있음에도 불구하고 하나님의 뜻이기 때문에 순종하고 행해야 할 부분은 어떤 것인가?

5. 내가 이끌어야 할 사람은 누구인가? 가정, 학교, 직장, 교회에서 선한 영향력을 끼쳐야 할 사람이 있다면 누구인가? 우리가 지도자임을 항상 기억하라.

6. 6장 본문에서 이야기하고 있는 리더의 자질 세 가지를 다시 정리해 보자. 우리 공동체에 이런 지도자가 세워지도록 기도

하고, 나도 언젠가는 그런 지도자가 되기 위해 기도하자.

7. 위대한 지도자가 되기 위한 기도제목을 나누어보자. 서로를 위해서 기도하고 일주일간 중보기도를 하자.

7장_디딤돌이 되어주는 교회

1. 7장을 읽기 전에 평소에 건강한 교회의 가장 중요한 특징으로 생각했던 점은 무엇이었는지 이야기를 나누어보자.

2. 본문에 열거된 전도와 관련된 편견 중 나에게 해당하는 것은 어떤 것인가? 이런 편견이 나에게 어떤 영향을 끼치는가?

3. 나에게는 찾는이를 향한 애탐이 있는가? 이 애탐이 강하지 않다면 이유는 무엇이라고 생각하는가?

4. 말로 하나님을 전하는 방법으로 초청, 간증, 전도가 있다. 각각 어떻게 다른가? 나는 어떤 것을 해 보았나? 말로 전도할 때, 때를 기다리는 것이 중요한 이유는 무엇인가?

5. 나의 삶이 변해야 전도가 가능하다고 할 때, 삶의 완전한 변화가 중요하지 않다면 무엇이 중요한가? 그 이유는 무엇인가? 나도 그런 경험이 있는가?

6. 어떻게 하면 자신이 속한 교회가 '깸애말삶'의 공동체가 될 수 있을지 생각해 보자. 구체적인 방법에는 무엇이 있을까?

7. 찾는이들에게 디딤돌이 되는 나와 교회(공동체)가 되기 위해서 어떻게 기도해야 할지 이야기를 나누자. 서로를 위해서 기도하고 일주일간 중보기도를 하자.

8장_든든한 디딤돌들로 자라가는 교회

1. 교회 공동체에서 성숙하지 못한 사람들 때문에 상처를 주고 받았던 경험이 있는가? 아픈 이야기겠지만 함께 나누어보자.

2. 안디옥 교회를 보면 다양한 사람들이 다양한 역할을 했다. 당신은 어떤 역할을 했던 사람이 특별히 마음에 다가오는가?

3. 나에게 꿈을 주는 앞선 성도들이 있는가? 안디옥 교회의 리더들처럼, 나로 하여금 꿈꿀 수 있게 도와주는 사람들에 대해 이야기해 보자.

4. 단단하고 다듬어진 디딤돌이 된다는 것은 무엇을 의미하는가? 나는 어떻게 이런 디딤돌로 성장할 수 있을까? 교회의 어떤 부분이 나를 성장시키는가?

5. 나는 교회 생활과 세상 생활의 편차가 심한가? 삶의 현장에서 신앙생활을 하기 위해 나와 우리 교회에 필요한 것은 무엇인가?

6. 함께 동역하는 교회가 되기 위해서, 하나님이 나에게 주신 은사는 무엇인가? 주변 형제자매들의 특별한 은사를 발견하고 격려하는가?

7. 기도제목을 나누어보자. 서로를 위해서 기도하고 일주일간 중보기도를 하자.

9장_디딤돌들이 함께 세우는 교회

1. 교회 공동체에서, 전체든 부분이든, 하나님의 뜻을 분별하는 과정을 가져본 적이 있는가? 그런 예를 함께 나누어보자.

2. 성도들 간에 문제가 생기거나 교회에 불만이 생겨서 다른 교회를 찾게 되는 경우가 한국 교회에는 적지 않다. 이런 경험이 있다면 이야기하고, 교회가 하나밖에 없는 지역에 산다면 어떻게 했을지 생각해 보라.

3. 자신의 교회 공동체에서는 지도자들이 하나님의 뜻에 집중하기 위해서 무엇을 하는가? 안디옥 교회의 본을 따라야 할 부문은 무엇이고, 어떻게 실천해야 할까?

4. 하나님의 뜻을 함께 고민하고 결정, 실행하여 이루었던 경험을 이야기해 보자. 이를 통해서 어떤 축복을 누렸는가?

5. 공동체 가족들 가운데 갈등이 생겼을 때, 어느 가족이 심각한 죄를 반복해서 짓고 있을 때, 우리는 어떻게 해야 하나? 실제적인 경우를 생각해 보자.

6. 지도자 또는 지도자들이 결정한 내용이 하나님의 뜻에 맞지 않는다고 생각할 때, 나는 어떻게 행하는 것이 하나님 앞에서 바른 일인가?

7. 하나님의 뜻을 함께 분별하고 결정하여 실행하는 교회가 될 수 있도록 자신이 속한 공동체를 위해서 기도하자. 이 제목으로 일주일간 중보기도하자.

10장_즐겨 드나들 수 있는 교회

1. 한국 교회와 그리스도인들을 비하하여 부르는 말을 들을 때 어떤 느낌이 드는가? 그들의 비난에 대해 나는 어떤 생각을 하는가?

2. 예루살렘 교회의 특징 중에서 세상 사람들에게 호감을 샀던 것은 어떤 부분인가? 오늘날 우리 교회가 주변 사람들에게 호감을 얻기 위해 우리는 무엇을 해야 할까?

3. 재정적인 나눔의 좋은 예와 나쁜 예를 통해 무엇을 배울 수 있는가?

4. 우리 교회 공동체는 세상 사람들이 드나들 수 있는 공동체인가? 이것이 왜 중요한가?

5. 공동체의 힘들고 약한 가족들을 어떻게 섬기고 있나? 그들이 힘들고 어려울 때 즐겨 드나들 수 있는 공동체가 되기 위해서 무엇을 할 수 있을까?

6. 우리 주변의 사회적 약자는 누구인가? 그들이 어떻게 우리 공동체를 쉽게 드나들며 우리의 축복을 나누어 가질 수 있을까?

7. 우리의 안이 변했으므로 밖도 변할 수밖에 없는 교회가 되기 위해서 어떤 기도를 드려야 할까? 함께 기도제목을 나누고, 일주일 동안 중보기도를 하자.

11장_조국 교회를 섬기는 교회

1. 언제 나의 신앙생활이나 교회를 섬기며 사역하는 일들이, 거대한 세상 속에서, 문제가 많은 사회 속에서, 무가치하다고 느끼는가?

2. 안디옥 교회가 예루살렘 교회를 섬긴 것은 당시 시대적인 상황에서 얼마나 중요한 일이었는지 이야기해 보자. 본문에 제

시한 중요한 성경본문을 읽어보며 이야기해도 좋겠다.

3. 본문에 따르면, 20세기 초 장대현교회는 어떤 시대적 역할을 감당하여 어떤 열매를 거두었는가?

4. 저자는 오늘날 모델 교회가 부족한 것이 두 가지 이유 때문이라고 말한다. 그것에 대한 각자의 생각을 나누어보자.

5. 나들목교회가 시대적 상황을 바라보며 깨달은 4대 중심 가치를 생각해 보고, 자신의 교회 공동체와는 어떤 연관이 있는지 이야기해 보자.

6. 내가 속한 교회 공동체는 어떤 영역에서 노력하는 것이 필요한지 이야기 나누어보자.

7. 조국 교회를 섬기는 교회들이 많이 생겨나기 위해서 어떤 노력를 해야 할지 이야기 나누고 기도하자. 일주일간 이 제목으로 한국의 교회를 위해서 기도하자.

12장_진정한 누림이 있는 교회

1. 지금까지 나는 누림으로 신앙생활을 했는가, 아니면 의무와 당위로 했는가? 의무와 당위가 강했다면, 왜 그랬는가? 누렸다면 무엇을 누렸는가?

2. 결론에 나왔던 잘못된 누림에는 어떤 것들이 있는가? 실제로 우리가 경험하는 잘못된 누림은 무엇인가?

3. 하나님이 나를 불러주신 은혜에 얼마나 감격하고 살아가는가? 어떻게 이 누림을 더 심화시킬 수 있을까?

4. 다른 사람에게 임하는 은혜를 누리기 위해서 나에게 필요한

것은 무엇이라고 생각하는가? 실제로 다른 사람에게 임하는 은혜를 누린 경험이 있다면 이야기해 보자.

5. 하나님을 알아가는 것, 그리스도를 알아가는 지식으로 성장하는 것, 성령을 더욱 깊이 알아가는 축복이 나에게 어떤 모습으로 나타나는가? 어떻게 하면 이 누림이 더 깊어질까?

6. 은혜를 나누는 은혜를 경험해 보았는가? 이 누림이 어떻게 나와 공동체를 풍성하게 하고 주님을 기쁘시게 했는지 이야기 나누어보고, 어떻게 더욱더 은혜를 나누는 은혜에 동참할 수 있을지 이야기해 보자.

7. 건강한 교회와 공동체에는 늘 진정한 누림이 있었다. 내가 속한 교회와 공동체가 진정한 누림을 가지기 위해서 어떤 기도를 해야 할지 이야기 나누자. 각 장의 말미에 나오는 기도제목들을 다시 읽고, 우리 속에서 기도 응답이 드러날 때까지 함께 기도하기로 작정하자.

《교회를 꿈꾼다》원고의 마지막 장을 덮으며 감사의 마음이 몰려왔습니다. 무엇보다 다양한 방법으로 여러 사람들, 공동체들을 통하여 20여 년간 꿈꾸었던 교회를 세우고, 10년 동안 경험하게 하신 하나님께 깊은 감사를 드립니다. 많은 사람들의 얼굴이 떠올랐지만, 하나님은 이 모든 사람들의 배경이셨고, 부족한 종을 지금까지 붙들어주신 분입니다.

사도행전의 안디옥 교회에 대해 공부하고, 뛰는 가슴을 안고 말씀을 처음으로 나누었던 연세대 '사회학과 크리스천 모임Fellowship of Christian Sociologists'의 후배들, 지금은 다른 교회와 병합하여 없어졌지만, 내가 처음 개척한 시카고 뉴 커뮤니티 교회의 형제자매들, 그리고 누구보다도 교회의 꿈을 함께 나누었던 2001년도 나들목교회의 하늘가족들과 이후 지속적으로 하늘가족에 동참하며 나들목교회의 꿈을 함께 이루고 있는 사람들…. 이분들이 없었다면 이 책은 단순한 이론이나 그저 좋은 이야기에 지나지 않았을 것입니다. 성경적 원리를 함께 실험해 보았던 모든 분들께 감사의 마음을 전합니다. 어린 시절부터 마음에 품어온 교회 현장에서 지난 10년 동안 이루어진 일을 설교로, 글로 담는 일은 크나큰 축복이었습니다.

책을 만들기 위해서 설교를 녹취한 여러 형제자매들의 수고에 감사를 드립니다. 녹취 원고의 구어체를 문어체로 바꾸며 세심하게 작업을 해 준 김명희 목자에게 무어라고 감사의 마음을 전해야 할지 모르겠습니다. 또한 책이 태어날 수 있도록 열정을 가지고 모든 배려와 노력을 아끼지 않은 포이에마의 김도완 대표와 그의 동역자들에게 감사의 마음을 전합니다. 모든 필자가 말하듯이, 많은 이들의 수고에도 불구하고 이 책의 부족함은 저에게 있습니다.

지난 10년 동안 교회를 세운다고 가정에 충실할 수 없었음에도 불구하고 아빠를 믿고 의지하며, 존경하고 사랑한다는 표현을 자주 해 준 세 아이, 지원, 지인, 지안에게 고마움을 전합니다. 아이들을 키우며 영적 순례의 동반자로서, 내가 하는 일의 가치를 누구보다도 진심으로 알아주고 격려해 준 아내 신소영에게 깊은 존경과 사랑을 전합니다. 마지막으로 교회를 세우는 꿈을 위해 건물 세우는 꿈을 접는 것을 허락하시고, 제 꿈에 동참하셔서, 뒤에서 조용하고 겸손하게 자신의 역할을 감당하신 부모님께 말할 수 없는 감사를 드립니다.

늘 기도로 아들의 부족함을 채우시는 어머님 이정호 명예목자와, 나들목의 개척 초기부터 함께하시다 교회가 자리를 잡은

것을 보시고, 몇 해 전 하나님 나라로 가신 아버님 김정철 명예
목자께 이 책을 바칩니다.

2012년 5월
성북동에서, 김형국